中国教育事业统计年鉴

EDUCATIONAL STATISTICS YEARBOOK OF CHINA

1995

中华人民共和国
国家教育委员会计划建设司
DEPARTMENT OF PLANNING & CONSTRUCTION
STATE EDUCATION COMMISSION
THE PEOPLE'S REPUBLIC OF CHINA

(京) 新登字 113 号

图书在版编目(CIP)数据

中国教育事业统计年鉴 1995/国家教委计划建设司编.
北京:人民教育出版社,1996
ISBN 7-107-11811-0

I.中… II.国… III.教育统计-统计资料-中国-1995
-年鉴 IV.G52-66

中国版本图书馆 CIP 数据核字(96)第 12605 号

中国教育事业统计年鉴
1995
中华人民共和国国家教育委员会计划建设司 编
*
人民教育出版社出版发行
(100009 北京沙滩后街 55 号)
全国新华书店经销
人民教育出版社印刷厂印装
*
开本 787×1092 1/16 印张 23 字数 520,000
1996 年 8 月第 1 版 1996 年 8 月第 1 次印刷
印数 1-2,500

ISBN 7-107-11811-0
G·4921 定价 55.00 元

说　明

《中国教育事业统计年鉴》(1995)是一本全面反映中华人民共和国教育事业发展情况的资料性年鉴，是由国家教委计划建设司根据全国各省、自治区、直辖市教育委员会、高教局、教育厅(局)填报的学校基层报表数字整理汇编而成的。国家教委教育管理信息中心承担了数据的计算机处理汇总工作。

本年鉴包括以下部分：综合部分、高等教育、中等教育、初等教育、幼儿教育、特殊教育、成人教育、全国各级各类学校的分布情况等。

本年鉴是各有关部门研究教育改革和发展的必备资料工具书，是教育界各机关、学校指导部门制定教育计划、指导教育改革必不可少的依据。

本年鉴所列资料，暂缺台湾省的数字；凡未注明年份的均为 1995 年的数字。

Notes from the Compiler

The Educational Statistics Yearbook of China for 1995 is an informational yearbook comprehensively reflecting the development of the educational undertaking of the People's Republic of China, and it was compiled by the Department of Planning and Construction of the State Education commission, based on the synthetic statistical returns relating to schools of various types and levels completed by the Educational Commissions (or the Bureaus of Education and Higher Education) of the provincial governments and the goverments of various autonomous regions and municipalities directly under the State Council. All data were processed and calculated using Computers by the Educational Management Information Center of the State Education Commission.

The yearbook is composed of the following parts: summary tables, higher education, secondary education, primary education, pre-primary education, special education, adult education, geographical distribution of schools by type and level.

The yearbook is a requisite reference for all departments concerned with the study of educational reform and development, and provides indispensable factual information to the educational community (circles), the state organs, and all supervisory bodies of education (schools) engaged in curricular development and the guidance of educational reform.

The yearbook lacks the data of Taiwan Province. Data in tables are for 1995, unless otherwise notified.

目　录

一、综合部分

二、高等教育

(一) 普通高等学校

(二) 研究生

三、中等教育

（一）中等专业学校

（二）普通中学

（三）职业中学

四、初等教育（小学）

五、特殊教育

六、幼儿教育

七、成人教育

八、各级各类学校分布情况

附表：1990～1995年全国教育统计概要

CONTENTS

Ⅰ. SUMMARY TABLES

Ⅱ. HIGHER EDUCATION

A. REGULAR HIGHER EDUCATIONAL INSTITUTIONS

Ⅷ. GEOGRAPHICAL DISTRIBUTION OF SCHOOLS BY TYPE AND LEVEL

APPENDIX TABLES:

Basic Statistics of Education in China from 1990－95

一、综合部分

I. SUMMARY TABLES

全国各级普通学校基本情况

Basic Statistics of Regular Schools in China by Level & Type

单位: 万人
in 10 thousand

	学校数(所) Schools	毕业生数 Graduates	招生数 Entrants	在校学生数 Enrolment	教职工数 Teachers, Staff & Workers 计 Total	其中: 专任教师 Of which: Full-time Teachers
总　计 Total	**951370**	**3716.53**	**7035.95**	**22621.80**	**1416.06**	**1096.52**
一、研究生 Graduate Education	(740)	3.19	5.11	14.54		
1. 高等学校 Inst. of Higher Education	(420)	2.92	4.70	13.44		
2. 科研机构 Research Organizations	(320)	0.27	0.41	1.10		
二、普通高等学校 Reg. Inst. of Higher Educations	1054	80.54	92.59	290.64	104.06	40.07
本专科 Undergraduates						
国家任务 Students enrolled according to state plans		54.07	62.68	206.95		
委托培养 Students enrolled by Contract		17.47	17.55	47.93		
自 费 生 Tuition-paying students		8.8	12.18	35.36		
教师本专科 In-service Teacher Training Courses		0.20	0.18	0.40		
三、普通中等学校 Reg. Secondary Schools	99814	1705.38	2428.45	6380.68	559.87	400.01
1. 中等专业学校 Specialized Sec. Schools	4049	83.92	138.09	372.15	53	25.68
中等技术学校 Sec. Technical Schools	3152	59.44	107.26	287.36	41.80	19.51
中等师范学校 Teacher Training Schools	897	24.48	30.83	84.80	11.19	6.17
2. 技工学校 Skilled Worker Schools	4507	68.15	74.05	188.59	33.67	11.54
3. 普通中学 General Sec. Schools	81020	1429.02	2025.93	5370.98	429.48	333.42
高中 Senior	13991	201.64	273.65	713.16		55.05
初中 Junior	67029	1227.38	1752.28	4657.82		278.37
4. 职业中学 Vocational Schools	10147	123.98	190.04	448.32	43.40	29.21
高中 Senior	8612	107.02	161.20	378.63		25.49
初中 Junior	1535	16.96	28.84	69.69		3.72
5. 工读学校 Correctional Work-study Schools	91	0.31	0.34	0.64	0.32	0.16
四、小学 Primary Schools	668685	1961.52	2531.82	13195.15	632.42	566.41
五、特殊教育学校 Special Education Schools	1379	1.90	5.63	29.56	3.68	2.52
六、幼儿园 Kindergartens	180438		1972.35	2711.23	116.03	87.51

全国各级成人学校基本情况

Basic Statistics of Adult Schools in China by Level & Type

单位：万人
in 10 thousand

	学校数(所) Schools	毕业生数 Graduates	招生数 Entrants	在校学生数 Enrolment	教职工数 Teachers, Staff & Workers 计 Total	其中:专任教师 of which: Full-time Teachers
总　计　Total	**579027**	**8680.46**	**7071.88**	**6729.42**	**110.13**	**48.84**
一、成人高等学校 Higher Educational Institutions for Adults	1156	63.61	91.38	257.01	21.34	9.82
1、广播电视大学 Radio/TV Universities	46	15.68	19.35	54.16	4.50	2.04
2、职工高等学校 Workers' Colleges	694	8.59	10.75	31.39	8.48	4.01
3、农民高等学校 Peasants' Colleges	4	0.02	0.05	0.10	0.03	0.01
4、管理干部学院 Institutes for Administration	166	4.63	6.24	14.77	3.73	1.46
5、教育学院 Educational Colleges	242	8.83	7.77	21.37	4.47	2.23
6、独立函授学院 Independent Correspondence Colleges	4	0.41	0.48	1.35	0.14	0.07
7、普通高等学校举办：Run by Reg. Inst. of Higher Ed.		25.44	46.74	133.87		
函授部 Divisions of Correspondence		15.88	27.14	84.13		
夜大学 Evening Schools		5.49	10.23	30.90		
成人脱产班 Short-cycle Courses for Adults		4.08	9.37	18.83		
合计中：电大、普通专科班(A)		5.00	8.06	17.80		
二、成人中等学校 Sec. Education for Adults	409720	7851.52	6298.87	5694.17	71.02	33.27
1、成人中等专业学校 Specialized Sec. Schools for Adults	4904	89.34	125.24	290.79	21.29	11.27
广播电视中等专业学校 Radio/TV Specialized Sec. Schools	126	15.43	21.48	55.98	1.51	0.75
职工中等专业学校 Specialized Sec. Schools for Staff & Workers	1988	26.97	43.50	101.88	8.20	4.17
干部中等专业学校 Specialized Sec. Schools for Cadres	238	5.26	7.95	16.02	1.41	0.70
农民中等专业学校 Specialized Sec. Schools for Peasants	453	6.26	10.04	22.36	1.66	1.01
函授中等专业学校 Correspondence Specialized Sec. Schools	68	13.95	18.12	42.92	1.12	0.41
教师进修学校 In-service Teacher Training Schools	2031	21.47	24.15	51.63	7.39	4.24
2、成人中学 General Sec. Schools for Adults	6020	63.99	61.17	74.23	4.30	2.33
职工中学 General Sec. Schools for Staff & Workers	2199	25.63	27.06	33.53	2.53	1.45
农民中学 General Sec. Schools for Peasants	3821	38.36	34.11	40.69	1.76	0.88
3、成人技术培训学校 Technical Training Schools for Adults	398796	7698.19	6112.46	5329.15	45.43	19.67
职工技术培训学校 Technical Training Schools for Staff & Workers	13299	662.81	675.17	380.45	10.32	6.03
农民技术培训学校 Technical Training Schools for Peasants	385497	7035.38	5437.28	4948.70	35.11	13.64
三、成人初等学校 Adult Primary Schools	168151	765.33	681.63	778.25	17.77	5.75
1、职工初等学校 Worker Primary Schools	1078	11.29	12.23	14.52	0.31	0.16
2、农民初等学校 Peasant Primary Schools	167073	754.04	669.40	763.73	17.46	5.59
其中：扫盲班 of which: Literacy Classes	(117031)	476.13	393.47	487.63	12.34	3.57

(A): Of the total: The Regular Short-cycle Courses in Radio/TV Universities, for graduates from higher Schools.

各级普通学校校数

Number of Regular Schools by Level & Type

单位：所

	1949	1965	1978	1980	1985	1994	1995
普通高等学校 Reg. Inst. of Higher Education	205	434	598	675	1016	1080	1054
普通中等学校 Reg. Secondary Schools	5219	81274	167118	128065	108494	101087	99814
中等专业学校 Specialized Sec. Schools	1171	1265	2760	3069	3557	3987	4049
中等技术学校 Sec. Technical Schools	561	871	1714	2052	2529	3093	3152
中等师范学校 Teachers Training Schools	610	394	1046	1017	1028	894	897
技工学校 Skilled Worker Schools	3	281	2013	3305	3548	4430	4507
普通中学 General Sec. Schools	4045	18102	162345	118377	93221	82358	81020
高中 Senior	1597	4112	49215	31300	17318	14242	13991
初中 Junior	2448	13990	113130	87077	75903	68116	67029
职业中学 Vocational Schools	—	61626	…	3314	8070	10217	10147
工读学校 Correctional Work－study Schools	—	—	—	…	98	95	91
小学 Primary Schools	346769	1681939	949323	917316	832309	682588	668685
特殊教育学校 Special Education Schools	…	266	292	292	375	1241	1379
幼儿园 Kindergartens	…	19226	163952	170419	172262	174657	180438

各级普通学校学生数

Enrolment of Regular Schools by Level & Type

单位:万人

in 10 thousand

	1949	1965	1978	1980	1985	1994	1995
研究生 (人) Graduate Education(Person)	629	4546	10934	21604	87331	127900	145443
普通高等学校本专科 Undergraduate Education	11.65	67.44	85.63	114.37	170.31	279.86	290.64
普通中等学校 Reg. Secondary Schools	127.05	1441.97	6675.37	5747.83	5167.46	5894.70	6380.59
中等专业学校 Specialized Sec . Schools	22.88	54.74	88.92	124.34	157.11	319.79	372.15
中等技术学校 Sec . Technical Schools	7.71	39.24	52.93	76.13	101.29	241.40	287.36
中等师范学校 Teacher Training Schools	15.17	15.50	35.99	48.21	55.82	78.39	84.80
技工学校 Skilled Worker Schools	0.27	10.10	38.20	70.04	74.17	187.09	188.59
普通中学 General Sec . Schools	103.90	933.79	6548.25	5508.08	4705.96	4981.66	5370.98
高中 Senior	20.72	130.82	1553.08	969.79	741.13	664.80	713.16
初中 Junior	83.18	802.97	4995.17	4538.29	3964.83	4316.86	4657.82
职业中学 Vocational Schools	–	443.34	…	45.37	229.57	405.61	448.32
高中 Senior	–	77.50	…	31.92	184.34	342.56	378.63
初中 Junior	–	365.84	…	13.45	45.23	63.05	69.69
工读学校 Correctional Work－study Schools	–	–	…	…	0.65	0.55	0.64
小学 Primary Schools	2439.10	11620.90	14624.00	14627.00	13370.20	12822.62	13195.15
特殊教育学校 Special Education Schools	…	2.29	3.09	3.31	4.17	21.14	29.56
幼儿园 Kindergartens	…	171.30	787.70	1150.80	1479.70	2630.27	2711.23

各级普通学校招生数

Number of Regular School Entrants by Level & Type

单位:万人
in 10 thousand

	1949	1965	1978	1980	1985	1994	1995
研究生（人）Graduate Education(Person)	242	1456	10708	3616	46871	50864	51053
普通高等学校本专科 Undergraduate Education	3.06	16.42	40.15	28.12	61.92	89.98	92.59
普通中等学校 Reg. Secondary Schools	50.97	673.11	2769.29	2044.92	1825.70	2229.20	2424.06
中等专业学校 Specialized Sec. Schools	9.74	20.85	44.70	46.76	66.83	122.54	138.09
中等技术学校 Sec. Technical Schools	4.28	14.64	26.79	25.29	45.36	93.47	107.26
中等师范学校 Teacher Training Schools	5.46	6.21	17.91	21.47	21.47	29.07	30.83
技工学校 Skilled Worker Schools	…	…	25.70	33.13	35.54	71.44	74.05
普通中学 General Sec. Schools	41.23	345.78	2698.89	1934.31	1606.91	1859.75	2025.93
高中 Senior	7.11	45.89	692.91	383.40	257.51	243.39	273.65
初中 Junior	34.12	299.89	2005.98	1550.91	1349.40	1616.36	1752.28
职业中学 Vocational Schools	–	306.48	…	30.72	116.10	175.28	190.04
高中 Senior	–	55.67	…	24.06	98.49	146.77	161.20
初中 Junior	–	250.81	…	6.66	17.61	28.51	28.84
工读学校 Correctional Work-study Schools	–	–	…	…	0.32	0.26	0.34
小学 Primary Schools	680.00	3296.02	3315.36	2942.34	2298.17	2537.03	2531.82
特殊教育学校 Special Education Schools	…	…	0.59	0.59	0.92	3.98	5.63

各级普通学校教职工数

Number of Regular School Teachers, Staff & Workers by Level & Type

单位:万人
in 10 thousand

	1949	1965	1978	1980	1985	1994	1995
总 计 **Total**	102.30	567.87	1083.45	1167.61	1209.56	1395.99	1416.06
普通高等学校 Reg. Inst. of Higher Education	4.60	33.30	51.80	63.20	87.06	104.03	104.06
普通中等学校 Reg. Secondary Schools	12.80	110.50	422.06	437.21	439.45	546.58	559.87
中等专业学校 Specialized Sec. Schools	2.40	12.20	23.70	29.80	40.32	51.65	53.00
中等技术学校 Sec. Technical Schools	1.10	10.10	17.60	22.30	31.31	40.65	41.80
中等师范学校 Teacher Training Schools	1.30	2.10	6.10	7.50	9.01	11.00	11.19
技工学校 Skilled Worker Schools	...	...	6.66	13.61	21.53	34.01	33.67
普通中学 General Sec. Schools	10.40	67.70	391.70	389.70	355.69	419.07	429.48
职业中学 Vocational Schools	–	30.60	...	4.10	21.59	41.53	43.40
工读学校 Correctional Work-study Schools	–	–	–	...	0.32	0.32	0.32
小学 Primary Schools	84.90	407.50	562.00	605.40	602.10	627.14	632.42
特殊教育学校 Special Education Schools	...	0.37	0.69	0.80	1.15	3.32	3.68
幼儿园 Kindergartens	...	16.20	46.90	61.00	79.80	114.92	116.03

各级普通学校专任教师数

Number of Regular School Full－time Teachers by Level & Type

单位:万人
in 10 thousand

	1949	1965	1978	1980	1985	1994	1995
总计 Total	93.43	467.89	902.31	939.48	933.48	1080.40	1100.27
普通高等学校 Reg. Inst. of Higher Education	1.61	13.81	20.63	24.69	34.43	39.64	40.07
普通中等学校 Reg. Secondary Schools	8.22	70.93	330.96	323.30	305.65	391.18	403.76
中等专业学校 Specialized Sec . Schools	1.56	5.51	9.96	12.87	17.40	24.70	25.68
中等技术学校 Sec . Technical Schools	0.66	4.37	6.93	9.10	12.80	18.70	19.51
中等师范学校 Teacher Training Schools	0.90	1.14	3.03	3.77	4.60	6.00	6.17
技工学校 Skilled Worker Schools	…	…	2.80	6.14	8.89	15.29	11.54
普通中学 General Sec . Schools	6.66	45.71	318.20	301.97	265.16	323.37	333.42
高中 Senior	1.40	7.79	74.13	57.07	49.17	54.68	55.05
初中 Junior	5.26	37.92	244.07	244.90	215.99	268.89	278.37
职业中学 Vocational Schools	–	19.71	…	2.32	14.07	27.66	29.21
高中 Senior	–	5.29	…	1.65	11.58	24.12	25.49
初中 Junior	–	14.42	…	0.67	2.49	3.54	3.72
工读学校 Correctional Work-study Schools	–	–	–	…	0.13	0.16	0.16
小学 Primary Schools	83.60	385.71	522.55	549.94	537.68	561.13	566.41
特殊教育学校 Special Education Schools	…	0.26	0.42	0.48	0.73	2.27	2.52
幼儿园 Kindergartens	…	6.18	27.75	41.07	54.99	86.18	87.51

高级中等学校学生数的构成

Composition of Students in Senior Sec. Schools

	合 计 Total	普通高中 Senior General Secondary Schools	中等职业技术学校 Secondary Vocational-technical Schools			
			小 计 Subtotal	中等专业学校 Specialized Sec. Schools	技工学校 Skilled Worker Schools	职业中学 Vocational Schools
学生数(万人) No. of Students (in 10 thousand)						
1965	271.1	130.8	140.3	52.7	10.1	77.5
1980	1196.0	969.8	226.2	124.3	70.0	31.9
1985	1156.7	741.1	415.6	157.1	74.2	184.3
1990	1322.0	717.3	604.7	224.4	133.2	247.1
1993	1419.3	656.9	762.4	282.0	174.0	306.4
1994	1514.3	664.8	849.5	319.8	187.1	342.6
1995	1652.5	713.2	939.3	372.2	188.6	378.6
比重(%) Percentage						
1965	100.0	48.2	51.8	19.5	3.7	28.6
1980	100.0	81.1	18.9	10.4	5.8	2.7
1985	100.0	64.1	35.9	13.6	6.4	15.9
1990	100.0	54.3	45.7	17.0	10.0	18.7
1993	100.0	46.3	53.7	19.1	12.2	21.6
1994	100.0	43.9	56.1	21.2	12.4	22.6
1995	100.0	43.2	56.8	22.5	11.4	22.9

小学毕业生和初中毕业生升学率

Promotion Rate of Primary & Junior Sec. School Graduates

单位:万人
in 10 thousand

年份	小学毕业生升学率 Promotion Rate of Primary School Graduates			初中毕业生升学率 Promotion Rate of Junior Sec. School Graduates		
	小学毕业生数 No.of Primary School Graduates	初级中等学校招生数 No. of Junior Sec. School Entrants	升学率(%) Promotion Rate	初中毕业生数 No. of Junior Sec. School Graduates	高级中等学校招生数 No. of Senior Sec. School Entrants	升学率(%) Promotion Rate
1965	667.6	550.7	82.5	173.8	121.6	70.0
1980	2053.3	1557.6	75.9	964.8	442.8	45.9
1985	1999.9	1367.0	68.4	998.3	416.2	41.7
1990	1863.1	1389.2	74.6	1109.1	450.4	40.6
1993	1841.5	1505.6	81.8	1148.7	500.5	43.6
1994	1899.6	1644.9	86.6	1166.4	541.1	46.4
1995	1961.5	1781.1	90.8	1244.3	601.6	48.3

小学学龄儿童入学率

Net Enrolment Rate of School－age Children & Annual Retention Rate of Enrolment in Primary Schools

单位: 万人
in 10 thousand

年份	全国学龄儿童数 Total No. of School－age Children	已入学学龄儿童数 No. of School－age Children Enrolled	入学率(%) Net Enrolment Rate
1965	11603.2	9829.1	84.7
1980	12219.6	11478.2	93.0
1985	10362.3	9942.8	95.9
1990	9740.7	9529.7	97.8
1993	11432.0	11170.9	97.7
1994	11949.6	11758.2	98.4
1995	12375.4	12192.5	98.5

注: 1992 年以前的入学率是按 7－11 周岁统一计算的.
从 1992 年起入学率是按各地不同入学年令和学制分别计算的.

Note: Net Enrolment Rate of school－age chidren before year 1993 calculated during the age 7 ～ 11.
After 1993, the rate varies according to provincial entrant age primary schooling years.

各级普通学校女学生和女教职工数

Number of Female Students, Teachers, Staff & Workers by Level & Type of Regular Schools

单位：万人
in 10 thousand

	女学生 Female Students		女教职工 Female Teachers, Staff & Workers		女专任教师 Female Full-time Teachers	
	人数 Number	占学生总数的比重(%) Percentage	人数 Number	占教职工总数的比重(%) Percentage	人数 Number	占专任教师总数的比重(%) Percentage
普通高等学校 Regular I H E s	102.90	35.40	40.20	38.60	13.20	33.00
中等技术学校 Sec. Technical Schools	135.20	47.00	17.50	41.90	8.30	42.60
中等师范学校 Teacher Training Schools	51.90	61.20	4.30	38.40	2.40	38.70
普通中学 General Sec. Schools	2407.50	44.80	147.60	34.40	119.20	35.70
职业中学 Vocational Schools	218.20	48.70	15.50	35.62	10.80	37.03
工读学校 Correctional Work-study Schools	.06	9.80	.09	29.65	.04	27.61
小学 Primary Schools	6241.10	47.30	282.00	44.60	264.00	46.61
特殊教育学校 Special Education Schools	10.85	36.70	2.28	61.70	1.73	68.67
幼儿园 Kindergartens	1267.60	46.80	108.80	93.73	82.70	94.60

各级普通学校少数民族学生和少数民族教职工数

Number of Minority Students Enrolled, Teachers, Staff & Workers in Regular Schools at Various Levels

单位：万人
in 10 thousand

	少数民族学生 Minority Students		少数民族教职工 Minority Teachers, Staff & Workers		少数民族专任教师 Minority Full-time Teacher	
	人数 Number	占学生总数的比重(%) Percentage	人数 Number	占教职工总数的比重(%) Percentage	人数 Number	占专任教师总数的比重(%) Percentage
普通高等学校 Regular I H E s	18.60	6.50	4.90	4.70	2.20	5.50
中等技术学校 Sec. Technical Schools	18.43	6.41	2.24	5.40	1.20	5.90
中等师范学校 Teacher Training Schools	8.83	10.41	1.00	8.60	0.60	9.40
普通中学 General Sec. Schools	346.60	6.50	29.10	6.80	22.30	6.70
职业中学 Vocational Schools	23.80	5.30	2.20	5.00	1.50	5.10
工读学校 Correctional Work-study Schools	0.03	4.70	0.01	5.91	0.02	9.30
小　学 Primary Schools	1196.00	9.10	58.60	9.30	50.10	8.80
特殊教育学校 Special Education Schools	0.67	2.30	0.30	7.60	0.20	8.20
幼儿园 Kindergartens	100.20	3.70	4.00	3.40	3.00	3.40

二、高等教育

Ⅱ、HIGHER EDUCATION

（一）普通高等学校

A.REGULAR HIGHER EDUCATIONAL INSTITUTIONS

普通高等学校校数

Number of Regular Higher Educational Institutions

单位：所

	合 计 Total	大学、专门学院 Universities & Colleges	专科学校 Short-Cycle Colleges	短期职业大学 Short-Cycle Vocational Colleges
总 计 Total	**1054**	**616**	**352**	**86**
综合大学 Comprehensive University	78	58	20	0
理工院校 Natural Sciences & Technology	286	204	82	0
农业院校 Agriculture	56	45	11	0
林业院校 Forestry	10	10	0	0
医药院校 Medicine & Pharmacy	126	104	22	0
师范院校 Teacher Training	236	76	160	0
语文院校 Language & Literature	15	12	3	0
财经院校 Finance & Economics	77	40	37	0
政法院校 Political Science & Law	27	12	15	0
体育院校 Physical Culture	14	13	1	0
艺术院校 Art	31	30	1	0
其他院校 Others	98	12	0	86

普通高等学校规模

Breakdown of Regular Higher Educational Institutions by Size of Enrolments

单位：所

	学校数 Institutions	300人及以下 300 and under	301～500人 301 to 500	501～1000人 501 to 1000	1001～1500人 1001 to 1500	1501～2000人 1501 to 2000	2001～3000人 2001 to 3000	3001～4000人 3001 to 4000	4001～5000人 4001 to 5000	5001人及以上 5001 and over
总 计 Total	**1054**	**19**	**24**	**142**	**184**	**167**	**193**	**120**	**68**	**137**
综合大学 Comprehensive University	78	0	0	5	11	2	6	8	5	41
理工院校 Natural Sciences & Technology	286	0	1	20	25	45	47	56	30	62
农业院校 Agriculture	56	0	1	4	9	9	9	11	10	3
林业院校 Forestry	10	0	0	0	3	1	5	0	1	0
医药院校 Medicine & Pharmacy	126	6	1	15	25	27	35	15	1	1
师范院校 Teacher Training	236	1	1	30	54	41	60	12	11	26
语文院校 Language & Literature	15	1	0	4	1	4	4	1	0	0
财经院校 Finance & Economics	77	0	1	8	13	21	14	8	8	4
政法院校 Political Science & Law	27	1	0	10	8	3	1	3	1	0
体育院校 Physical Culture	14	0	1	4	4	4	1	0	0	0
艺术院校 Art	31	2	13	16	0	0	0	0	0	0
其他院校 Others	98	8	5	26	31	10	11	6	1	0

普通高等学校设置专业数

Number of Specialities and Number of Educational Programmes Estabished by Field of Study in Regular Higher Educational Institutions

	合计 Total	哲学 Philosophy	经济 Economics	法学 Law	教育 Education	文学 Literature	历史 History	理学 Science	工学 Engineering	农学 Agriculture	医学 Medicine
种数 No. of Sp.	875	16	54	31	24	124	17	81	410	58	60
点数 No. of Ed. Prog.	20046	76	3093	664	724	3056	412	2273	7966	957	825

普通高等学校工科分大类学生数

Breakdown of Engineering Students by Subfield of Study in Regular Higher Educational Institutions

单位:人

	毕业生数 Graduates	招生数 Entrants	在校学生数 Enrolment
总　计 Total	295839	352463	1166931
地　矿 Applied Geology	10475	6684	32194
材　料 Materials Science	12287	14394	50652
机　械 Mechanical Engineering	61164	65023	224803
仪器仪表 Instrument & Meter	7287	8043	27347
热能核能 Thermal & Nuclear Energy	5879	6941	23574
电　工 Electrical Engineering	31691	35651	121420
电子与信息 Electronics & Information	55772	84103	251237
土　建 Civil Engineering & Architcture	32017	45357	145430
水　利 Hydraulics	4053	4321	15787
测　绘 Survey & Measure	2003	1975	6813
环　境 Environment	2571	3381	11053
化工与制药 Chernical Engineering & Pharmaceutics	20021	20454	70342
轻工粮食食品 Grain & Food	10200	11154	35824
农业工程 Agriculture Engineering	5278	4716	17307
林业工程 Forestry Engineering	1559	1649	6322
纺　织 Textile	7251	6314	21869
交通运输 Transportation	6603	7930	27476
航空航天 Aeronautics & Astronautics	1076	1421	5097
兵　器 Weaponry	126	417	1197
公安技术 Public Security Technology	603	772	2524
工程力学 Engineering Mechanics	716	698	2926
管理工程 Management Engineering	17207	21065	65737

普 通 高 等 学

Basic Statistics of Regular Higher

	学校数(所) Institutions		本专科学生数 Undergraduate Students						
	计 Total	其中:中央部门所属学校数 of which Inst. under Central Ministries & Agencies	毕业生数 Graduates	招生数 Students Admitted	在校学生数 Enrolment	合计 Total	计 Subtotal	计 Subtotal	教授 Professors
总 计 Total	1054	358	805397	925940	2906429	1040570	847573	400742	31095
其中:女 of which: Female			275371	340644	1029286	401995	319743	132401	4286
综合大学 Comprehensive Universities	78	13	114004	129624	424288	151699	123530	58909	5842
理工院校 Natural Sciences & Tech.	286	210	269315	323945	1055765	402876	306917	141354	11542
农业院校 Agriculture	56	13	44292	51335	158106	67943	50577	23728	1852
林业院校 Forestry	10	6	6276	7337	23024	10283	7853	3822	361
医药院校 Medicine & Pharmacy	126	23	53092	63146	245937	114895	94460	44752	5204
师范院校 Teacher Training	236	12	203888	210910	582860	163368	146844	72823	3504
语文院校 Language & Literature	15	8	5984	7489	24628	12479	10691	5214	376
财经院校 Finance & Economics	77	39	50843	60323	185067	48427	43881	20225	1000
政法院校 Political Science & Law	27	12	10261	12710	40911	15283	13852	5253	309
体育院校 Physical Culture	14	6	4863	6004	17344	7164	6538	3171	193
艺术院校 Art	31	11	4755	5564	17574	12466	11665	5812	512
民族院校 Nationalities	12	5	8961	10503	32625	10752	9551	4629	188
短期职业大学 Shore-cycle Vocational Colleges	86		28863	37050	98300	22935	21214	11050	212
总计中 Of the total									
国家教委所属院校 Inst.under SEDC	35	35	73590	75699	270409	140455	97751	46270	6736
中央其他部委所属院校 Inst. under other Central Ministries & Agencies	323	323	254767	309304	1001031	407959	318004	146077	13136
地方所属院校 Inst.under Local Auth.	696		477040	540937	1634989	492156	431818	208395	11223

校基本情况

Educational Institutions

单位:人

教职工数 Teachers, Staff & Workers									
校本部教职工 Teachers, Staff & Workers in the College or Uni. Proper							科研机构人员 Personnel in Affiliated Research Org.	校办工厂、农场职工 Employees in School-run Factories, Farms	附设机构人员 Personnel in Other Subsidiary Units
专任教师 Full-time Teachers				教辅人员 Supporting Staff	行政人员 Adm. Personnel	工勤人员 Workers			
副教授 Asso. Professors	讲师 Lecturers	助教 Assistants	教员 Instructors						
106520	166508	74946	21673	123595	174109	149127	47718	65305	79974
25796	59834	33543	8942	61651	66596	59095	13449	22385	46418
17158	23696	8794	3419	18160	25438	21023	9903	6248	12018
40169	58508	23936	7199	49915	60993	54655	25955	34003	36001
6388	9238	4903	1347	6625	9984	10240	2337	10300	4729
1104	1562	630	165	1208	1590	1233	376	1062	992
10800	17696	9427	1625	15760	18259	15689	4210	3869	12356
18117	31393	15366	4443	19011	29469	25541	2889	5883	7752
1421	2194	896	327	1337	2158	1982	180	69	1539
4683	9245	3978	1319	4344	10985	8327	769	1657	2120
1073	2312	1127	432	1499	4144	2956	203	630	598
774	1375	762	67	702	1287	1378	81	33	512
1538	2248	1184	330	1320	2709	1824	236	179	386
1070	2152	1009	210	1023	2190	1709	388	123	690
2225	4889	2934	790	2691	4903	2570	191	1249	281
16256	16361	5517	1400	18237	16481	16763	17888	9266	15550
40027	59676	26304	6934	47970	64986	58971	19353	30490	40112
50237	90471	43125	13339	57388	92642	73393	10477	25549	24312

普通高等学校

Number of Undergraduate Students by Type of

	毕业生数 Graduates			招生数 Students Admitted	
	计 Total	本科 Normal Courses	专科 Short－cycle Courses	计 Total	本科 Normal Courses
总计 Total	805397	325484	479913	925940	447809
国家任务 Students Enrolled according to State Plan	540653	311955	228698	626809	402614
委托培养 Students Enrolled by Contract	174661	9933	164728	175526	19759
自费生 Tuition－paying Students	88090	2788	85302	121840	24432
教师本专科 In－service Teacher Training Courses	1993	808	1185	1765	1004
总计中 of the Total					
国家教委所属学校 Inst.under SEDC	73590	51063	22527	75699	60570
中央其他部委所属学校 Inst.under Other Central Ministries & Agencies	254767	131361	123406	309304	192620
地方所属学校 Inst.under Local Aut	477040	143060	333980	540937	194619

普通高等学校

Supplementary Data for Special Categories

	学生总数中 Of Total Enrolment		
	第二学士学位 Second Bachelor's Degrees	走读生 Students Who Not Live in Campus	收费生 Tuition Partly Paying Students
毕(结)业生数 Graduates	2089	24251	11259
招生数 Students Admitted	1646	26390	148732
在校学生数 Enrolment	4048	78876	229630
毕(结)业班学生数 Graduates for Next Year	2036	23339	14902

本专科学生数

Courses in Regular Higher Educational Institutions

单位:人

专科 Short-cycle Courses	在校学生数 Enrolment 计 Total	本科 Normal Courses	专科 Short-cycle Courses	毕业班学生数 Graduates for Next year 计 Total	本科 Normal Courses	专科 Short-cycle Courses
478131	2906429	1638200	1268229	847526	350429	497097
224195	2069479	1457745	611734	547045	322116	224929
155767	479370	81627	397743	187055	14889	172166
97408	353598	96644	256954	111794	12717	99077
761	3982	2184	1798	1632	707	925
15129	270409	231586	38823	71809	53540	18269
116684	1001031	686607	314424	270952	143391	127561
346318	1634989	720007	914982	504765	153498	351267

学生数补充资料

of Undergraduate Students

单位:人

预科班 Pre-university Courses	进修班 Refresher Courses	外国留学生 Foreign Students	短训班 Short-term Courses	专业证书班 Classes for certificate-oriented trainees	大学后继续教育 Post-collegiate continuing education
8404	10958	4952	153824	67495	13472
10667	13499	8997	118571	65852	15066
11622	17416	15107	81521	112833	17888
9097	9629	4241	42143	50913	4681

普通高等学校

Number of Students by Field of Study in

	毕业生数 Graduates			招生 Students	
	计 Total	本科 Normal Courses	专科 Short-cycle Courses	计 Total	本科 Normal Courses
总计 Total	805397	325484	479913	925940	447809
哲学 Philosophy	2110	1261	849	1747	873
经济学 Economics	119042	32075	86967	152694	66685
法学 Law	23170	9393	13777	31939	15681
教育学 Education	41898	14019	27879	41258	15083
文学 Literature	115969	29835	86134	131587	42058
历史学 History	18117	6385	11732	15672	6298
理学 Science	100566	38029	62537	100295	43366
工学 Engineering	295839	148844	146995	352463	203018
农学 Agriculture	32975	16365	16610	32590	17903
医学 Medicine	55711	29278	26433	65695	36844
总计中:师范 Of the Total: Teacher Training	161465	42579	118886	159439	48089

分科学生数

Rrgular Higher Educational Institutions

单位: 人

数 Admitted	在校学生数 Enrolment			毕业班学生数 Graduates for Next Year		
专科 Short-cycle Courses	计 Total	本科 Normal Courses	专科 Short-cycle Courses	计 Total	本科 Normal Courses	专科 Short-cycle Courses
478131	2906429	1638200	1268229	847526	350429	497097
874	5826	3786	2040	1987	1267	720
86009	434084	210081	224003	127160	36019	91141
16258	92618	52469	40149	25240	10322	14918
26175	117367	56325	61042	41182	14096	27086
89529	365551	147757	217794	121578	32440	89138
9374	48355	24481	23874	16567	6352	10215
56929	309903	165516	144387	98734	39787	58947
149445	1166931	742965	423966	320081	162938	157143
14687	109791	69967	39824	33837	17541	16296
28851	256003	164853	91150	61160	29667	31493
111350	453795	181093	272702	156181	43656	112525

普通高等学校函授部、

Number of Students Enrolled in Correspondence Divisions、Evening Schools and Short－

	函授部、夜大学 Correspondence Divisions and Evening Schools							
	毕业生数 Graduates			招生数 Students Admitted			在校 Enrolment	
	计 Total	本科 Normal Courses	专科 Short－cycle Courses	计 Total	本科 Normal Courses	专科 Short－cycle Courses	计 Total	本科 Normal Courses
总计 Total	213644	39188	174456	373691	56835	316856	1150357	198034
哲学 Philosophy	47	0	47	58	0	58	206	0
经济学 Economics	61165	2572	58593	136169	12003	124166	405418	33509
法学 Law	14086	3065	11021	20015	5237	14778	61511	17506
教育学 Education	16329	6815	9514	17846	6087	11759	61025	23494
文学 Literature	41443	9255	32188	52394	10180	42214	171944	41195
历史学 History	5207	1890	3317	3607	1395	2212	14789	6121
理学 Science	16715	8167	8548	14977	6373	8604	51001	22685
工学 Engineering	46450	7073	39377	93423	13314	80109	278115	46670
农学 Agriculture	4015	200	3815	7736	334	7402	23118	1273
医学 Medicine	8187	151	8036	27466	1912	25554	83230	5581
总计中：师范 Of the Total: Teacher Training	45986	19395	26591	48373	17254	31119	169194	66948

普通高等学校教

Supplementary Data for Teachers，

	教职工总数中 Of the Total Number of Staff and Workers				
	函授部、夜大学教职工 Teachers, Staff & Workers in Correspondence Divisions，& Evening Schools		思想政治教育教师 Political Teachers	兼任教师 Part－time Teachers	编制外招聘教师数 Number of teachers recruited beyond authorized strength or size of Staff
	计 Total	其中：专任教师 of which: Full－time Teachers			
人数 Number	16049	5846	25452	15015	5005

夜大学、成人脱产班分科学生数

cycle Courses for Cadres Attached to Regular Institutions of Higher Education

单位: 人

学生数	成人脱产班 Short-cycle Courses for Cadres								
	毕业生数 Graduates			招生数 Students Admitted			在校学生数 Mnrolment		
专科 Short-cycle Courses	计 Total	本科 Normal Courses	专科 Short-cycle Courses	计 Total	本科 Normal Courses	专科 Short-cycle Courses	计 Total	本科 Normal Courses	专科 Short-cycle Courses
952323	40777	175	40602	93707	1365	92342	188312	2313	185999
206	43	0	43	91	0	91	197	0	197
371909	17158	1	17157	35775	96	35679	67756	96	67660
44005	1815	0	1815	3468	123	3345	6604	123	6481
37531	725	0	725	783	3	780	1734	3	1731
130749	5161	32	5129	9458	394	9064	17555	678	16877
8668	211	0	211	212	0	212	467	0	467
28316	1250	2	1248	1762	17	1745	3429	17	3412
231445	11052	35	11017	31073	224	30849	66068	532	65536
21845	848	0	848	1225	0	1225	2205	0	2205
77649	2514	105	2409	9860	508	9352	22297	864	21433
102246	2766	0	2766	4019	237	3782	7681	413	7268

职工数补充资料

Staff & Workers in Regular HEIs

单位: 人

另有其他人员 Employees not elsewhere clossified					
聘期一年以上的外国专家、教授 Foreign experts with a term of one year and over	附属中学教职工 Staff & Workers in Attached Sec. Schools	附属小学教职工 Staff & Workers in Attached Primary Schools	现有离退休人员 Number of People on Pension	服务公司等集体所有制人员 Employees of Collective owned Units (Labour Service Co., etc.)	停薪留职人员 Personnel with pay temporarily suspended
1807	17661	6962	249866	38425	7461

普通高等学校分科专任教师数

Number of Full－time Teachers by Field of Study in Regular Higher Educational Institutions

单位:人

	合计 Total	教授 Prof.	副教授 Asso.Prof.	讲师 Lecturers	助教 Assistants	教员 Instructors	合计中公共课教师 Faculty Members Teaching Basic Courses
总计 **Total**	400742	31095	106520	166508	74946	21673	75248
其中：女 Of which: Female	132401	4286	25796	59834	33543	8942	25936
哲学 Philosophy	13293	935	3511	5874	2388	585	7439
经济学 Economics	28489	1705	6164	12574	6054	1992	2961
法学 Law	9058	593	1753	4138	1936	638	1719
教育学 Education	29139	952	5713	13081	7435	1958	15431
文学 Literature	63918	3400	14803	26172	14850	4693	18788
历史学 History	8316	702	2162	3661	1439	352	1371
理学 Science	79564	6123	24645	33518	11918	3360	19508
工学 Engineering	114969	10077	33646	46801	18477	5968	5440
农学 Agriculture	16254	1656	4717	6271	2819	791	302
医学 Medicine	37742	4952	9406	14418	7630	1336	2289

专任教师中本学年内不担任教学工作的人数

Number of Full－time Teachers Carrying No Teaching Load

单位:人

	合计 Total	教授 Prof.	副教授 Asso. Prof.	讲师 Lecturers	助教 Assistants	教员 Instructors
总计 Total	33105	1713	5418	15642	8894	1438
脱产进修 On Leave for Upgrading	17167	193	1805	9122	5495	552
科学研究 Scientific Research	6099	1135	1999	2069	688	208
外借人员 Working for other Institutions or Org.	916	60	247	439	147	23
因病休养 Convalescents	1230	85	333	528	228	56
其他 Others	7693	240	1034	3484	2336	599

非教学人员中有教师职称的人数

Breakdown of Non－Teaching Staff with Academic Ranks

单位:人

	合计 Total	教授 Prof.	副教授 Asso. Prof.	讲师 Lecturers	助教 Assistants
总计 Total	50819	5076	12263	21853	11627
行政人员中 Adm. Personnel	24564	1537	5504	11052	6471
科研机构人员中 Personnel in Research Org.	16623	3274	5150	6146	2053
教辅人员中 Supporting Staff	5311	108	808	2339	2056
校办厂、场职工中 Employees in School－run Factories & Farms	815	27	190	441	157
附设机构人员中 Personnel in Subsidiary Units	3506	130	611	1875	890

普通高等学校专

Breakdown of Full－time Teachers by Academic

	合 计 Total	研究生毕业 Completion of Postgraduate Courses		
		博 士 Doctor's Degrees	硕 士 Master's Degrees	未授博士、硕士学位的 Without advanced higher degrees
总 计 Total	400742	10443	81420	8350
其中:女教师 of which: Female Teachers	132401	1115	21124	2083
教授 Prof.	31095	2068	3057	2147
副教授 Asso.Prof.	106520	4597	16158	2187
讲师 Lecturers	166508	3178	47541	3242
助教 Assistants	74946	322	11341	621
教员 Instructors	21673	278	3323	153

普通高等学校专

Breakdown of Full－time Teachers by Age

	合 计 Total	30岁以下 30 years & under	31～35岁 31～35years
总 计 Total	400742	112667	88963
其中:女教师 of which: Female Teachers	132401	49217	30619
教授 Prof.	31095	21	409
副教授 Asso.Prof.	106520	611	7150
讲师 Lecturers	166508	31551	69762
助教 Assistants	74946	60823	10454
教员 Instructors	21673	19661	1188

普通高等学校学

Changes in

	上学年初报表在校学生数 Total enrolment at beginning of previous academic year	增加学生数 Factors of Increase					
		计 **Total**	招生数 No.of Students Admitted	复学 Students Resuming Studies	其他学校转入 Transfers from Other Inst.	其他 Others	计 **Total**
本专科学生 Undergraduate Students	2796902	944118	925940	4486	2421	11271	834591

任教师学历情况

Qualifications in Regular Higher Educational Institutions

单位:人

高等学校本科毕业 Completion of Normal Undergraduate Courses			高等学校专科毕业及本专科肄业二年以上 Completion of Short-cycle Courses or at least two years of undergraduate courses	高等学校本专科肄业未满两年及以下 Attendance in undergraduate Courses less than 2 years
学士 With Bachelor's Degrees	研究生肄业 Having Some Postgraduate Training	未授学士学位的 Without Bachelor's Degrees		
192546	761	80440	24424	2358
76915	145	22316	8037	666
8315	155	14382	855	116
31166	217	44759	6723	713
80819	285	17947	12341	1155
56479	73	2603	3240	267
15767	31	749	1265	107

任教师年龄情况

in Regular Higher Educational Institutions

单位:人

36～40岁 36～40 years	41～45岁 41～45 years	46～50岁 46～50 years	51～55岁 51～55years	56～60岁 56～60 years	61岁以上 61years & over
46646	27422	27087	37368	50882	9707
14485	8481	7861	11305	9123	1310
797	692	1433	5105	14531	8107
12588	11268	15631	25542	32201	1529
30239	14516	9716	6591	4071	62
2606	755	210	61	35	2
416	191	97	69	44	7

生数变动情况

Undergraduate Enrolment

单位:人

减少学生数 Factors of Decrease								本学年初报表在校学生数
毕业生 Graduates	结业生 Completers of Courses without formal awards	休学 Suspended	退学 Quitting	开除 Expelled	死亡 Dead	转到其他学校 Transfers to Other Inst.	其他 Others	Total enrolment at beginning of current academic year
805407	4433	4432	6437	661	547	1110	11564	2906429

普通高等学

Condition of School Buildings in Regular

	合计 Total	教学及辅助用房 Teaching & Administritive					
		计 Subtotal	教室 Classroom	图书馆 Library	实验实习场附属用房 Lab. and Supplementary building	体育馆 Gymnasium	会堂 hall
校舍建筑总面积 Total Floor Space	130526297	42400730	14809749	6062627	19071802	1371774	1084778
其中:外单位借用面积 of which: Under lease by other units	1133414	55743	15599	6902	27491	5621	130
危房面积 Floor space of dilapidated buildings	4032687	883813	308862	67744	445765	27971	33471
当年新增面积 New floor space added in current year	5873980	1623501	615555	176438	687421	104808	39279
正在施工面积 Floor space under construction	6843754	2561285	866749	440414	1032059	160332	61731
借租用校舍面积 Leased Floorspace	431128	92834	67086	6392	15321	1646	2389

普通高等学校专

Changes of Full-time Teachers in Regular

	上学年初报表专任教师数 Total number of full-time teachers at beginning of previous academic year	增加专 Factors				
		合计 Total	当年分配毕业生 New recruits from current year graduates			
			计 Total	其中:博士、硕士毕业 Of which: completing doc. & mas. deg. prog.	其中:本科毕业 Of which: completing 1st degree courses	计 Total
专任教师 Full-time Teachers	396162	31555	19237	6563	12331	7384

校校舍情况

Higher Educational Institutions

单位: m²

行政办公用房 Adm. Buildings	生活用房 Residential Building						
	计 Subtotal	学生宿舍 Students' Dormitories	学生食堂 Students' Dining Halls	教工单身宿舍 Apartments for Single	教工及家属住宅 Residences for Teachers & Workers	教工食堂 Halls for Staff & Workers	福利及附属用房 Welfare anxiliary Buildings
6529238	81596329	19997742	4043846	2572550	41353586	734177	12894428
40757	1036914	28930	3397	14274	782564	4889	202860
222662	2926212	458957	117643	171852	1564067	30059	583634
186028	4064451	972465	174477	69866	2322807	11515	513321
185740	4096729	580638	195350	54169	2758581	42977	465014
49051	289243	163178	19791	6329	57481	0	42464

任教师变动情况

Higher Educational Institutions

单位: 人

任教师数 of Increase			减少专任教师数 Factors of Decrease				本学年初报表专任教师数 Total number of full-time teachers at beginning of current academic year
外单位教师调入 Teachers recruited form other units	校内、外非教师调入 Non-teaching personnel changed into teachers		合计 total	上学年离退休人员 Retired from their posts during previcus academic year	调离教师岗位人员 Transferred from teaching to non-teaching posts	其他 Others	
其中: 普通高校调入 Of which: from reg. HEIs	计 Total	其中: 本校职工转为教师 Of which: with change of status in their own institutions					
3892	4934	2788	26975	12471	6921	7583	400742

(二) 研　究　生

B. GRADUATE　EDUCATION

全 国 研 究 生

Basic Statistics of Graduate

	合　计 Total			攻读博士学位 Candidates for Doctor's	
	毕业生数 Graduates	招生数 Entrants	在学研究生数 Enrolment	毕业生数 Graduates	招生数 Entrants
总　计 Total	31877	51053	145443	4641	11056
其中:女 of which: Female	8176	14966	40116	545	1915
委托培养 Students enrolled by contract	1003	5696	18848	108	1217
哲　学 Philosophy	460	705	1924	67	161
经济学 Economics	2165	4648	13885	214	629
法　学 Law	1370	2369	6644	111	286
教育学 Education	577	930	2602	51	128
其中:体育学 of which: Science of Physical Culture & Sports	81	181	453	6	17
文　学 Literature	1607	2936	7657	105	299
其中:艺术学 of which: Science of Art	100	267	636	6	19
历史学 History	593	930	2593	86	209
理　学 Sciences	6039	8496	24282	1307	2644
工　学 Engineering	14675	23139	65653	1784	4964
其中:力学 of which: Mechanics	566	689	2043	110	213
农　学 Agriculture	1111	1772	5244	197	475
其中:林学 of which: Forestry	132	183	517	22	49
医　学 Medicine	3280	5128	14959	719	1261

基本情况

Education in China

单位: 人

研究生 Degrees	攻读硕士学位研究生 Candidates for Master's Degrees			研究生班研究生 Students Enrolled in Postgraduate Courses not Awarding Degrees		
在学研究生数 Enrolment	毕业生数 Graduates	招生数 Entrants	在学研究生数 Enrolment	毕业生数 Graduates	招生数 Entrants	在学研究生数 Enrolment
28752	27123	39869	116396	113	128	295
4447	7593	13007	35582	38	44	87
2547	808	4419	16214	87	60	87
384	366	522	1508	27	22	32
1459	1951	4016	12423	0	3	3
687	1258	2079	5943	1	4	14
297	517	799	2286	9	3	19
32	75	164	421	0	0	0
704	1463	2569	6845	39	68	108
52	94	218	554	0	30	30
547	502	705	2029	5	16	17
6630	4718	5841	17619	14	11	33
13639	12873	18174	51945	18	1	69
649	456	476	1394	0	0	0
1241	914	1297	4003	0	0	0
104	110	134	413	0	0	0
3164	2561	3867	11795	0	0	0

高等学校研究生

Basic Statistics of Graduate Education in

	合计 Total			攻读博士学位 Candidates for Doctor's	
	毕业生数 Graduates	招生数 Entrants	在学研究生数 Enrolment	毕业生数 Graduates	招生数 Entrants
总　计 Total	29201	46950	134448	3904	9442
其中:女 of which: Female	7657	14111	37805	469	1677
委托培养 Students enrolled by contract	946	5481	18376	74	1043
哲　学 Philosophy	447	682	1856	56	151
经济学 Economics	2053	4406	13242	180	529
法　学 Law	1312	2278	6363	96	243
教育学 Education	564	908	2561	46	115
其中:体育学 of which: Science of Physical Culture & Sports	81	181	453	6	17
文　学 Literature	1597	2898	7556	101	292
其中:艺术学 of which: Science of Art	96	262	615	6	19
历史学 History	582	912	2534	79	202
理　学 Sciences	4807	6523	19065	841	1695
工　学 Engineering	13662	21736	61910	1630	4574
其中:力学 of which: Mechanics	541	645	1924	108	200
农　学 Agriculture	1031	1684	4967	173	437
其中:林学 of which: Forestry	127	179	498	22	49
医　学 Medicine	3146	4923	14394	702	1204

基本情况

Regular Higher Educational Institutions

单位: 人

研究生 Degrees	攻读硕士学位研究生 Candidates for Master's Degrees			研究生班研究生 Students Enrolled in Postgraduate Courses not Awarding Degrees		
在学研究生数 Enrolment	毕业生数 Graduates	招生数 Entrants	在学研究生数 Enrolment	毕业生数 Graduates	招生数 Entrants	在学研究生数 Enrolment
24752	25185	37384	109413	112	124	283
3888	7150	12390	33830	38	44	87
2190	785	4378	16099	87	60	87
354	364	509	1470	27	22	32
1207	1873	3874	12032	0	3	3
590	1216	2031	5759	0	4	14
274	509	790	2268	9	3	19
32	75	164	421	0	0	
684	1457	2541	6773	39	65	99
46	90	213	539	0	30	30
519	498	694	1998	5	16	17
4254	3952	4817	14778	14	11	33
12690	12014	17162	49154	18	0	66
609	433	445	1315	0	0	
1139	858	1247	3828	0	0	
104	105	130	394	0	0	
3041	2444	3719	11353	0	0	

科研机构研究生

Basic Statistics of Graduate Education

	合 计 Total			攻读博士学位 Candidates for Doctor's	
	毕业生数 Graduates	招生数 Entrants	在学研究生数 Enrolment	毕业生数 Graduates	招生数 Entrants
总 计 Total	2676	4103	10995	737	1614
其中:女 of which: Female	519	855	2311	76	238
委托培养 Students enrolled by contract	57	215	472	34	174
哲 学 Philosophy	13	23	68	11	10
经济学 Economics	112	242	643	34	100
法 学 Law	58	91	281	15	43
教育学 Education	13	22	41	5	13
其中:体育学 of which: Science of Physical Culture & Sports	0	0	0	0	0
文 学 Literature	10	38	101	4	7
其中:艺术学 of which: Science of Art	4	5	21	0	0
历史学 History	11	18	59	7	7
理 学 Sciences	1232	1973	5217	466	949
工 学 Engineering	1013	1403	3743	154	390
其中:力学 of which: Mechanics	25	44	119	2	13
农 学 Agriculture	80	88	277	24	38
其中:林学 of which: Forestry	5	4	19	0	0
医 学 Medicine	134	205	565	17	57

基本情况

in Research Organizations

单位: 人

研究生 Degrees	攻读硕士学位研究生 Candidates for Master's Degrees			研究生班研究生 Students Enrolled in Postgraduate Courses not Awarding Degrees		
在学研究生数 Enrolment	毕业生数 Graduates	招生数 Entrants	在学研究生数 Enrolment	毕业生数 Graduates	招生数 Entrants	在学研究生数 Enrolment
4000	1938	2485	6983	1	4	12
559	443	617	1752	0	0	0
357	23	41	115	0	0	
30	2	13	38	0	0	
252	78	142	391	0	0	
97	42	48	184	1	0	0
23	8	9	18	0	0	
0	0	0	0	0	0	
20	6	28	72	0	3	9
6	4	5	15	0	0	
28	4	11	31	0	0	
2376	766	1024	2841	0	0	
949	859	1012	2791	0	1	3
40	23	31	79	0	0	
102	56	50	175	0	0	
0	5	4	19	0	0	
123	117	148	442	0	0	

全国研究生指导教师情况

Basic Data on Supervisors of Postgraduate Programmes in China

单位：人

	合计 Total	30岁及以下 30 years and under	31－35	36－40	41－45	46－50	51－55	56－60	61岁及以上 61 years and over
总　计 Total	62406	368	3316	4473	4011	6712	13128	20464	9934
其中：女 Of which: Female	9008	12	178	423	538	988	2423	3191	1255
一、分职称 By academic rank									
教授 Professors	27621	17	383	745	670	1527	4639	11226	8414
副教授 Asso. Professors	27611	300	2586	3401	2919	4440	6558	6818	589
其他高级职称 with other adv. titles	7174	51	347	327	422	745	1931	2420	931
二、分指导关系 By supervisory function									
博士导师 Supervisors of doctoral programmes	3104	1	6	27	39	61	296	778	1896
硕士导师 Supervisors of master's degree prog.	54211	366	3222	4335	3841	6348	12147	17904	6048
博士、硕士导师 Supervisors of doc. & mas. degree programmes	5091	1	88	111	131	303	685	1782	1990

普通高等学校研究生指导教师情况

Basic Data on Supervisors of Postgraduate Programmes in Regular Higher Educational Institutions

单位：人

	合计 Total	30岁及以下 30 years and under	31－35	36－40	41－45	46－50	51－55	56－60	61岁及以上 61 years and over
总　计 Total	54836	324	3004	4133	3659	6094	10916	17964	8742
其中：女 Of which: Female	8184	11	166	399	499	912	2113	2947	1137
一、分职称 By academic rank									
教授 Professors	25039	12	351	705	622	1447	4012	10200	7690
副教授 Asso. Professors	26210	284	2471	3268	2781	4188	6086	6562	570
其他高级职称 with other adv. titles	3587	28	182	160	256	459	818	1202	482
二、分指导关系 By supervisory function									
博士导师 Supervisors of doctoral programmes	2049	0	5	16	25	41	160	462	1340
硕士导师 Supervisors of master's degree prog.	48392	324	2924	4020	3519	5789	10250	15984	5582
博士、硕士导师 Supervisors of doc. & mas. degree programmes	4395	0	75	97	115	264	506	1518	1820

科研机构研究生指导教师情况

Basic Data on Supervisors of Postgraduate Programmes in Research Organizations

单位：人

	合计 Total	30岁及以下 30 years and under	31－35	36－40	41－45	46－50	51－55	56－60	61岁及以上 61 years and over
总　计 Total	7570	44	312	340	352	618	2212	2500	1192
其中：女 Of which: Female	824	1	12	24	39	76	310	244	118
一、分职称 By academic rank									
教授 Professors	2582	5	32	40	48	80	627	1026	724
副教授 Asso. Professors	1401	16	115	133	138	252	472	256	19
其他高级职称 with other adv. titles	3587	23	165	167	166	286	1113	1218	449
二、分指导关系 By supervisory function									
博士导师 Supervisors of doctoral programmes	1055	1	1	11	14	20	136	316	556
硕士导师 Supervisors of master's degree prog.	5819	42	298	315	322	559	1897	1920	466
博士、硕士导师 Supervisors of doc. & mas. degree programmes	696	1	13	14	16	39	179	264	170

三、中 等 教 育

Ⅲ. SECONDARY EDUCATION

(一)中 等 专 业 学 校

A. SPECIALIZED SECONDARY SCHOOLS

中等专业学校

Basic Statistics of Specialized Secondary

	学校数(所) Schools	毕业生数 Graduates	招生数 Entrants			在校学生数 Enrolment			
			计 Total	招高中毕业生数 Graduates From Senior Sec. School	招初中毕业生数 Graduates From Junior Sec. School		合计 Total	计 Subtotal	计 Subtotal
总计 Total	4049	839167	1380928	205506	1175422	3721529	529853	491304	256777
中等技术学校 Sec. Technical Schools	3152	594414	1072621	166456	906165	2873552	418002	383914	195064
工业学校 Industry	990	231234	442333	55872	386461	1211030	172077	152782	75976
农业学校 Agriculture	362	66767	133509	12194	121315	362775	50340	46315	23113
林业学校 Forestry	52	10810	17061	1621	15440	48042	8864	8236	3835
医药学校 Health	551	92369	133357	5751	127606	402319	67418	60596	31273
财经学校 Finance&Economics	586	123524	211150	55745	155405	526982	65196	63179	32403
政法学校 Politics&Law	146	28635	36543	27995	8548	75882	15073	14832	6478
体育学校 PhysicalCulture	165	12103	19688	114	19574	55211	13259	12901	7108
艺术学校 Art	159	10267	23498	1025	22473	69007	15016	14708	9194
其他学校 Othesr	141	18705	55482	6139	49343	122304	10759	10365	5684
中等师范学校 TeacherTraining Schools	897	244753	308307	39050	269257	847977	111851	107390	61713
其中: Of which:									
幼儿师范学校 Pre-Primary Teacher Training Schools	65	13103	18191	412	17779	51331	7980	7401	4237

分类别情况

Schools by Field of Study

单位:人

教职工数 Teachers, Staff & Workers									兼任教师 Part-time Teachers
校本部教职工 Employees in the School Proper							校办厂、场职工 Employees in School-run Factories & Farms	附设机构人员 Employees in Subsidiary Units	
专任教师 Full-time Teachers				教辅人员 Supporting Staff	行政人员 Adm. Personnel	工勤人员 Workers			
高级讲师 Senior Lecturers	讲师 Lecturers	助理讲师 Assistant Lecturers	教员 Instructors						
36803	102283	103243	14448	47304	100689	86534	25225	13324	6722
28965	81221	75388	9490	38893	81447	68510	22134	11954	6525
11902	32348	28192	3534	17135	31822	27849	14859	4436	1736
3345	8339	10034	1395	4944	8437	9821	3239	786	284
616	1530	1547	142	824	1592	1985	479	149	46
5417	13869	11159	828	7165	11692	10466	1712	5110	1492
4045	13401	13347	1610	4792	14952	11032	1213	804	680
697	2483	2847	451	1320	5034	2000	98	143	112
872	3194	2590	452	749	2872	2172	50	308	152
1332	3953	3244	665	1122	2629	1763	197	111	463
739	2104	2428	413	842	2417	1422	287	107	1560
7838	21062	27855	4958	8411	19242	18024	3091	1370	197
614	1475	1838	310	564	1571	1029	171	408	7

中等专业学校分科学生数

Number of Students by Field of Study in Specialized Secondary Schools

单位：人

	毕业生数 Graduates	招生数 Entrants			在校学生数 Enrolment	毕业班学生数 Graduates for Next Year
		计 Total	招高中毕业生数 Graduates from Senior Sec. School	招初中毕业生数 Graduates From Junior Sec. School		
总计 Total	839167	1380928	205506	1175422	3721529	1006540
工科 Industry	204977	400111	49467	350644	1090827	237952
农科 Agriculture	39828	47775	4966	42809	150261	45064
林科 Forestry	10087	10835	789	10046	36501	9873
医药卫生科 Health	90855	131068	5032	126036	396551	110529
财经 Finance & Economics	124372	230368	47513	182855	578151	155423
管理 Administration	65205	146327	24800	121527	365730	94976
政法 Politics & Law	28693	39071	28786	10285	78641	30562
艺术 Art	14313	41703	2912	38791	106729	20556
体育 Physical Culture	11422	18810	114	18696	52231	14022
师范 Teachier Training	249415	314860	41127	273733	865907	287583
其中：Of which:						
幼儿师范专业 For Pre-Primary Teacher	18764	26764	165	26599	75800	23865
特教师范专业 For Special Education	1563	1890	240	1650	5663	1544

中等专业学校专任教师年龄情况

Breakdown of Full－time Teachers by Age in Specialized Secondary Schools

单位:人

	合计 Total 计 Total	其中:女 Of Which: Female	30岁以下 30 years and under	31－35	36－40	41－45	46－50	51－55	56－60	61岁以上 61 years and over
总计 **Total**	256777	107714	98297	55112	28460	20751	18362	19988	15401	406
高级讲师 Senior Lecturers	36803	10316	41	508	1975	2858	5998	12846	12205	372
讲师 Lecturers	102283	42240	11304	33211	20930	15734	11338	6708	3029	29
助理讲师 Assistant Lecturers	103243	48356	73708	20773	5304	2021	952	370	113	2
教员 Instructors	14448	6802	13244	620	251	138	74	64	54	3
中等技术学校 Technical Schools	195064	83567	70870	41910	22864	16704	14570	16030	11765	351
高级讲师 Senior Lecturers	28965	8540	29	447	1619	2336	4784	10166	9261	323
讲师 Lecturers	81221	34657	8918	25828	16933	12686	8952	5505	2376	23
助理讲师 Assistant Lecturers	75388	35934	53382	15150	4112	1574	773	306	89	2
教员 Instructors	9490	4436	8541	485	200	108	61	53	39	3
中等师范学校 Teacher Training Schools	61713	24147	27427	13202	5596	4047	3792	3958	3636	55
高级讲师 Senior Lecturers	7838	1776	12	61	356	522	1214	2680	2944	49
讲师 Lecturers	21062	7583	2386	7383	3997	3048	2386	1203	653	6
助理讲师 Assistant Lecturers	27855	12422	20326	5623	1192	447	179	64	24	0
教员 Instructors	4958	2366	4703	135	51	30	13	11	15	0

中等专业学校分课

Number of Full－time Teachers of Specialized

	合计 Total	普通课 General Educational Subjects	专 Special			
			工 科 Industry	农 科 Agriculture	林 科 Forestry	医药卫生科 Health
总 计 Total	256777	96080	32732	8089	1802	17084
中等技术学校 Sec. Technical Schools	195064	64911	32562	8070	1794	17061
中等师范学校 Teacher Training Schools	61713	31169	170	19	8	23

中等专业学校分中央部

Basic Statistics of Specialized

	学校数（所） Schools	毕业生数 Graduates	招生数 Entrants			在校学生数 Enrolment	毕业班学生数 Graduates for Next Year	合计 Total		
			计 Total	招高中毕业生数 Graduates From Senior Sec. School	招初中毕业生数 Graduates From Junior Sec. School				计 Subtotal	
										计 Subtotal
总 计 Total	4049	839167	1380928	205506	1175422	3721529	1006540	529853	491304	256777
中央部委所属学校 Run by Contral Ministries & Agencies	379	95666	143445	32379	111066	402231	107242	73993	64700	30057
地方所属学校 Run by Local Authorities	3670	743501	1237483	173127	1064356	3319298	899298	455860	426604	226720

中等专业学校女学

Number of Female Students, Teachers, Staff &

	女学生数 Female Stud dents						合计 Total		
	毕业生数 Graduates	招生数 Entrants			在校学生数 Enrolmen	毕业班学生数 Graduates for Next Year			
		计 Total	招高中毕业生数 Graduates From Senior Sec. School	招初中毕业生数 Graduates From Junior Sec. School				计 Subtotal	
									计 Subtotal
总 计 Total	390896	699362	79175	620187	1871547	477013	218412	202596	107714
中等技术学校 Sec. Technical Schools	253896	509622	58008	451614	1352043	314877	175021	161535	83567
中等师范学校 Teacher Training Schools	137000	189740	21167	168573	519504	162136	43391	41061	24147

程专任教师数

Secondary Schools by Subject Taught

单位:人

业 课 Subjects						技术基础课 Basic Technical Subjects	实习指导课 Practice Course
财经科 Finance & Economics	管理科 Administration	政法科 Politics & Law	艺术科 Art	体育科 Physical Culture	师范科 Teacher Training		
16955	5282	5714	12326	9659	25351	22773	2930
16935	5129	5575	8272	7712	2028	22178	2837
20	153	139	4054	1947	23323	595	93

门、地方学校基本情况

Secondary Schools by Control

单位:人

教职工数 Teachers, Staff & Workers										
校本部教职工 Employees in the School Proper							校办厂、场职工 Employees in School-run Factories & Farms	附设机构人员 Employees in Subsidiary Units	兼任教师(不在教工数中) Part-time Teachers
专任教师 Full-time Teachers				教辅人员 Supporting Staff	行政人员 Adm. Personnel	工勤人员 Workers			
高级讲师 Senior Lecturers	讲师 Lecturers	助理讲师 Assistant Lecturers	教员 Instructors						
36803	102283	103243	14448	47304	100689	86534	25225	13324	6722
5341	13563	10039	1114	7666	14022	12955	6335	2958	845
31462	88720	93204	13334	39638	86667	73579	18890	10366	5877

生和女教职工数

Workers in Specialized Secondary Schools

单位:人

女教职工数 Female Teachers, Staff & Workers									兼任教师(不在教工数中) Part-time Teachers
校本部女教职工 Female Employees in the School Proper							校办厂、场职工 Employees in School-run Factories & Farms	附设机构人员 Employees in Subsidiary Units	
专任女教师 Female Full-time Teachers				教辅人员 Supporting Staff	行政人员 Adm. Personnel	工勤人员 Workers			
高级讲师 Senior Lecturers	讲师 Lecturers	助理讲师 Assistant Lecturers	教员 Instructors						
10316	42240	48356	6802	26983	36369	31530	8547	7269	2001
8540	34657	35934	4436	22092	30651	25225	7196	6290	1963
1776	7583	12422	2366	4891	5718	6305	1351	979	38

中等专业学校专

Changes of Full－time Teachers

	上学年初报表在校学生数 Number of Total full－time teachers at beginning of previous academic year	增加专任教 Factors of						
		合计 Total	当年分配毕业生 New recruits from current year graduates					其他校 Teachers from
			计 total	研究生 Completing postgraduate courses	本科生 Completing 1st degree courses	专科生 Completing short－cycle courses	中专生 Completing SSS courses	计 total
总计 Total	246852	25236	12773	96	8439	3663	575	7816
中等技术学校 Sec. Technical Schools	186821	19524	9397	71	6228	2663	435	6053
中等师范学校 Teacher Training Schools	60031	5712	3376	25	2211	1000	140	1763

中等专业学校学

Changes in Enrolment of

	上学年初报表在校学生数 Total enrolment at beginning of previous academic year	增加学生数 Factors of Increase					
		计 Total	本学年初招生数 No.of Students Admitted	复学 Students Resuming Studies	其他学校转入 Transfers from Other Schools	其他 Others	计 Total
总计 Total	3188338	1416460	1380928	1232	5790	28510	894018
中等技术学校 Sec. Technical Schools	2403772	1101381	1072621	1008	4993	22759	642350
中等师范学校 Teacher Training Schools	784566	315079	308307	224	797	5751	251668

中等专业学

Condition of School Buildings in

	合计 Total				
	计 Total	教学辅助用房 Teaching & assistant building	行政办公用房 Administritive	生活福利用房 Residential and Welfare	计 Total
校舍建筑面积 Floor Space	82767647	29102050	5908970	47756627	66195291
其中:被外单位借占面积 of which: Under long－term lease or occupation by other units	697446	105660	38395	553391	621477
危房面积 Floor space of dilapidated buildings	1531213	286078	72933	1172202	1234556
当年新增面积 New floor space added in current year	3842220	1478902	189724	2173594	2959832
正在施工面积 Floor space under construction	3575973	1698341	187763	1689869	2622961
借、租用校舍面积 Leased floor space	352599	148832	42704	161063	303704

任教师变动情况

in Specialized Sec. Schools

单位：人

师数 Increase			减少专任教师 Factors of Decrease				本学年初报表专任教师数 Total number of full-time teachers at beginning of current academic year
教师调入 recruited other units	非教师调入 Non-teaching personnel changed into teachers						
其中：中等专业学校调入 Of which: from other SSSs	计 Total	其中：本校职工转为教师 Of which: change of status in their own institutions	合计 Total	上学年内离退休人数 Retired from their posts during previous academic year	调离教师岗位人员 Transferred from teaching to non-teaching posts	其他 Others	
2339	4647	3360	15311	4676	5378	5257	256777
1846	4074	2896	11281	3584	4000	3697	195064
493	573	464	4030	1092	1378	1560	61713

生数变动情况

Specialized Sec. Schools

单位：人

减少学生数 Factors of Decrease								本学年初报表在校学生数 Total enrolment at beginning of current academic year
上学年毕业生数 Graduates	上学年结业生数 Completers of Courses without formal award	休学 Suspended	退学 Quitting	开除 Expelled	死亡 Dead	转到其他学校 Transfers to Other Schools	其他 Others	
839167	3315	1449	6343	830	497	5515	36902	3721529
594414	2147	1198	5652	701	359	4796	33083	2873552
244753	1168	251	691	129	138	719	3819	847977

校校舍情况

Specialized Secondary Schools

单位：m^2

中等技术学校 Secondary Technical Schools			中等师范学校 Teacher Training Schools			
教学辅助用房 Teaching & assistant building	行政办公用房 Administritive	生活福利用房 Residential and Welfare	计 Total	教学辅助用房 Teaching & assistant building	行政办公用房 Administritive	生活福利用房 Residential and Welfare
23212313	4679037	38303941	16572356	5889737	1229933	9452686
97672	36004	487801	75969	7988	2391	65590
234873	59390	940293	296657	51205	13543	231909
1113226	151831	1694775	882388	365676	37893	478819
1232759	134645	1255557	953012	465582	53118	434312
127904	39050	136750	48895	20928	3654	24313

中等专业学校专任教师学历情况

Breakdown of Full-time Teachers by Educational Attainment in Specialized Sec.Schools

单位：人

	合计 Total	高等学校本科毕业及以上 Completion of Normal Courses in IHEs	高等学校专科毕业及本专科肄业两年以上 Completion of Short-cycle Courses or at least 2 years of Undergraduate Courses	高等学校本专科肄业未满两年 Less than 2 years attendance at IHEs	中专、高中毕业及以下 Completion of Specialized or General Sec.Ed. & Lower
总计 Total	256777	161827	71886	2178	20886
中等技术学校 Sec.Technical Schools	195064	121410	54366	1617	17671
中等师范学校 Teacher Training Schools	61713	40417	17520	561	3215

中等专业学校学生数补充资料

Supplementary Data for Total Enrolment of Specialized Secondary Schools

单位：人

	成人中专学生数 Students in Adult Spec. Sec. Schools				另有其他学生数 Additional categories of students		
	干部中专班 SSS Classes for Cadres	职工中专班 SSS Classes for Workers	农村中专班 SSS Classes for Peasants	函授 Correspondence	进修班 Refresher Courses	培训班 Training Courses	其他 Others
毕业生数 Graduates	10634	54048	6920	70983	8795	102056	24586
招生数 Entrants	14596	95344	13350	92376	11124	44175	41098
在校生数 Enrolment	29425	203536	31801	213653	18579	31293	94049

中等专业学校其他情况

Supplementary Data on Specialized Secondary Schools

	学校占地面积（平方米） Area of school site (m^2)	学校藏书（万册） Library collections (in 10000 volumes)	固定资产总额（万元） Fixed assets (in 10000 yuan)	科研仪器设备值（万元） Equipments & Instruments for Teaching and Research (in 10000 yuan)	生产实习设备值（万元） Equipments for Production and Practive (in 10000 yuan)
总计 Total	258175599	453817.36	6714384.69	445180	171679
中等技术学校 Sec.Technical Schools	205810611	369760.09	6167478.88	365111	152187
中等师范学校 Teacher Training Schools	52364988	84057.27	546905.81	80069	19492

(二) 普 通 中 学

B. GENERAL SECONDARY SCHOOLS

普通中学校数、班数

Number of General Secondary Schools and Classes

	学校数(所) Schools				班数(个) Classes	
	计 Total	初级中学 Junior Sec. Schools	高级中学 Senior Sec. Schools	完全中学 Complete Sec. Schools	初中 Junior Sec. Schools	高中 Senior Sec. Schools
总计 Total	81020	67029	3278	10713	899355	141990
教育部门和集体办 Run by Ed. Dept. & Communities	72394	61112	2825	8457	835364	126057
其他部门办 Run by Non-ed. Dept.	7424	5090	243	2091	59670	14452
民办 Run by private and other social sources	1202	827	210	165	4321	1481
城市 Urban	13274	8283	934	4057	167503	51538
教育部门和集体办 Run by Ed. Dept. & Communities	8556	5169	651	2736	128493	41341
其他部门办 Run by Non-ed. Dept.	4114	2762	148	1204	36828	9222
民办 Run by private and other social sources	604	352	135	117	2182	975
县镇 County Seats & Towns	19008	13120	1442	4446	222916	67043
教育部门和集体办 Run by Ed. Dept. & Communities	17216	11942	1321	3953	211805	63784
其他部门办 Run by Non-ed. Dept.	1455	949	54	452	9925	2806
民办 Run by private and other social sources	337	229	67	41	1186	453
农村 Rural	48738	45626	902	2210	508936	23409
教育部门和集体办 Run by Ed. Dept. & Communities	46622	44001	853	1768	495066	20932
其他部门办 Run by Non-ed. Dept.	1855	1379	41	435	12917	2424
民办 Run by private and other social sources	261	246	8	7	953	53
总计中 Of the total						
四年制初中 4-year junior sec. Schools	2979	2925	0	54	42597	0
小学附设初中班 Junior Sec. Classes attached to primary schools	0	0	0	0	31988	0

普　通　中　学

Number of Students in

	毕业生数 Graduates		招生数 Students Admitted		初 Junior	
	初中 Junior Sec. Schools	高中 Senior Sec. Schools	初中 Junior Sec. Schools	高中 Senior Sec. Schools	计 Total	一年级 Grade 1
总计　Total	12273813	2016441	17522836	2736477	46578202	17646249
教育部门和集体办 Run by Ed. Dept. & Communities	11519560	1847215	16602450	2492819	43992347	16719547
其他部门办 Run by Non-ed. Dept.	738322	161641	818642	210181	2380811	823415
民办　Run by private and other social sources	15931	7585	101744	33477	205044	103287
城市　Urban	2280168	704336	3015491	948850	8302096	3030815
教育部门和集体办 Run by Ed. Dept. & Communities	1816003	595985	2434177	788747	6681399	2447225
其他部门办 Run by Non-ed. Dept.	460753	104224	526733	138695	1522996	528372
民办　Run by private and other social sources	3412	4127	54581	21408	97701	55218
县镇　County Seats & Towns	3148023	981266	4333965	1341142	11677976	4364209
教育部门和集体办 Run by Ed. Dept. & Communities	3019401	948573	4179985	1291662	11242414	4208442
其他部门办 Run by Non-ed. Dept.	121799	29684	125280	38466	373950	126760
民办　Run by private and other social sources	6823	3009	28700	11014	61612	29007
农村　Rural	6845622	330839	10173380	446485	26598130	10251225
教育部门和集体办 Run by Ed. Dept. & Communities	6684156	302657	9988288	412410	26068534	10063880
其他部门办 Run by Non-ed. Dept.	155770	27733	166629	33020	483865	168283
民办　Run by private and other social sources	5696	449	18463	1055	45731	19062
总计中　Of the total						
四年制初中 4-year junior sec. Schools	182229	0	739707	0	2172873	745248
小学附设初中班 Junior Sec. Classes attached to primary schools	343239	0	532433	0	1352368	550249
女学生 Female Students	5554849	788680	8028445	1104067	21225617	8066440

学 生 数

General Secondary Schools

单位:人

在校学生数 Enrolment						
中 Sec.Schools			高中 Senior Sec. Schools			
二年级 Grade 2	三年级 Grade 3	四年级 Grade 4	计 Total	一年级 Grade 1	二年级 Grade 2	三年级 Grade 3
15512822	13145250	273881	7131588	2747068	2295106	2089414
14644988	12380815	246997	6500817	2501899	2096154	1902764
803088	727424	26884	564089	211166	179993	172930
64746	37011	0	66682	34003	18959	13720
2821651	2385842	63788	2538587	952914	829306	756367
2278907	1914697	40570	2122546	791716	695835	634995
513408	457998	23218	373051	139383	121063	112605
29336	13147	0	42990	21815	12408	8767
3927864	3358381	27522	3461503	1347094	1108358	1006051
3780849	3227959	25164	3338301	1297328	1070754	970219
127559	117273	2358	101508	38633	31586	31289
19456	13149	0	21694	11133	6018	4543
8763307	7401027	182571	1131498	447060	357442	326996
8585232	7238159	181263	1039970	412855	329565	297550
162121	152153	1308	89530	33150	27344	29036
15954	10715	0	1998	1055	533	410
674509	479235	273881	0	0	0	0
452155	347049	2915	0	0	0	0
7062386	5969540	127251	2849326	1109959	916649	822718

	合计 Total	专任教师 Full-time Teachers		
		计 Total	初中 Junior Sec. Schools	高中 Senior Sec. Schools
总计 Total	4294832	3334242	2783721	550521
教育部门办 Run by Ed. Dept.	3637969	2873692	2386960	486732
其他部门办 Run by Non-ed. Dept.	395112	283107	223009	60098
集体办 Communities	244368	166895	166045	850
民办 Run by private and other social sources	17383	10548	7707	2841
城市 Urban	1103661	786477	586566	199911
教育部门办 Run by Ed. Dept.	821392	595090	436024	159066
其他部门办 Run by Non-ed. Dept.	248486	181125	142211	38914
集体办 Communities	23810	4612	4565	47
民办 Run by private and other social sources	9973	5650	3766	1884
县镇 County Seats & Towns	1258650	955249	698362	256887
教育部门办 Run by Ed. Dept.	1147074	881403	637423	243980
其他部门办 Run by Non-ed. Dept.	68186	49108	37409	11699
集体办 Communities	38743	21634	21282	352
民办 Run by private and other social sources	4647	3104	2248	856
农村 Rural	1932521	1592516	1498793	93723
教育部门办 Run by Ed. Dept.	1669503	1397199	1313513	83686
其他部门办 Run by Non-ed. Dept.	78440	52874	43389	9485
集体办 Communities	181815	140649	140198	451
民办 Run by private and other social sources	2763	1794	1693	101
总计中 Of the total				
女教职工 Female Teachers, Staff & Workers	1475632	1191816	1031983	159833

教 职 工 数

in General Secondary Schools

单位：人

工 数 Staff & Workers				代课教师 Substitute Teachers	临时工 Temporary Workers	兼任教师 Part-time Teachers
行政人员 Adm. Personnel	工勤人员 Workers	校办工厂、农场职工 Employees in School-run Factories & Farms				
		计 Total	其中：由厂、场收入支付工资的职工 Employees maintained by income of school-run businesses			
497074	386862	76654	42993	141919	111100	17916
431626	289565	43086	15051	92405	79159	10269
55953	50139	5913	2537	3401	2619	1327
6373	43550	27550	25336	43441	27918	809
3122	3608	105	69	2672	1404	5511
180256	92538	44390	28600	10190	19423	8067
139755	63278	23269	10460	6316	14906	3022
37960	25395	4006	1301	1551	1856	858
368	1793	17037	16772	868	1792	108
2173	2072	78	67	1455	869	4079
147714	135566	20121	8185	33310	36742	5025
136845	114247	14579	3548	23424	27857	3499
8759	9614	705	384	571	376	265
1444	10853	4812	4252	9084	8336	208
666	852	25	1	231	173	1053
169104	158758	12143	6208	98419	54935	4824
155026	112040	5238	1043	62665	36396	3748
9234	15130	1202	852	1279	387	204
4561	30904	5701	4312	33489	17790	493
283	684	2	1	986	362	379
119507	134597	29712	19789	58963	41506	3743

普通中学分课程专

Number of Full-time General Secondary School Teachers

	合计 Total	初中 Junior Sec. Schools			
		计 Total	大学本科毕业及以上 Completion of Normal Courses in IHEs	大学专科毕业 Completion of Short-cycle Courses in IHEs	中专毕业 Complete Specialized Sec. Education
总计 Total	3334242	2783721	262511	1661851	650031
政治 Politics	249622	208086	22460	125052	45316
语文 Language & Literature	672243	584312	55333	365086	132882
数学 Math	640029	551090	51328	331722	135420
物理 Physics	275773	213318	23074	137636	40874
化学 Chemistry	194984	136283	15605	89180	23858
生物 Biology	132059	111406	16266	59034	26090
地理 Geography	129004	108254	12460	56200	28075
历史 History	154444	121130	14985	67081	27741
英语 English	447043	374454	19672	256417	67054
俄语 Russian	3989	2896	325	1648	443
日语 Japanese	1638	1148	256	648	127
体育 Physical Culture	160915	129705	12576	62507	39268
生理卫生 Physiology & Hygiene	18660	18187	1042	7770	6584
音乐 Music	53213	50747	1966	22395	21108
美术 Fine Arts	48552	46353	1823	23361	16312
计算机课 Computer Literacy	6576	3342	942	1922	348
职业劳动 Vocational Practice	30285	27338	1754	10745	9220
其他课 Others	22481	18839	1797	8623	5720
不任课 No Teaching Load	92732	76833	8847	34824	23591

任教师学历情况

by Subject Taught & Educational Attainment

单位：人

高中毕业及以下的 Complete Sec. Education & Lower	高中 Senior Sec. Schools				
	计 Total	大学本科毕业及以上 Completion of Normal Courses in IHEs	大学专科毕业 Completion of Short-cycle Courses in IHEs	中专毕业 Complete Specialized Sec. Education	高中毕业及以下的 Complete Sec. Education & Lower
209328	550521	303941	223951	16618	6011
15258	41536	23935	15905	1305	391
31011	87931	52641	32751	1884	655
32620	88939	58115	29245	1037	542
11734	62455	38308	22719	928	500
7640	58701	35023	22298	914	466
10016	20653	12067	7885	547	154
11519	20750	11074	8736	704	236
11323	33314	19446	13049	603	216
31311	72589	28587	41606	1780	616
480	1093	637	400	36	20
117	490	242	195	42	11
15354	31210	11473	15239	3618	880
2791	473	138	247	69	19
5278	2466	454	1526	416	70
4857	2199	390	1453	293	63
130	3234	1826	1285	90	33
5619	2947	919	1359	437	232
2699	3642	1135	1693	549	265
9571	15899	7531	6360	1366	642

普通中学专任教师专业

Full-Time Teachers in General Secondary

	合　计 Total	25岁及以下 25 years and under	26-30	31-35
合　计 Total	3334242	719853	840009	527956
初中：小计 Junior Sec. Schools Subtotal	2783721	644776	695231	421884
其中：女 Of which: Female	1031983	283506	284948	151097
高　级 Senior	56187	5	74	293
一　级 1st grade	588497	964	16840	65673
二　级 2nd grade	1240862	95689	447391	287803
三　级 3rd grade	446492	198546	161401	51128
未评级 Rank undecided	451683	349572	69525	16987
高中：小计 Senior Sec. Schools Subtotal	550521	75077	144778	106072
其中：女 Of which: Female	159833	29500	48574	29893
高　级 Senior	86622	4	103	783
一　级 1st grade	182189	475	15766	51575
二　级 2nd grade	210956	24005	113128	51122
三　级 3rd grade	25740	12634	10209	1994
未评级 Rank undecided	45014	37959	5572	598

技术职务、年龄结构情况

Schools Broken Down by Rank and Age

单位：人

Unit: person

36－40	41－45	46－50	51－55	56－60	61岁及以上 61 years and over	总计中：女 Of the total female
350775	278318	277399	223713	113307	2912	1191816
300270	240769	225727	173916	79473	1675	1031983
100945	83059	78775	45421	4067	165	0
1206	3265	11764	22789	16279	512	21712
88279	111286	138252	114658	51786	759	211487
184615	114279	68884	32345	9698	158	444438
20150	8253	4203	2157	629	25	165506
6020	3686	2624	1967	1081	221	188840
50505	37549	51672	49797	33834	1237	159833
13690	10084	14148	12104	1786	54	0
2635	4827	17870	33047	26375	978	19192
33716	27197	30750	15519	7006	185	50123
13407	5191	2790	1028	277	8	65541
539	190	95	55	20	4	8417
208	144	167	148	156	62	16560

普通中学校舍情况

Condition of School Buildings in General Secondary Schools

	总计 Total	城市 Urban	县镇 County Seats & Towns	农村 Rural
教学及辅助用房(平方米) Teaching & assistant buildings	152604139	42620510	43048947	66934682
行政办工用房(平方米) Administritive	40715388	13152206	11697276	15865906
生活用房(平方米) Residential and Welfare	140658580	30544690	46525147	63588743
校舍建筑面积(平方米) Floor Space	333978107	86317406	101271370	146389331
其中: Of which:				
当年新增面积(平方米) New floor space added in current year	19393559	3638012	5474685	10280862
危险房屋面积(平方米) Floor space of dilapidated buildings	5762015	833247	1578707	3350061

普通初中班额情况

Size of Junior Secondary Classes

	班数(个) No. of Classes	班额(班) Size of Classes					
		25人及以下 25 and under	26－35	36－45	46－55	56－65	66人及以上 66 and over
总计 Total	899355	18829	60531	187903	327055	204145	100892
城市 Urban	167503	4123	12884	40369	60983	34254	14890
县镇 County Seats & Towns	222916	3457	11484	43242	84731	52755	27247
农村 Rural	508936	11249	36163	104292	181341	117136	58755

(三) 职 业 中 学

C. VOCATIONAL SCHOOLS

职业中学校数、

Number of Schools, Classes, Graduates

	学校数(所) Schools			
	计 Total	初　中 Junior Sec. Schools	高　中 Senior Sec. Schools	初、高中合设 Junior & Senior Sec. Schools
总计　Total	10147	1535	8113	499
教育部门和集体办 Run by Ed. Dept. & Communities	7690	1501	5713	476
其他部门办 Run by Non-ed. Dept.	1965	12	1933	20
民办 Run by private and other social sources	492	22	467	3
城市　Urban	3536	41	3399	96
教育部门和集体办 Run by Ed. Dept. & Communities	1870	34	1751	85
其他部门办 Run by Non-ed. Dept.	1305	4	1291	10
民办 Run by private and other social sources	361	3	357	1
县镇　County Seats & Towns	3159	168	2803	188
教育部门和集体办 Run by Ed. Dept. & Communities	2568	152	2233	183
其他部门办 Run by Non-ed. Dept.	489	7	478	4
民办 Run by private and other social sources	102	9	92	1
农村　Rural	3452	1326	1911	215
教育部门和集体办 Run by Ed. Dept. & Communities	3252	1315	1729	208
其他部门办 Run by Non-ed. Dept.	171	1	164	6
民办 Run by private and other social sources	29	10	18	1
总计中　Of the total				
教育部门其他部门联办 Run by Ed. Dept. & Non-ed. Dept.	274	4	258	12
其他学校附设 Attached to other schools	0	0	0	0
女学生　Female Students	0	0	0	0

班数、毕业生数和招生数

& Students Admitted in Vocational Schools

班数（个） Classes		毕业生数（人） Graduates		招生数（人） Students Admitted	
初中 Junior	高中 Senior	初中 Junior	高中 Senior	初中 Junior	高中 Senior
14353	88892	169550	1070243	288448	1611962
14173	70691	167291	862978	285038	1286156
102	15767	1701	185866	1951	276707
78	2434	558	21399	1459	49099
444	42963	5137	480557	7671	721047
380	29658	4783	337870	6378	489502
58	11424	354	125999	1176	197045
6	1881	0	16688	117	34500
2425	29834	29494	374471	45634	583010
2364	26122	28296	326139	44785	507062
20	3249	788	43882	399	63251
41	463	410	4450	450	12697
11484	16095	134919	215215	235143	307905
11429	14911	134212	198969	233875	289592
24	1094	559	15985	376	16411
31	90	148	261	892	1902
64	4364	1135	50746	1922	71944
1601	8657	11448	92479	25681	161302
0	0	68114	508606	126204	780358

职业中学在校学

Enrolment of Vocational

	在校学生数 Enrolment					
		初中 Junior				
	合计 Total	计 Total	一年级 Grade 1	二年级 Grade 2	三年级 Grade 3	计 Total
总计 Total	4483199	696878	289700	213701	193477	3786321
教育部门和集体办 Run by Ed. Dept. & Communities	3672604	688017	286290	210676	191051	2984587
其他部门办 Run by Non－ed. Dept.	702784	5030	1951	1566	1513	697754
民办 Run by private and other social sources	107811	3831	1459	1459	913	103980
城市 Urban	1819801	18621	7684	6093	4844	1801180
教育部门和集体办 Run by Ed. Dept. & Communities	1242457	15699	6391	5051	4257	1226758
其他部门办 Run by Non－ed. Dept.	499897	2805	1176	1042	587	497092
民办 Run by private and other social sources	77447	117	117	0	0	77330
县镇 County Seats & Towns	1402735	110263	45935	33747	30581	1292472
教育部门和集体办 Run by Ed. Dept. & Communities	1217132	107007	45086	32730	29191	1110125
其他部门办 Run by Non－ed. Dept.	160927	1309	399	197	713	159618
民办 Run by private and other social sources	24676	1947	450	820	677	22729
农村 Rural	1260663	567994	236081	173861	158052	692669
教育部门和集体办 Run by Ed. Dept. & Communities	1213015	565311	234813	172895	157603	647704
其他部门办 Run by Non－ed. Dept.	41960	916	376	327	213	41044
民办 Run by private and other social sources	5688	1767	892	639	236	3921
总计中 Of the total						
教育部门其他部门联办 Run by Ed. Dept. & Non－ed. Dept.	189596	4981	2504	1070	1407	184615
其他学校附设 Attached to other schools	412916	43615	26417	8448	8750	369301
女学生 Female Students	2181703	306143	128101	92340	85702	1875560

生数和毕业班学生数

Schools and Graduates for Next Year

单位人

高中 Senior						毕业班学生数 Graduates for Next Year	
二年制 2-year		三年制 3-year			四年制 4-year		
一年级 Grade 1	二年级 Grade 2	一年级 Grade 1	二年级 Grade 2	三年级 Grade 3		初中 Junior	高中 Senior
419398	339127	1175449	956289	831369	64689	194517	1186849
349812	277912	922030	742817	642486	49530	191923	934100
51897	49313	222359	189785	169896	14504	1681	221860
17689	11902	31060	23687	18987	655	913	30889
123082	110399	583995	491821	438228	53655	4666	558885
80058	71112	398049	335085	300715	41739	4079	380030
31662	30657	163023	138300	122089	11361	587	154801
11362	8630	22923	18436	15424	555	0	24054
194287	151801	386835	299829	252480	7240	33180	407087
173357	133837	331879	254480	212248	4324	31622	348295
15506	14968	47718	40886	37624	2916	881	53188
5424	2996	7238	4463	2608	0	677	5604
102029	76927	204619	164639	140661	3794	156671	220877
96397	72963	192102	153252	129523	3467	156222	205775
4729	3688	11618	10599	10183	227	213	13871
903	276	899	788	955	100	236	1231
16076	11743	56102	46215	42524	11955	1111	56620
39914	29536	119568	95403	79301	5579	12436	110445
191141	157369	585501	485125	420786	35638	84657	585083

职业中学高中

Number of Senior Level Students in

	合计 Total	工科 Industry	农科 Agriculture	林科 Forestry	医药卫生科 Health
毕业生数 Graduates	1070243	377540	126548	26329	73078
招生数 Students Admitted	1611962	561340	134726	29604	110568
在校学生数 Enrolment	3786321	1276721	310487	69958	288421
毕业班学生数 Graduates for Next Year	1186849	398967	106780	24134	90273

职业中学

Number of Teachers, Staff

	教职 Teachers, Staff					
	合计 Total	专任教师 Full-time Teachers			行政人员 Adm. Personnel	工勤人员 Workers
		计 Total	初中 Junior	高中 Senior		
总计 Total	433963	292075	37217	254858	70531	52106
教育部门办 Run by Ed. Dept.	353905	246639	33436	213203	57190	38570
其他部门办 Run by Non-ed. Dept.	60705	37176	212	36964	11123	9435
集体办 Run by Communities	13751	5337	3480	1857	465	3224
民办 Run by private & other Social Sources	5602	2923	89	2834	1753	877
城市 Urban	178248	113346	1374	111972	36119	18568
教育部门办 Run by Ed. Dept.	130991	85958	1255	84703	26627	12640
其他部门办 Run by Non-ed. Dept.	40058	25382	88	25294	7951	5141
集体办 Run by Communities	3437	232	12	220	113	242
民办 Run by private & other Social Sources	3762	1774	19	1755	1428	545
县镇 County Seats & Towns	144592	97908	6216	91692	21316	20298
教育部门办 Run by Ed. Dept.	125577	87579	5803	81776	18560	15817
其他部门办 Run by Non-ed. Dept.	14367	8441	51	8390	2312	3004
集体办 Run by Communities	3033	860	326	534	140	1198
民办 Run by private & other Social Sources	1615	1028	36	992	304	279
农村 Rural	111123	80821	29627	51194	13096	13240
教育部门办 Run by Ed. Dept.	97337	73102	26378	46724	12003	10113
其他部门办 Run by Non-ed. Dept.	6280	3353	73	3280	860	1290
集体办 Run by Communities	7281	4245	3142	1103	212	1784
民办 Run by private & other Social Sources	225	121	34	87	21	53
总计中 Of the total						
女教职工 Fema;e Teachers, Staff & Workers	154576	108153	9560	98593	20193	18731

阶段分科学生数

Vocational Schools by Field of Study

单位:人

财经科 Finance & Economics	管理科 Administration	政法 Politics & Law	艺术 Art	体育 Physical Culture	师范 Teacher Training
209457	111155	12017	54029	10053	57183
348858	181933	30953	85662	18477	94130
866703	421204	59710	193763	37937	222550
267667	133858	16455	57207	11366	68172

教职工数

& Workers in Vocational Schools

单位:人

工数 & Workers		代课教师 Substitute Teachers	临时工 Temporary Workers	兼任教师 Part-time Teachers
校办工厂、农场职工 Employees in School-run Factories & Farms				
计 Total	其中:由厂、场收入支付工资的职工 Employees maintained by income of school-run businesses			
19251	11465	14091	17566	27907
11506	5254	9331	12754	11430
2971	1718	2618	1704	10737
4725	4465	1374	2624	1168
49	28	768	484	4572
10215	6580	5036	5437	17165
5766	2972	2442	3558	4446
1584	775	1954	1072	8233
2850	2831	43	412	476
15	2	597	395	4010
5070	2340	5051	7248	7939
3621	1380	3895	5707	4826
610	234	578	553	2307
835	724	467	930	383
4	2	111	58	423
3966	2545	4004	4881	2803
2119	902	2994	3489	2158
777	709	86	79	197
1040	910	864	1282	309
30	24	60	31	139
7499	5036	3988	5483	6582

职业中学专
Number of Full-time Vocational

	合计 Total	初中 Junior Sec .Schools			
		计 Total	大学本科毕业及以上 Completion of Normal Courses in IHEs	大学专科毕业 Completion of Short-cycle Courses in IHEs	中专毕业 Complete Specialized Sec. Education
总计 Total	292075	37217	1529	18340	13621
文化课 Cultural Subjects	161243	32038	1331	16142	11609
专业课 Special Subjects	40152	369	23	179	116
工科 Industry	14939	2114	77	969	736
农科 Agriculture	3531	509	12	204	217
林科 Forestry	6848	88	1	25	55
医药卫生科 Health	18245	80	2	31	36
财经科 Finance & Economics	7919	69	2	42	20
管理科 Administration	2142	175	12	84	67
政法 Politics & Law	9321	269	17	110	112
艺术 Arts	5964	624	17	219	291
体育 Physical Culture	7955	188	9	94	75
师范 Teacher Training	6980	173	4	44	81
实习指导课 Practice Course	6836	521	22	197	206
不任课 No Teaching Load					

任教师学历情况

School Teachers by Educational Attainment

单位:人

	高中 Senior Sec. Schools				
高中毕业及以下 Complete General Sec. Education & Lower	计 Total	大学本科毕业及以上 Completion of Normal Courses in IHEs	大学专科毕业 Completion of Short-cycle Courses in IHEs	中专毕业 Complete Specialized Sec. Education	高中毕业及以下 Complete General Sec. Education & Lower
3727	254858	73874	142085	29575	9324
2956	129205	42149	72510	10961	3585
51	39783	11910	22609	3892	1372
332	12825	2984	7533	1974	334
76	3022	829	1591	497	105
7	6760	1773	3007	1822	158
11	18165	4471	10951	2272	471
5	7850	2288	4458	779	325
12	1967	581	1169	158	59
30	9052	1306	5272	1989	485
97	5340	1186	2854	983	317
10	7767	1712	4052	1594	409
44	6807	1133	3131	1458	1085
96	6315	1552	2948	1196	619

职业中学专任教师专业

Full－Time Teachers in Vocational

	合计 Total	25岁及以下 25 years and under	26－30	31－35
合 计 Total	292075	62161	76926	45735
初中：小计 Junior Sec. Schools Subtotal	37217	9197	9825	6167
其中：女 Of which: Female	9560	3275	2960	1443
高 级 Senior	229	0	2	2
一 级 1st grade	4878	25	127	429
二 级 2nd grade	15499	896	4601	3897
三 级 3rd grade	8895	3141	3409	1311
未评级 Rank undecided	7716	5135	1686	528
高中：小计 Senior Sec. Schools Subtotal	254858	52964	67101	39568
其中：女 Of which: Female	98593	25144	28263	14642
高 级 Senior	17009	20	33	117
一 级 1st grade	70122	254	3380	12115
二 级 2nd grade	103434	11784	48050	23543
三 级 3rd grade	26616	12460	10042	2516
未评级 Rank undecided	37677	28446	5596	1277

技术职务、年龄结构情况

Schools Broken Down by Rank and Age

单位：人
Unit: person

36－40	41－45	46－50	51－55	56－60	61岁及以上 61 years and over	总计中：女 Of the total female
27233	22070	23735	20972	12335	908	108153
3989	2879	2296	1898	942	24	9560
804	551	309	186	28	4	0
7	13	28	70	100	7	29
574	781	1058	1238	634	12	724
2746	1648	1042	497	168	4	3619
516	332	113	57	15	1	2443
146	105	55	36	25	0	2745
23244	19191	21439	19074	11393	884	98593
8460	7331	8135	5750	775	93	0
325	875	2954	6671	5490	524	4664
11709	12192	14558	10477	5191	246	25311
9667	5138	3232	1490	492	38	40890
824	388	233	117	33	3	11079
719	598	462	319	187	73	16649

职业中学校舍情况

Condition of School Buildings in Vocational Schools

	总计 Total	城市 Urban	县镇 County Seats & Towns	农村 Rural
教学及辅助用房(平方米) Teaching & Assistant Buildings	17714054	7800284	5642398	4271372
行政办公用房(平方米) Administritive	5249943	2363743	1644567	1241633
生活福利用房(平方米) Residential and Welfare	18467025	6342392	6961060	5163573
校舍建筑面积(平方米) Floor Space	41431022	16506419	14248025	10676578
其中: Of which:				
当年新面积 (平方米) New floor space added in current year	3295044	1374407	1272731	647906
危险房屋面积 (平方米) Floor space of dilapidated buildings	548672	121350	172927	254395

四、 初等教育(小学)

Ⅳ. PRIMARY EDUCATION (PRIMARY SCHOOLS)

小学校数、班

Number of Schools, Classes &

	学校数(所) Schools	教学点数(个) External teaching sites	班 数(个) Classes	毕业生数(人) Graduates	招生数(人) Students Admitted
总 计 Total	668685	210895	4038547	19615233	25318201
教育部门和集体办 Run by Ed. Dept. & Communities	652533	204223	3876676	18745413	24200369
其他部门办 Run by Non-ed. Dept.	14687	5028	152332	857878	1037037
民办 Run by private & other social scouces	1465	1644	9539	11942	80795
城 市 Urban	32377	5464	384616	2878428	3204685
教育部门和集体办 Run by Ed. Dept. & Communities	26130	3706	302425	2334568	2554081
其他部门办 Run by Non-ed. Dept.	5944	1735	79829	540413	626949
民办 Run by private & other social scouces	303	23	2362	3447	23655
县 镇 County Seats & Towns	77693	11817	559917	3450268	4202992
教育部门和集体办 Run by Ed. Dept. & Communities	75092	11239	535537	3321510	4044379
其他部门办 Run by Non-ed. Dept.	2433	468	23453	127565	151451
民办 Run by private & other social scouces	168	110	927	1193	7162
农 村 Rural	558615	193614	3094014	13286537	17910524
教育部门和集体办 Run by Ed. Dept. & Communities	551311	189278	3038714	13089335	17601909
其他部门办 Run by Non-ed. Dept.	6310	2825	49050	189900	258637
民办 Run by private & other social scouces	994	1511	6250	7302	49978
总 计 中 Of the total					
六年制 6-year Schools	400391	120491	2615685	11968537	15413062
女学生 Female Students	0	0	0	9124243	12119706

数和学生数

Students in Primary Schools

在校学生数（人） Enrolment						
合计 Total	一年级 Grade 1	二年级 Grade 2	三年级 Grade 3	四年级 Grade 4	五年级 Grade 5	六年级 Grade 6
131951477	27138311	26396735	24421489	22019344	20072886	11902712
126356948	25991401	25311815	23419968	21146242	19266285	11221237
5310016	1056070	1018733	949819	840024	782151	663219
284513	90840	66187	51702	33078	24450	18256
17108859	3242895	3238216	3045611	2741138	2610162	2230837
13816820	2587726	2605525	2460549	2227392	2129429	1806199
3215117	631894	616701	571519	504281	473122	417600
76922	23275	15990	13543	9465	7611	7038
21780739	4358899	4315516	4034271	3623953	3366927	2081173
20975768	4197018	4160326	3889616	3497384	3250342	1981082
777624	154087	148565	139033	123253	114085	98601
27347	7794	6625	5622	3316	2500	1490
93061879	19536517	18843003	17341607	15654253	14095797	7590702
91564360	19206657	18545964	17069803	15421466	13886514	7433956
1317275	270089	253467	239267	212490	194944	147018
180244	59771	43572	32537	20297	14339	9728
86419672	16660635	16423830	15364010	13661627	12406858	11902712
62410771	12930774	12545830	11557478	10382242	9415888	5578559

小 学 教

Number of Teachers, Staff &

	教 职 Teachers, Staff			
	合 计 Total	专 任 教 师 Full-time Teachers	行 政 人 员 adm. Personnel	工 勤 人 员 Workers
总 计 Total	6324169	5664057	466495	163997
教育部门办 Run by Ed. Dept.	4193065	3679947	399930	98104
其他部门办 Run by Non-ed. Dept.	402889	336037	35260	29434
集体办 Run by Communities	1707175	1631927	30153	32763
民办 Run by private and other social sources	21040	16146	1152	3696
城市 Urban	1004280	849028	100009	40373
教育部门办 Run by Ed. Dept.	713336	609238	76371	21876
其他部门办 Run by Non-ed. Dept.	230960	193659	21286	14436
集体办 Run by Communities	52358	41887	1524	1537
民办 Run by private and other social sources	7626	4244	828	2524
县镇 County Seats & Towns	1120637	987878	87499	38307
教育部门办 Run by Ed. Dept.	905228	791874	79321	28503
其他部门办 Run by Non-ed. Dept.	62166	51515	5567	4827
集体办 Run by Communities	150880	142921	2446	4356
民办 Run by private and other social sources	2363	1568	165	621
农村 Rural	4199252	3827151	278987	85317
教育部门办 Run by Ed. Dept.	2574501	2278835	244238	47725
其他部门办 Run by Non-ed. Dept.	109763	90863	8407	10171
集体办 Run by Communities	1503937	1447119	26183	26870
民办 Run by private and other social sources	11051	10334	159	551
总计中 Of the total				
女教职工 Female Teachers, Staff & Workers	2819665	2640040	99873	69039

职 工 数

Workers in Primary Schools

单位: 人

工 数 & Workers		代课教师 Subtitute Teachers	临时工 Temporary Workers
校办工厂、农场职工 Employees in School-run Factories & Farms			
计 Total	其中:由厂、场收入支付工资的职工 Of which: Employees maintained by income of school-run businesses		
29620	13703	717997	91368
15084	2647	375760	49459
2158	1011	9413	2369
12332	10037	326232	38324
46	8	6592	1216
14870	9648	28743	14693
5851	1598	18766	11231
1579	771	3362	1447
7410	7273	6295	1288
30	6	320	727
6953	1406	75485	12145
5530	568	37379	7038
257	70	1285	213
1157	768	36753	4819
9	0	68	75
7797	2649	613769	64530
3703	481	319615	31190
322	170	4766	709
3765	1996	283184	32217
7	2	6204	414
10713	6364	393699	45212

小学专任教师专业

Full－Time Primary School Teachers

	合　计 Total	25岁及以下 25 years and under	26－30	31－35	36－40
合　计 Total	5664057	998654	813084	835774	896868
其中：女 Of which: Female	2640040	579750	429726	401260	393933
中教高级 Senior secondary	3687	125	125	140	201
小教高级 Senior primary	994581	698	6648	39072	115113
小教一级 1st grade primary	2560377	106648	359768	487956	580294
小教二级 2nd grade primary	1159991	399368	260699	194758	133840
小教三级 3rd grade primary	192155	48168	49388	36099	25491
未评级 Rank undecided	753266	443647	136456	77749	41929

技术职务、年龄结构情况

Broken Down by Rank and Age

单位：人
Unit: person

41－45	46－50	51－55	56－60	61岁及以上 61 years and over	总计中：女 Of the total female
802438	636978	527516	149600	3145	2640040
342726	275096	205007	12311	231	0
323	665	1293	772	43	1743
199052	256696	287990	88027	1285	487654
474249	305227	195206	50037	992	1143453
86693	50512	27835	6056	230	547831
17571	9000	5199	1165	74	80597
24550	14878	9993	3543	521	378762

学龄儿童入学率

Net Enrolment Rate of School－age Children

单位：人

	学龄儿童总数 Total School- age Children	已入学的学龄儿童数 School-age Children Enrolled	学龄儿童入学率 Net Enrolment Rate （%）
总　计 Total	123753644	121924751	98.52
城　市 Urban	16274345	16161515	99.31
县　镇 County Seats & Towns	20422808	20258060	99.19
农　村 Rural	87056491	85505176	98.22
总计中女儿童 Of the total Girls	59147911	58055254	98.15

小学专任教师学历情况

Breakdown of Full－time Primary School Teachers by Educational Attainment

单位：人

	计 Total	大学本科毕业及以上 Completion of Normal Courses in IHEs	大学专科毕业 Completion of Short－cycle Courses in IHEs	中专毕业 Complete Specialized Sec. Education in IHEs	高中毕业 Complete General Sec. Education	高中毕业以下的 Complete Sec. Education & Lower
人数 Number	5664057.00	15373.00	302912.00	3842470.00	871719.00	631583.00
%	100.00	0.27	5.35	67.84	15.39	11.15

小学校舍情况

Condition of School Buildings in Primary Schools

	总计 Total	城市 Urban	县镇 County Seats & Towns	农村 Rural
教学及辅助用房(平方米) Teaching & Assistant Buildings	334257609	43479761	54261416	236516432
行政办公及房(平方米) Administritive	51367837	9112009	8883558	33372270
生活福利用房 Residential and Welfare	107787438	13407443	19351874	75028121
校舍建筑面积(平方米) Floor Space	493412884	65999213	82496848	344916823
其中: Of which:				
当年新增面积(平方米) New floor space added in current year	20085538	2997066	4277074	12811398
危险房屋面积(平方米) Floor space of dilapidated buildings	8878651	500921	1085568	7292162

小学班额情况

Size of Primary Classes

	班数(个) No. of Classes	班额(班) Size of Classes					
		10人及以下 10 and under	11－20	21－30	31－40	41－50	50人及以上 50 and over
总计 Total	4038547	165593	625684	990715	1032991	716757	506807
城市 Urban	384616	3391	15565	39030	81349	115174	130107
县镇 County Seats & Towns	559917	10727	50213	101527	139169	127112	131169
农村 Rural	3094014	151475	559906	850158	812473	474471	245531

五、特殊教育

Ⅴ. SPECIAL EDUCATION

特 殊 教 育 学

Basic Statistics of

	学校数(所) Schools	班数(个) Classes		毕业生数 Graduates		
		小学 Primary Sch.	初中 Junior Sec. Sch.	计 Total	小学 Primary Sch.	初中 Junior Sec. Sch.
总计 Total	1379	13491	571	19036	17031	2005
盲聋哑学校合计 Total Number of Schools for the Blind & the Deaf-mute	933	6226	420	6864	5503	1361
盲聋哑学校 Schools for the Blind & the Deaf-mute	119	1117	109	1393	1138	255
盲生部 Blind		143	33	204	114	90
聋哑生部 Deaf-mute		974	76	1189	1024	165
聋哑学校 Schools for the Deaf-mute	786	4358	238	4547	3695	852
盲校 Schools for the Blind	28	164	70	416	219	197
普通学校附设及随班就读 Attached to Regular Schools		587	3	508	451	57
盲生 Blind		143	0	129	109	20
聋哑生 Deaf-mute		444	3	379	342	37
合计中:女生、女教职工数 Of the Total: Female Students, Teachers, Staff & Workers				2320	1817	503
弱智儿童校、(班)合计 Total No. of Schools for Retarded Children	446	7265	151	12172	11528	644
弱智儿童辅读校(班) Schools for Reguarded Children	446	3000	41	2543	2342	201
普通学校附设及随班就读 Attached to Regular Schools		4265	110	9629	9186	443
合计中:女生、女教职工数 Of the Total: Female Students Teachers, Staff & Workers				4368	4124	244

校基本情况

Special Education Schools

单位:人

招生数 Students Admitted			在校学生数 Enrolment			教职工数 Teachers, Staff & Workers	
计 Total	小学 Primary Sch.	初中 Junior Sec. Sch.	计 Total	小学 Primary Sch.	初中 Junior Sec. Sch.	计 Total	其中:专任教师 Of which: Full-time Teachers
56332	52903	3429	295599	282261	13338	36818	25192
16521	14925	1596	83160	77839	5321	27007	17830
3148	2730	418	15164	14111	1053	5066	3359
465	367	98	1397	1131	266	775	517
2683	2363	320	13767	12980	787	4291	2842
10214	9465	749	53428	50446	2982	19836	13141
684	445	239	2276	1550	726	1254	774
2475	2285	190	12292	11732	560	851	556
513	458	55	2447	2302	145	216	61
1962	1827	135	9845	9430	415	635	495
5606	5026	580	28986	27074	1912	15403	11519
39811	37978	1833	212439	204422	8017	9811	7362
6976	6875	101	35177	34373	804	6537	5474
32835	31103	1732	177262	170049	7213	3274	1888
14501	13835	666	79494	77361	2133	7387	5780

六、幼儿教育

Ⅵ．PRE－PRIMARY EDUCATION

幼儿教育基本情况

Basic Statistics of Pre－primary Education

	园数(所) Kindergartens	班数(个) Classes	在园幼儿数(人) Children Enrolled	教职工数(人) Teachers, Staff & Workers 计 Total	其中: Of which: 园长 Kindergarten Heads	教师 Teachers	保健员 Health Nurses
总计 Total	180438	806070	27112328	1160285	70267	875063	55702
按办别分: By Category of Maintenance:							
教育部门办 Run by Ed.Dept.	21561	236526	8796612	268616	14891	213939	11469
其他部门办 Run by Non－ed.Dept.	23234	104408	3296381	352475	25641	186811	31291
集体办 Run by Communities	114863	425742	13919469	478484	20861	430029	9594
民办 Run by private & other social sources	20780	39394	1099866	60710	8874	44284	3348
按城乡分: By Location							
城市 Urban	37256	155823	5364460	459811	35782	259793	32738
县镇 County Seats & Towns	36517	149591	5498876	252913	16760	201809	15479
农村 Rural	106665	500656	16248992	447561	17725	413461	7485
总计中: 女幼儿、女教职工 Of the Total: Girls & Female Teachers' Staff & Workers	0	0	12676034	1087531	66297	827487	51280

园长、专任教师学历情况

Breakdown of Kindergarten Heads and Teachers by Educational Attainment

单位:人

	合计 Total	师范院校本专科毕业 A	中师毕业 B	职业高中幼教专业毕业 C	非师范专业毕业 D 高中毕业及以上 E	初中毕业及以下 F	合计中: 取得"专业合格证书"的 G
总计 Total	945330	26943	313022	123608	256971	224786	129906
园长 Kindergarten Heads	70267	6812	31710	6644	15950	9151	6485
教师 Teachers	875063	20131	281312	116964	241021	215635	123421

A. Graduates of teachers colleges.

B. Graduates of sec. teachers training schools.

C. Graduates of pre－school education programmes in vocational schools.

D. Graduates from non－teacher training institutions.

E. Graduates of senior secondary schools and those with higher qualifications.

F. Graduates of junior secondary schools and those with lower qualifications.

G. Of the total: Those awarded " teaching certificates ".

七、成人教育

Ⅶ. ADULT EDUCATION

成人高等学校

Baisc Statistics of Adult Higher

	学校数(所) Institutions		本专科学生 Normal & Short-cycle						
	计 Total	其中中央所属院校 Of which: Inst Under Central Ministries & Agencies	毕业生数 Graduates	招生数 Entrants	在校生数 Enrolment	合计 Total	计 Total	计 Total	教授 Professors
总计 Total	1156	281	381680	446401	1231359	213431	202592	98207	1433
其中:女 Of which: Female	0	0	160487	199602	547902	86424	81933	37579	213
广播电视大学 Radio/TV Universities	46	1	156848	193519	541587	44984	43566	20412	120
职工高等学校 Workers' Colleges	694	211	85911	107450	313861	84776	79200	40057	519
农民高等学校 Peasants' Colleges	4	0	203	484	966	263	258	146	0
管理干部学院 Institutes for Administration	166	60	46339	62449	147728	37253	35484	14584	425
教育学院 Educational Colleges	242	7	88326	77680	213743	44719	42777	22295	343
独立函授学院 Independent Correspondence Colleges	4	2	4053	4819	13474	1436	1307	713	26

基本情况

Educational Institutions

单位：人

教职工数 Teachers Staff & Workers										兼任教师 Part－time Teachers
校本部教职工数 Employees in the School Proper							科研机构人员 Personnel in Affiliated Research Org.	校办工厂、农场人员 Personnel in School－run Factories, Farms	附设机构人员 Personnel in Other Subsidiary Units	
专任教师数 Full－time Teachers				教辅人员 Supporting Staff	行政人员 Adm. Personnel	工勤人员 Workers				
副教授 Asso. Prof.	讲师 Lecturers	助教 Assistants	教员 Instructors							
21209	47275	22740	5550	23274	50325	30786	1854	5635	3350	31125
5124	19101	10685	2456	12134	20195	12025	604	2101	1786	7236
3302	9398	6199	1393	5625	12579	4950	136	631	651	14823
8336	19847	9134	2221	8824	17938	12381	866	3154	1556	12155
12	60	55	19	17	64	31	0	5	0	0
3471	7262	2763	663	4102	9976	6822	353	958	458	2316
5913	10386	4443	1210	4522	9500	6460	469	865	608	1465
175	322	146	44	184	268	142	30	22	77	366

成人高等学校分
Number of Students by Type of Schools

	毕业生数 Graduates		
	计 Total	本科 Normal Courses	专科 Short-cycle Courses
总计 Total	636101	53508	582593
其中:全脱产 Of which: Full-time	162597	5055	157542
广播电视大学 Radio/TV Universities	156848	0	156848
其中:全脱产 Of which: Full-time	31367	0	31367
普通专科班 (A) Regular Short-cycle Courses	49991	0	49991
职工高等学校 Workers' Colleges	85911	306	85605
其中:全脱产 Of which: Full-time	50181	134	50047
农民高等学校 Peasants' Colleges	203	0	203
其中:全脱产 Of which: Full-time	177	0	177
管理干部学院 Institutes for Administration	46339	427	45912
其中:全脱产 Of which: Full-time	40682	358	40324
教育学院 Educational Colleges	88326	13349	74977
其中:全脱产 Of which: Full-time	40163	4563	35600
独立函授学院 Independent Correspondence Colleges	4053	63	3990
普通高等学校举办 Run by Regular IHEs	254421	39363	215058
函授部 Divisions of Correspondence	158780	33642	125138
夜大学 Evening Schools	54864	5546	49318
成人脱产班 Short-cycle Courses for Adult	40777	175	40602

(A) Of which Regalar Short-cycle Courses.

本专科学生数
in all Adult Higher Education Institutions

单位:人

招生数 Entrants			在校学生数 Enrolment		
计 Total	本科 Normal Courses	专科 Short-cycle Courses	计 Total	本科 Normal Courses	专科 Short-cycle Courses
913799	74513	839286	2570028	250882	2319146
167748	5679	162069	399951	12485	387466
193519	0	193519	541587	0	541587
33309	0	33309	91146	0	91146
80636	0	80636	177972	0	177972
107450	571	106879	313861	2294	311567
50897	219	50678	132439	673	131766
484	0	484	966	0	966
484	0	484	849	0	849
62449	1747	60702	147728	3698	144030
47383	1232	46151	101002	2025	98977
77680	13912	63768	213743	44127	169616
35675	4228	31447	74494	9787	64707
4819	83	4736	13474	416	13058
467398	58200	409198	1338669	200347	1138322
271353	45150	226203	841327	162272	679055
102338	11685	90653	309030	35762	273268
93707	1365	92342	188312	2313	185999

成人高等学校

Number of Students by Field of Study in

	毕业生数 Graduates		
	计 Total	本科 Normal Courses	专科 Short－cycle Courses
总计 Total	381680	14145	367535
哲学 Philosophy	658	0	658
经济学 Economics	150207	344	149863
法学 Law	34325	531	33794
教育学 Education	13673	2995	10678
文学 Literature	78740	6040	72700
历史学 History	6427	153	6274
理学 Science	23660	3661	19999
工学 Engineering	62651	332	62319
农学 Agricuture	1632	0	1632
医学 Medicine	9707	89	9618
总计中：师范类 Of the ToTal: Teacher Training	61631	10989	50642

注：本表不包括普通高等学校举办的函授部、夜大学和成人脱产班的学生数。

Note: Numbers of Students in Correspondenes Divisions、Evening Schools & Short－cycle courses of Adult run by Regular Institutions of Education are not included.

成人高等学校

Number of Other Students in Adult

	学历教育学生总数中 Of total formal students		证书教育 Certificate－oriented education	
	双招班	第二学历 Students for second diploma	单科班 Single Subject Courses	专业证书班 Classes for certificate－oriented trainees
毕(结)业生数 Graduates	5863	7647	49014	127845
招生数 Entrants	6057	30342	86453	106831
在校生数 Enrolment	14443	58078	128404	163462
毕(结)业班学生数 Graduates for Next year	4321	17164	33612	70943

分科学生数

Adult Higher Educational Institutions

单位:人

招生数 Students Admitted			在校学生数 Enrolment		
计 Total	本科 Normal Courses	专科 Short-cycle Courses	计 Total	本科 Normal Courses	专科 Short-cycle Courses
446401	16313	430088	1231359	50535	1180824
476	0	476	1329	37	1292
193737	1042	192695	523839	2702	521137
33634	1367	32267	108275	3213	105062
18215	3468	14747	48143	11729	36414
74938	5856	69082	197499	18566	178933
3719	432	3287	10253	1185	9068
19141	3274	15867	51284	10506	40778
85276	669	84607	244316	2143	242173
1680	0	1680	3790	14	3776
15585	205	15380	42631	440	42191
50765	11545	39220	146255	38713	107542

其他学生数

Higher Educational Institutions

单位:人

岗位培训 Job-specific training		大学后继续教育 Post-collegiate continuing education	基础学院	成人中专班 Spec. Sec. classes for adult	其他 Others
资格培训 Qualifications-oriented training	适应培训 Adaptation training				
395796	835225	73020	2856	38081	92640
255021	566076	46041	650	79996	116601
165028	102431	56928	42228	177456	226949
103781	46159	30758	13875	50130	48206

成人高等学校专

Breakdown of Full-time Teachers by Academic Qualifications

	合计 Total		研究生毕业 Completion of Postgraduate Courses			
	计 Total	其中：女 Of which Female	计 Total	博士 Doctor's Degrees	硕士 Master's Degrees	未授博士、硕士学位的 Without advanced degrees
总计 Total	98207	37579	4966	122	3925	919
其中：女 Of which Female	37579	0	1414	20	1175	219
教授 Professors	1433	213	184	24	88	72
副教授 Asso. Professors	21209	5124	991	49	715	227
讲师 Lecturers	47275	19101	3115	43	2547	525
助教 Assistants	22740	10685	511	3	425	83
教员 Instructors	5550	2456	165	3	150	12

成人高等学校在校学生、教

Supplementary Information on Students and Staff

	在校学生总数中 Of Total Enrolment					教职工总 Of Teachers, Staff	
	共产党员 Member of C.P.C.	共青团员 Member of C.Y.L.	民主党派 Member of Dem. Parties	华侨 Overseas Chinese	少数民族 Minorities	共产党员 Member of C.P.C.	共青团员 Member of C.Y.L.
总计 Total	56264	591415	5456	899	52189	86140	23460
广播电视大学 Radio/TV Universities	18673	283505	5359	678	24506	17415	6098
职工高等学校 Workers' Colleges	19037	159412	39	162	9863	31453	8744
农民高等学校 Peasants' Colleges	20	374	0	0	53	110	38
管理干部学院 Institutes for Administration	9730	68852	17	16	6009	17758	3706
教育学院 Educational Colleges	7695	73703	41	42	11410	18778	4592
独立函授学院 Independent Correspondence Colleges	1109	5569	0	1	348	626	282

任教师学历情况

in Adult Higher Educational Institutions

单位：人

高等学校本科毕业 Completion of Normal Undergraduate Courses				高等学校专科毕业及本专科肄业二年以上 Completion of Shore-cycle Courses or at least two years of undergraduate ed.	高等学校本专科肄业未满两年及以下 Attendance in undergraduate Courses less than 2 years
计 Total	学士 With Bachelor's Degrees	研究生肄业 Having Some Postgraduate Training	未获学士学位的 Without Bachelor's Degrees		
75200	49214	338	25648	16022	2019
29190	21203	126	7861	6219	756
1154	451	11	692	73	22
18064	6845	60	11159	1872	282
35606	24805	158	10643	7728	826
16712	14084	105	2523	4914	603
3664	3029	4	631	1435	286

职工的政治及其他情况

& Workers of Adult Higher Educational Institutions

单位：人

数中 & Workers			专任教师中 Of Full-time Teachers				
民主党派 Member of Dem. Parties	华侨 Overseas Chinese	少数民族 Minorities	共产党员 Member of C.P.C.	共青团员 Member of C.Y.L.	民主党派 Member of Dem. Parties	华侨 Overseas Chinese	少数民族 Minorities
5234	352	8698	35563	12466	3860	203	4281
803	43	1692	6868	3324	479	23	837
1602	95	2424	13620	4615	1222	57	1099
0	0	73	55	29	0	0	42
585	68	1444	6092	1707	393	39	562
2221	144	3020	8591	2630	1761	83	1719
23	2	45	337	161	5	1	22

成人高等学校

Breakdown of Full－time Teachers by

	合 计 Total	30岁及以下 30 years and under	31－35	36－40
总 计 Total	98207	24147	21896	12451
其中：女 Of which: female	37579	11912	9858	5147
教 授 Professors	1433	0	2	10
副教授 Asso. Professors	21209	11	307	1188
讲 师 Lecturers	47275	5011	15773	9530
助 教 Assistants	22740	14786	5324	1475
教 员 Instructors	5550	4339	490	248

成人高等学校学

Changes in Enrolment of

	上学年初报表在校学生数 Total enrolment at beginning of previous academic year	增 加 学 生 数 Factors of Increase					
		计 Total	本学年初招生数 No.of Students Admitted	复 学 Students Resuming Studies	其他学校转入 Transfers from Other Inst.	其他 Others	计 Total
总 计 Total	1218473	486794	446401	2006	4345	34042	473908
广播电视大学 Radio/TV Universities	535698	209899	193519	922	1462	13996	204010
职工高等学校 Workers' Colleges	305062	114296	107450	596	1354	4896	105497
农民高等学校 Peasants' Colleges	694	484	484	0	0	0	212
管理干部学院 Institutes for Administration	133682	68226	62449	223	1187	4367	54180
教育学院 Educational Colleges	229723	89009	77680	236	336	10757	104989
独立函授学院 Independent Correspondence	13614	4880	4819	29	6	26	5020

专任教师年龄情况

Age in Adult Higher Educational Institutions

单位：人

Unit: person

41-45	46-50	51-55	56-60	61岁及以上 61 years and over
8464	9388	11506	9443	912
3167	3113	3147	1144	91
18	50	301	745	307
1477	3407	7416	6907	496
6136	5486	3591	1654	94
663	331	109	48	4
170	114	89	89	11

生数变动情况

Adult Higher Educational Institutions

单位:人

减少学生数 Factors of Decrease								本学年初报表在校学生数
上学年毕业生数 Graduates	上学年结业生数 Completers of Courses without formal award	休学 Suspended	退学 Quitting	开除 Expelled	死亡 Dead	转到其他学校 Transfers to Other Inst.	其他 Others	Total enrolment at beginning of current academic year
381680	14628	4298	15826	252	97	9547	47580	1231359
156848	12121	2167	7746	28	23	2694	22383	541587
85911	1304	1299	4868	114	36	1296	10669	313861
203	3	6	0	0	0	0	0	966
46339	282	276	911	80	14	1095	5183	147728
88326	430	467	2250	30	24	4421	9041	213743
4053	488	83	51	0	0	41	304	13474

成人高等学校固定

Condition of Fixed Assets and

	固定资产值（万元）Fixed Assets (in 10000 yuan)	
	合计 Total	其中:教仪设备 Of which: Teaching Equipment 计 Total
总　计　Total	1331377.00	358698.50
广播电视大学　Radio/TV Universities	283576.50	72872.92
职工高等学校　Workers' Colleges	550154.30	195231.60
农民高等学校　Peasants' Colleges	839.78	100.28
管理干部学院　Institutes for Administration	294352.50	41935.45
教育学院　Educational Colleges	196889.50	47139.10
独立函授学院　Independent Correspondence Colleges	5564.11	1419.21

成人高等学校

Condition of School Buildings in Adult

	校舍建筑总面积 Total Floor Space	校舍建 Of total 被外单位借占用面积 Floor space hired by other schools or units
总　计　Total	27096078	146207
一、教学及辅助用房　Teaching & assistant buildings	10040467	40686
教室　Classroom	4934638	29272
图书馆　Library	1175033	1327
实验实习及辅助　Lab. and supplementary buildings	2122888	6696
体育馆　Gymnasium	1262222	0
会堂　Hall	466241	391
二、行政办公用房　Administritive	2499627	33061
三、生活用房　Residential buildings	14555984	72460
学生宿舍　Students' dormitories	4155789	12676
学生食堂　Students' dining halls	1071477	509
教工单身宿舍　Apartments for Single	427466	400
生活福利及其它　Residential, welfare and others	6105122	22542
教工食堂　Dining halls for teachers, staff and workers	195817	200
生活福利及其他附属用　Residential, welfare and anxiliary buildings	2511102	32556

资产情况及其他
Teaching Resources in Adult Higher Educational Institutions

资产值 & Instruments	音像资料情况 audio-visual ed. resources		学校占地面积(平方米) Area of School sites (m^2)
电教设备 Audio-visual media	录音带(盒) Recording cassettes	录像带(盘) Video tape cassette	
206377.40	3597746	2350573	62554760
43635.77	1907194	1436099	13354439
125509.30	1216770	519155	26494699
63.28	280	75	128094
18950.45	98846	62202	12094028
17717.27	368016	321290	10332825
501.20	6640	11752	150675

校舍情况
Higher Educational Institutions

单位：平方米 Unit: m^2

筑总面积中 Foolr Space		正在施工面积 Under Construction	借租用校舍面积 Buildings rent or leased
危房面积 Dilapidated Buildings	当年新增面积 Newly added in current year		
246077	916963	1439306	342384
41548	374579	582916	204654
22434	192625	258742	145120
5491	48151	77561	10381
6001	83600	119358	25980
336	36359	18406	10820
4163	5691	25664	10724
21973	74177	84564	21420
182556	468207	771826	116310
28664	141545	297758	64843
10694	31655	31839	14876
12950	7130	18800	4514
82802	202277	329097	12186
1431	3951	16434	1303
43938	79043	69928	17808

成人中等专业学校

Bsaisc Statistics of Adult Specialized

	学校数（所）Schools	分校（所）Branches	工作站（个）Working Stations	毕业生数 Graduates	招生数 Entrants		
					计 Total	招高中毕业生起点 Graduates From Senior Sec. School	招初中毕业生起点 Graduates From Junior Sec. School
合计 Total	4904	1573	2633	750850	1036787	317107	719680
其中：女 Of which: Female				327993	488679	147134	341545
一、按部门分 By Control							
中央部门学校 Run by Central Ministries & Agencies	220	65	221	22757	32433	12538	19895
地方学校 Run by Local Authorities	4684	1508	2412	728093	1004354	304569	699785
二、按类别分 By Field of Study							
广播电视中专 Radio/TV Specialized Sec. Schools	126	830	943	154316	214796	50325	164471
职工中专 Specialized Sec. Schools for Staff & Workers	1988	230	427	215655	339641	66545	273096
干部中专 Specialized Sec. Schools for Cadres	238	53	158	41955	64939	21360	43579
农民中专 Specialized Sec. Schools for peasants	453	78	66	55670	87020	9597	77423
函授中专 Correspondence Specialized Sec. Schools	68	170	764	68566	88872	41248	47624
教师进修学校 In-service Teacher Training Schools	2031	212	275	214688	241519	128032	113487

注：本表未包括普通中等专业学校举办的成人中专学生、

Note: Adult Student enroled in specialized Secondary Schools are not included.

分类别情况

Secondary Schools by Field of Study

单位: 人

在校学生数 Enralment	毕业班学生数 Graduates for Next Year	教职工数 Teachers, Staff & Workers 合计 Total	专任教师 Full-time Teachers	教辅人员 Supporting Staff	行政人员 Adm. Personnel	工勤人员 Workers	兼任教师数 Part-time Teachers
2429381	804533	212922	112681	22487	45253	32501	52426
1146357	358466	78791	41267	9777	14629	13118	14575
75999	24383	9793	4532	914	2469	1878	1362
2353382	780150	203129	108149	21573	42784	30623	51064
559811	187536	15058	7452	2290	3917	1399	21225
815216	238645	82007	41737	7303	18928	14039	17542
130769	45182	14130	6974	1135	3870	2151	1527
191769	65849	16638	10055	1329	2521	2733	1983
215500	49971	11232	4097	3366	3057	712	7839
516316	217350	73857	42366	7064	12960	11467	2310

成人中、小

Basic Statistics of Adult Primary

	学校数(所) Schools	教学班(点)(个) External Teaching Sites (Classes)	毕业生数 Graduates		招
			计 Total	其中：女生 Of which Female	计 Total
一、成人中学 General Sec. Schools for Adults	6020	18919	639915	283872	611729
1. 职工中学 General Sec. Schools for Staff & Workers	2199	6148	256296	117434	270637
高 中 Senior	1783	5242	231712	105771	234481
初 中 Junior	416	906	24584	11663	36156
2. 农民中学 General Sec. Schools for Peasants	3821	12771	383619	166438	341092
高 中 Senior	711	1373	41984	19521	48196
初 中 Junior	3110	11398	341635	146917	292896
二、成人初等学校 Adult Primary Schools	168151	389530	7653315	4519323	6816260
1. 职工初等学校 Worker Primary Schools	1078	2638	112925	57743	122281
2. 农民初等学校 Peasant Primary Schools	167073	386892	7540390	4461580	6693979
小学班 Primary Classes	50042	101388	2779126	1481136	2759270
扫盲班 Literacy Classes	117031	285504	4761264	2980444	3934709

成人中等专业

Condition of Schools Building in Adult

	自 有 Buildings owned by					
	校舍建筑面积 Floor Space	教学用房 Building for Inst. Purposes				
		计 Total	教室 Classrooms		实验室 Laboratories	图书馆 Libraries
			计 Total	其中:电化教室 Of which: equipped with audio-visual media		
总计 Total	23020440	6881963	5169929	610912	1004540	707494
广播电视中等专业学校 Radio/TV Specialized Sec. Schools	1098731	428624	335436	73633	55163	38025
职工中等专业学校 Specialized Sec. Schools for Staff & Workers	10375761	3218836	2387078	222895	553081	278677
干部中等专业学校 Specialized Sec. Schools for Cadres	2227731	629736	471094	49429	77382	81260
农民中等专业学校 Specialized Sec. Schools for Peasants	2071505	581903	427062	47979	100464	54377
函授中等专业学校 Correspondence Specialized Sec. Schools	802177	377330	285513	50544	12709	79108
教师进修学校 In-service Teacher Training Schools	6444535	1645534	1263746	166432	205741	176047

学 基 本 情 况

and Secondary Schools

单位：人

生 数 Entrants 其中：女生 Of which: Female	在校学生数 Enrolment 计 Total	在校学生数 Enrolment 其中：女生 Of which: Female	教职工数 Teachers, Staff & Workers 计 Total	教职工数 Teachers, Staff & Workers 其中专任教师 Of which: Full-time Teachers	兼任教师数 Part-time Teachers
296644	742251	356224	42968	23331	40600
128466	335303	161227	25343	14503	17396
111110	288255	138207	23014	12935	15787
17356	47048	23020	2329	1568	1609
168178	406948	194997	17625	8828	23204
23368	70333	31662	6246	4004	7353
144810	336615	163335	11379	4824	15851
3875811	7782518	4483759	177680	57521	481948
60319	145233	72676	3119	1639	3309
3815492	7637285	4411083	174561	55882	478639
1407771	2760985	1535754	51199	20200	118547
2407721	4876300	2875329	123362	35682	359912

学校校舍情况

Adult Specialized Secondary Schools

单位：平方米 Unit: m²

校 舍 the adult SSSs 办公用房 Administritive	非教学用房 Building Not for Inst. Purposes 计 Total	非教学用房 其中 Of which 教职工宿舍 Residences for Staff & Workers	非教学用房 其中 Of which 学生宿舍 Students' Dormitories	其他用房 Others	其中：新增校舍 Of which New floor space added	租用校舍 Buildings rent or leased	兼用校舍 Buildings for multiple purposes
2649434	9255239	4644407	4136472	4233804	1056077	509048	1221548
182268	369903	207510	154735	117936	49779	119243	241850
1032129	4105610	1838820	2099815	2019186	446811	193542	634323
218308	975357	456244	455093	404330	70786	24772	83357
166349	842577	408955	386713	480676	167865	78351	35439
112881	222977	112991	109804	88989	35853	35566	172571
937499	2738815	1619887	930312	1122687	284983	57574	54008

成人技术培训学

Basic Statistics of Adult

	学校数(所) Schools	教学班(点)(个) External Teaching Sites (Classes)	毕业生数 Graduates			
			计 Total	其中：Of which:		计 Total
				长班 A	短班 B	
成人技术培训学校 Technical Training Schools for Adults	398796	846996	76981906	8653405	68328501	61124560
其中：教育部门办 Of which: Run by Ed. Dept.	321846	657281	58124850	4842685	53282165	44975033
其他部门办 Run by Non-ed. Dept.	76950	189715	18857056	3810720	15046336	16149527
一、职工技术培训学校 Technical Training Schools for Staff & Workers	13299	84837	6628121	2593176	4034945	6751734
其中：教育部门办 Of which: Run by Ed. Dept.	4114	16577	1321160	220491	1100669	1299020
其他部门办 Run by Non-ed. Dept.	9185	68260	5306961	2372685	2934276	5452714
二、农民技术培训学校 Technical Training Schools for Peasants	385497	762159	70353785	6060229	64293556	54372826
其中：教育部门办 Of which: Run by Ed. Dept.	317732	640704	56803690	4622194	52181496	43676013
其他部门办 Run by Non-ed. Dept.	67765	121455	13550095	1438035	12112060	10696813
其中：1. 县办农技 Of which: County-run Agro-technical Schools	2987	12354	1177730	167134	1010596	1015891
2. 乡办农技 Township-run Agro-technical Schools	40459	205603	26087135	3306463	22780672	20657562
3. 村办农技 Village-run Agro-technical Schools	342051	544202	43088920	2586632	40502288	32699373

A. Lengthy courses (total teaching time no less than 150 h.)

B. Short courses (total teaching time less than 150 h.)

校基本情况

Technical Training Schools

单位：人

招生数 Entrants 其中：Of which: 长班 A	短班 B	在校学生数 Enrolment 计 Total	其中：Of which 长班 A	短班 B	教职工数 Teachers, Staff & Workers 计 Total	其中专任教师 Of which: Full-time Teachers	兼任教师数 Part-time Teachers
7691389	53433171	53291510	4915805	48375705	454311	196696	919891
3964528	41010505	41587357	3695779	37891578	302239	126617	682853
3726861	12422666	11704153	1220026	10484127	152072	70079	237038
2774429	3977305	3804482	950829	2853653	103185	60345	107363
273033	1025987	939281	237874	701407	25680	19247	24169
2501396	2951318	2865201	712955	2152246	77505	41098	83194
4916960	49455866	49487028	3964976	45522052	351126	136351	812528
3691495	39984518	40648076	3457905	37190171	276559	107370	658684
1225465	9471348	8838952	507071	8331881	74567	28981	153844
170078	845813	722228	171517	550711	15032	8648	15034
2684904	17972658	18189476	2020122	16169354	119229	62169	214594
2061978	30637395	30575324	1773337	28801987	216865	65534	582900

成人中等专业学校教职工数

Number of Teachers, Staff & Workers in Adult Specialized Secondary Schools

单位：人

Unit: person

	校本部教职工数 Employees in the School Proper					兼任教师数 Part－time Teachers
	合计 Total	专任教师 Full－time Teachers	教辅人员 Supporting Staff	行政人员 Adm. Personnel	工勤人员 Workers	
总计 Total	212922	112681	22487	45253	32501	52426
其中：女教职工 Of which: Female	78791	41267	9777	14629	13118	14575
一、教师小计 Those with teaching rank	111529	88201	6954	15160	1214	29411
高级讲师 Senior Lecturers	18550	13660	633	4221	36	6101
讲师 Lecturers	51603	40429	3080	7662	432	16468
助理讲师 Assistant Lecturers	41376	34112	3241	3277	746	6842
二、其他小计 Those with other professional ranks	48065	17282	9156	17780	3847	19942
副高级职称 Senior－level ones	4468	1963	715	1612	178	4237
中级职称 Middle－level ones	19222	7316	3229	7769	908	10340
初级职称 Junior－level ones	24375	8003	5212	8399	2761	5365
三、无职称人数 Without professional titles	53328	7198	6377	12313	27440	3073

八、各级各类学校分布情况

Ⅷ. GEOGRAPHICAL DISTRIBUTION OF SCHOOLS BY TYPE AND LEVEL

普通高等学校

Basic Statistics of Regular Higher

地区 Region	学校数(所) Institutions	本专科学生数 Undergraduate Students: 毕业生数 Graduates	招生数 Students Admitted	在校学生数 Enrolment	教职 Teachers, Staff: 合计 Total	校本部 Teachers, Staff & Workers: 计 Subtotal	专任 Full-time: 计 Subtotal	教授 Professors
总计 Total	1054	805397	925940	2906429	1040570	847573	400742	31095
北京 Beijing	65	45094	52868	182173	103624	78159	36563	5134
天津 Tianjin	21	20203	22055	68080	27421	22299	10490	955
河北 Hebei	47	36388	43027	126290	39091	32230	14808	721
山西 Shanxi	26	20312	20926	67420	23411	20627	9140	498
内蒙古 Inner Mongolia	19	13647	11879	36715	15149	13601	6695	314
辽宁 Liaoning	61	44072	53310	179412	58455	49075	23400	1677
吉林 Jilin	43	26225	32161	100785	39708	32278	15024	1127
黑龙江 Heilongjiang	38	30622	35270	113523	43324	34838	16542	1526
上海 Shanghai	45	39568	44341	144082	65764	49316	21522	1926
江苏 Jiangsu	67	59470	67480	208620	71635	57125	27269	2338
浙江 Zhejiang	37	22443	28094	92857	28194	23621	11491	799
安徽 Anhui	35	28872	28619	86039	27312	23214	11566	885
福建 Fujian	30	20389	23590	71686	19971	16851	8354	407
江西 Jiangxi	31	22004	26323	81999	24640	18951	9504	501
山东 Shandong	48	52083	55611	160398	50829	41657	19932	1548
河南 Henan	50	37601	43229	122388	39599	32447	15538	798
湖北 Hubei	56	41675	54226	182703	65989	52473	25220	2092
湖南 Hunan	47	32931	40612	130363	39519	32108	15307	987
广东 Guangdong	42	34830	49419	151788	41464	34521	16552	1283
广西 Guangxi	27	17784	20416	60032	17462	14994	7542	448
海南 Hainan	5	3145	3739	12041	3460	2555	1334	73
四川 Sichuan	64	63219	66375	200862	69048	57150	25809	1811
贵州 Guizhou	22	8975	11438	34676	12879	11799	5599	238
云南 Yunnan	26	16286	16546	51427	17306	15517	7415	349
西藏 Tibet	4	525	1175	3878	1818	1681	782	16
陕西 Shaanxi	46	37482	40716	128285	52440	43626	20200	1718
甘肃 Gansu	17	14288	15119	45480	15623	13076	6284	422
青海 Qinghai	7	2133	2339	7332	2965	2810	1410	58
宁夏 Ningxia	7	2717	2910	10686	3914	3434	1763	101
新疆 Xinjiang	21	10414	12127	44409	18556	15540	7687	345

基本情况(总计)

Educational Institutions (Regional Aggregates)

单位:人

工数 & Workers / 教职工 in College or Uni.Proper / 教师 Teachers / 副教授 Asso. Professors	讲师 Lecturers	助教 Assistants	教员 Instructors	教辅人员 Supporting Staff	行政人员 Adm. Personnel	工勤人员 Workers	科研机构人员 Personnel in Affiliated Research Org.	校办工厂、农场职工 Employees in School-run Factories, Farms	附设机构人员 Personnel in Other Subsidiary Units
106520	166508	74946	21673	123595	174109	149127	47718	65305	79974
11142	13298	5459	1530	12693	15016	13887	6843	5736	12886
3093	4558	1389	495	3286	4709	3814	1856	1792	1474
3453	6319	3229	1086	4104	7043	6275	733	2807	3321
1905	4049	2153	535	2726	4302	4459	450	1255	1079
1516	3068	1439	358	2111	2670	2125	279	832	437
6491	9636	4538	1058	6841	10749	8085	2087	3136	4157
4055	5820	3333	689	4913	6368	5973	2027	2707	2696
4634	6726	2890	766	4783	6986	6527	2084	3798	2604
5981	9241	3753	621	8234	9735	9825	5476	4807	6165
7349	11367	4749	1466	8928	11667	9261	4093	4932	5485
2872	5205	1952	663	3262	4716	4152	1280	1608	1685
3083	5035	1806	757	3215	4479	3954	1406	1056	1636
1987	3435	2025	500	2584	3579	2334	789	1153	1178
2351	3761	2138	753	2508	3733	3206	365	3435	1889
5420	8274	3793	897	6077	9263	6385	1818	3032	4322
3953	7131	2760	896	4372	6983	5554	812	3918	2422
7013	9576	4960	1579	7989	10907	8357	3614	4158	5744
4374	6165	2805	976	4247	6398	6156	1348	2856	3207
4635	6857	3281	496	5536	7463	4970	1871	1576	3496
2056	3060	1438	540	2115	2982	2355	326	1213	929
333	564	309	55	271	544	406	58	18	829
7040	10778	4428	1752	8267	12069	11005	4130	2715	5053
1250	2489	1205	417	1523	2641	2036	198	372	510
1903	3460	1226	477	2279	3443	2380	546	285	958
56	376	218	116	157	420	322	25	56	56
4980	8756	3778	968	6253	8462	8711	2253	2648	3913
1450	2584	1438	390	1911	2335	2546	673	1107	767
184	599	401	168	316	658	426	31	24	100
372	755	419	116	416	700	555	88	167	225
1589	3566	1634	553	1678	3089	3086	159	2106	751

短期职业大

Basic Statistics of Short－

地区 Region	学校数(所) Institutions	本专科学生数 Undergraduate Students			教职 Teachers, Staff			
		毕业生数 Graduates	招生数 Students Admitted	在校学生数 Enrolment	合计 Total	校本部 Teachers, Staff & Workers		
						计 Subtotal	专任 Full－time	
							计 Subtotal	教授 Professors
总计 **Total**	86	28863	37050	98300	22935	21214	11050	212
北京 Beijing	1	268	412	1236	82	70	27	0
天津 Tianjin	1	645	550	1268	352	334	144	0
河北 Hebei	4	892	1460	3881	879	855	408	3
山西 Shanxi	1	340	405	1205	218	204	122	3
内蒙古 Inner Mongolia	3	367	194	365	259	241	133	1
辽宁 Liaoning	4	1447	1553	4510	1034	1020	565	4
吉林 Jilin	2	212	430	1565	406	400	191	1
黑龙江 Heilongjiang	4	839	927	2534	956	901	462	27
上海 Shanghai	1	0	448	853	72	72	33	11
江苏 Jiangsu	12	5846	7206	19530	4033	3632	1893	25
浙江 Zhejiang	5	1400	2171	6234	1242	1176	518	2
安徽 Anhui	4	2012	1970	5108	750	732	473	4
福建 Fujian	8	1983	2638	7451	1213	1171	686	5
江西 Jiangxi	1	0	150	330	115	99	72	1
山东 Shandong	1	1276	1400	3262	737	737	365	19
河南 Henan	8	3357	4000	9597	3263	2734	1470	37
湖北 Hubei	8	2186	3271	9180	2588	2483	1247	10
湖南 Hunan	3	745	894	2490	569	541	261	4
广东 Guangdong	3	782	2092	4956	811	786	383	13
广西 Guangxi	2	284	650	1701	501	222	161	8
海南 Hainan	0	0	0	0	0	0	0	0
四川 Sichuan	4	2013	1915	4669	1132	1112	540	13
贵州 Guizhou	1	0	104	104	233	233	109	0
云南 Yunnan	1	478	360	807	264	258	124	2
西藏 Tibet	0	0	0	0	0	0	0	0
陕西 Shaanxi	2	530	690	2063	476	468	218	9
甘肃 Gansu	1	341	480	1002	125	125	58	0
青海 Qinghai	0	0	0	0	0	0	0	0
宁夏 Ningxia	0	0	0	0	0	0	0	0
新疆 Xinjiang	1	620	680	2399	625	608	387	10

学基本情况

cycle Vocational Colleges

单位：人

工数 & Workers: 教职工 in College or Uni. Proper: 教师 Teachers: 副教授 Asso. Professors	讲师 Lecturers	助教 Assistants	教员 Instructors	教辅人员 Supporting Staff	行政人员 Adm. Personnel	工勤人员 Workers	科研机构人员 Personnel in Affiliated Research Org.	校办工厂、农场职工 Employees in School-run Factories, Farms	附设机构人员 Personnel in Other Subsidiary Units
2225	4889	2934	790	2691	4903	2570	191	1249	281
3	14	7	3	8	28	7	0	0	12
36	77	21	10	62	81	47	0	13	5
54	170	152	29	108	191	148	15	3	6
17	44	40	18	22	35	25	0	14	0
27	64	34	7	29	56	23	0	15	3
119	251	138	53	132	229	94	6	5	3
30	74	73	13	53	119	37	2	4	0
131	247	44	13	130	217	92	2	50	3
20	2	0	0	0	23	16	0	0	0
315	916	541	96	475	756	508	14	321	66
72	258	140	46	151	257	250	32	30	4
86	225	125	33	54	159	46	5	7	6
97	273	259	52	122	257	106	14	18	10
8	37	16	10	8	10	9	0	16	0
100	147	66	33	123	161	88	0	0	0
319	696	329	89	367	626	271	44	415	70
285	461	345	146	316	632	288	12	43	50
50	120	52	35	61	144	75	0	6	22
119	172	62	17	99	237	67	25	0	0
40	77	35	1	9	28	24	0	279	0
0	0	0	0	0	0	0	0	0	0
150	210	118	49	130	293	149	1	9	10
23	48	35	3	65	46	13	0	0	0
13	74	25	10	32	75	27	3	0	3
0	0	0	0	0	0	0	0	0	0
23	97	89	0	46	114	90	0	0	8
12	16	23	7	8	39	20	0	0	0
0	0	0	0	0	0	0	0	0	0
0	0	0	0	0	0	0	0	0	0
76	119	165	17	81	90	50	16	1	0

综合大学
Basic Statistics of

地区 Region	学校数(所) Institutions	本专科学生数 Undergraduate Students: 毕业生数 Graduates	本专科学生数 Undergraduate Students: 招生数 Students Admitted	本专科学生数 Undergraduate Students: 在校学生数 Enrolment	教职 Teachers, Staff: 合计 Total	教职 Teachers, Staff: 校本部 Teachers, Staff & Workers: 计 Subtotal	校本部: 专任 Full-time: 计 Subtotal	校本部: 专任 Full-time: 教授 Professors
总　计 Total	78	114004	129624	424288	151699	123530	58909	5842
北　京 Beijing	3	5830	6188	23521	14280	10664	4849	972
天　津 Tianjin	1	2100	2120	8206	4723	3483	1728	237
河　北 Hebei	1	2188	2002	5925	2059	1730	833	65
山　西 Shanxi	4	3560	3600	12316	4054	3660	1584	84
内蒙古 Inner Mongolia	1	1562	1418	4127	1480	1304	597	58
辽　宁 Liaoning	4	6038	6543	21696	5553	5367	2812	193
吉　林 Jilin	3	3351	4070	13432	6355	4927	2093	194
黑龙江 Heilongjiang	4	6289	6380	20326	7160	5974	2845	179
上　海 Shanghai	2	6802	7277	24993	11771	8791	3979	323
江　苏 Jiangsu	5	10757	11580	35602	12283	9974	4580	500
浙　江 Zhejiang	2	2719	3259	11168	3462	3018	1578	157
安　徽 Anhui	1	2094	2071	6518	2078	1815	845	102
福　建 Fujian	3	3915	4795	15476	4525	3546	1759	127
江　西 Jiangxi	5	4337	4923	15136	4229	3795	2000	144
山　东 Shandong	3	8346	8923	26765	8228	6727	3198	342
河　南 Henan	2	3870	5538	17816	5580	4775	2273	238
湖　北 Hubei	3	4582	5875	20617	8125	5834	2996	394
湖　南 Hunan	3	2166	3246	10848	3208	2748	1355	111
广　东 Guangdong	11	11631	17376	52259	14518	11444	5451	502
广　西 Guangxi	1	2235	2384	8790	2703	2217	1104	81
海　南 Hainan	2	1425	1496	5021	1220	1050	513	27
四　川 Sichuan	4	7204	7321	23594	8770	7108	3477	302
贵　州 Guizhou	1	1044	1084	3316	1269	1136	483	49
云　南 Yunnan	1	1964	1830	6235	2096	1809	888	94
西　藏 Tibet	1	253	399	1344	605	564	312	3
陕　西 Shaanxi	3	3322	3239	11574	4021	3707	1760	151
甘　肃 Gansu	1	2122	1903	6740	3001	2417	1119	135
青　海 Qinghai	1	342	451	1440	485	448	220	3
宁　夏 Ningxia	1	741	903	3256	1146	977	461	27
新　疆 Xinjiang	1	1215	1430	6231	2712	2521	1217	48

Comprehensive Universities

单位：人

工数 & Workers									
教职工 in College or Uni. Proper							科研机构人员 Personnel in Affiliated Research Org.	校办工厂、农场职工 Employees in School-run Factories, Farms	附设机构人员 Personnel in Other Subsidiary Units
教师 Teachers				教辅人员 Supporting Staff	行政人员 Adm. Personnel	工勤人员 Workers			
副教授 Asso. Professors	讲师 Lecturers	助教 Assistants	教员 Instructors						
17158	23696	8794	3419	18160	25438	21023	9903	6248	12018
1571	1727	403	176	2012	1924	1879	1022	881	1713
564	635	153	139	457	677	621	602	270	368
228	329	116	95	277	301	319	110	86	133
338	691	304	167	339	1093	644	120	78	196
164	249	58	68	264	303	140	103	29	44
786	1193	491	149	637	1215	703	106	18	62
528	768	403	200	802	855	1177	737	167	524
754	1282	524	106	722	1378	1029	278	628	280
1029	1904	598	125	1482	1652	1678	1297	629	1054
1428	1724	684	244	1529	2149	1716	936	649	724
463	642	239	77	380	666	394	119	142	183
286	310	50	97	183	378	409	99	57	107
526	682	272	152	451	853	483	339	198	442
577	691	377	211	521	703	571	84	52	298
1066	1332	347	111	919	1571	1039	432	227	842
706	957	204	168	629	965	908	75	317	413
902	986	634	80	976	967	895	814	443	1034
411	500	217	116	369	556	468	49	128	283
1554	2281	980	134	1904	2491	1598	753	561	1760
372	400	146	105	279	453	381	79	196	211
128	237	81	40	97	245	195	33	18	119
1204	1405	402	164	1037	1378	1216	990	179	493
126	201	70	37	163	220	270	23	35	75
319	357	65	53	370	351	200	164	72	51
19	162	77	51	50	125	77	7	13	21
451	689	405	64	428	730	789	86	24	204
257	469	169	89	490	356	452	342	83	159
21	101	56	39	51	104	73	0	4	33
102	201	82	49	92	275	149	34	64	71
278	591	187	113	250	504	550	70	0	121

高等理工院

Basic Statistics of Institutions

地区 Region	学校数(所) Institutions	本专科学生数 Undergraduate Students: 毕业生数 Graduates	招生数 Students Admitted	在校学生数 Enrolment	教职 Teachers; Staff: 合计 Total	校本部 Teachers, Staff & Workers: 计 Subtotal	专任 Full-time: 计 Subtotal	教授 Professors
总 计 Total	286	269315	323945	1055765	402876	306917	141354	11542
北 京 Beijing	21	20273	24014	82213	39319	28866	12671	1603
天 津 Tianjin	6	8957	9839	30595	11929	9053	4333	404
河 北 Hebei	17	11853	14477	47175	15033	12237	5640	254
山 西 Shanxi	5	6104	7109	22787	8048	6580	3113	202
内蒙古 Inner Mongolia	2	2345	2330	7291	3089	2400	1116	41
辽 宁 Liaoning	21	19356	25707	84620	29322	22337	10321	833
吉 林 Jilin	14	10035	12326	39621	14852	11472	5213	374
黑龙江 Heilongjiang	10	11388	14457	46816	18276	14116	6528	709
上 海 Shanghai	20	19253	22313	71386	33106	23770	10366	874
江 苏 Jiangsu	24	22753	27586	90469	34188	25301	12407	1108
浙 江 Zhejiang	7	6001	7718	28424	9595	7234	3459	299
安 徽 Anhui	8	8448	8697	29144	11393	8641	4191	396
福 建 Fujian	5	3835	5193	18121	5219	4099	2038	97
江 西 Jiangxi	6	4161	5485	16692	5502	3991	1833	101
山 东 Shandong	13	14672	15928	50203	18156	13505	6512	501
河 南 Henan	14	9492	12433	37057	13747	9368	4469	171
湖 北 Hubei	17	18605	23873	82427	31975	24697	11592	1043
湖 南 Hunan	17	12872	15930	50956	17001	13123	6282	415
广 东 Guangdong	5	6329	8388	29397	8374	6717	3372	222
广 西 Guangxi	4	3201	3877	10478	2833	2414	1155	41
海 南 Hainan	0	0	0	0	0	0	0	0
四 川 Sichuan	21	21143	23725	75767	30065	23918	9638	694
贵 州 Guizhou	1	1087	1654	4963	1726	1306	654	34
云 南 Yunnan	3	4115	3793	11886	3971	3429	1681	74
西 藏 Tibet	0	0	0	0	0	0	0	0
陕 西 Shaanxi	18	19099	22046	70555	30140	23348	10400	937
甘 肃 Gansu	3	2544	3090	9712	3177	2533	1170	72
青 海 Qinghai	0	0	0	0	0	0	0	0
宁 夏 Ningxia	1	232	299	1022	353	329	193	4
新 疆 Xinjiang	3	1162	1658	5988	2487	2133	1007	39

校基本情况

of Science & Technology

单位：人

工数 & Workers									
教职工 in College or Uni. Proper							科研机构人员 Personnel in Affiliated Research Org.	校办工厂、农场职工 Employees in School-run Factories, Farms	附设机构人员 Personnel in Other Subsidiary Units
教师 Teachers				教辅人员 Supporting Staff	行政人员 Adm. Personnel	工勤人员 Workers			
副教授 Asso. Professors	讲师 Lecturers	助教 Assistants	教员 Instructors						
40169	58508	23936	7199	49915	60993	54655	25955	34003	36001
4286	4368	1693	721	5231	5980	4984	4259	2729	3465
1382	1817	535	195	1543	1638	1539	885	1168	823
1324	2616	1036	410	1679	2782	2136	286	1422	1088
674	1396	695	146	1209	922	1336	285	668	515
240	510	222	103	381	499	404	65	530	94
3207	4037	1829	415	3626	4760	3630	1467	2482	3036
1447	2141	1044	207	2001	2248	2010	744	1175	1461
1968	2523	1049	279	2106	2913	2569	1195	1514	1451
3033	4371	1902	186	4202	4245	4957	3056	2743	3537
3391	5226	2020	662	3962	4972	3960	2590	2750	3547
1067	1480	362	251	1098	1382	1295	816	782	763
1303	1833	523	136	1544	1518	1388	1143	752	857
521	928	414	78	613	866	582	211	582	327
511	746	380	95	577	785	796	145	898	468
1723	2595	1392	301	2095	2822	2076	837	1987	1827
1089	2163	804	242	1367	1789	1743	567	2588	1224
3339	4572	1855	783	3887	5216	4002	1984	2364	2930
1740	2644	1107	376	1822	2575	2444	789	1395	1694
955	1492	655	48	1171	1271	903	431	474	752
274	504	239	97	355	523	381	51	213	155
0	0	0	0	0	0	0	0	0	0
2647	3942	1680	675	4068	4913	5299	1988	1574	2585
188	295	104	33	234	189	229	39	147	234
550	781	219	57	551	706	491	129	138	275
0	0	0	0	0	0	0	0	0	0
2774	4435	1654	600	3854	4630	4464	1845	2261	2686
302	493	234	69	493	338	532	115	344	185
0	0	0	0	0	0	0	0	0	0
39	88	51	11	16	66	54	11	0	13
195	512	238	23	230	445	451	22	323	9

高 等 农 业 院

Basic Statistics of

地区 Region	学校数(所) Institutions	本专科学生数 Undergraduate Students 毕业生数 Graduates	招生数 Students Admitted	在校学生数 Enrolment	教职 Teachers, Staff 合计 Total	校本部 Teachers, Staff & Workers 计 Subtotal	专任 Full-time 计 Subtotal	教授 Professors
总计 Total	56	44292	51335	158106	67943	50577	23728	1852
北京 Beijing	2	2365	2457	8340	3915	3266	1497	182
天津 Tianjin	1	459	444	1146	367	352	164	12
河北 Hebei	3	2453	3131	9977	3491	2625	1265	81
山西 Shanxi	1	1061	1000	3155	1511	1358	558	47
内蒙古 Inner Mongolia	2	1578	1327	4389	2089	1764	864	54
辽宁 Liaoning	3	1781	2394	7428	2692	2346	1089	84
吉林 Jilin	3	1048	1491	4824	3114	2314	1087	67
黑龙江 Heilongjiang	2	2082	1930	6697	3693	2620	1133	159
上海 Shanghai	2	983	1413	3665	1481	1095	492	34
江苏 Jiangsu	1	1462	1648	4694	2546	2036	889	101
浙江 Zhejiang	2	1088	1331	4738	2128	1714	948	96
安徽 Anhui	1	1272	1280	3899	1430	1258	599	59
福建 Fujian	1	857	863	3235	1415	1053	490	26
江西 Jiangxi	2	1165	1710	5622	3601	1223	594	21
山东 Shandong	2	2159	2644	7553	2841	2176	1040	93
河南 Henan	4	2582	2735	8388	2797	2267	1066	62
湖北 Hubei	2	1720	2210	7147	3015	2267	1101	90
湖南 Hunan	1	1533	1835	6050	2503	1322	656	47
广东 Guangdong	4	3449	4279	11862	3505	2796	1263	61
广西 Guangxi	1	1378	1859	5355	1652	1336	668	42
海南 Hainan	1	785	950	2662	1092	426	305	11
四川 Sichuan	5	4382	5074	13647	4472	3418	1636	95
贵州 Guizhou	1	672	727	2407	1126	958	420	22
云南 Yunnan	1	1047	990	3094	1216	1133	470	17
西藏 Tibet	1	72	211	768	492	433	181	1
陕西 Shaanxi	1	1378	1415	4108	2206	1924	763	99
甘肃 Gansu	1	806	984	2867	1323	1045	495	53
青海 Qinghai	1	187	179	463	283	278	127	6
宁夏 Ningxia	1	440	415	1589	765	574	334	23
新疆 Xinjiang	3	2048	2409	8337	5182	3200	1534	107

校基本情况

Institutions of Agriculture

单位: 人

工数 & Workers									
教职工 in College or Uni. Proper							科研机构人员 Personnel in Affiliated Research Org.	校办工厂、农场职工 Employees in School-run Factories, Farms	附设机构人员 Personnel in Other Subsidiary Units
教师 Teachers				教辅人员 Supporting Staff	行政人员 Adm. Personnel	工勤人员 Workers			
副教授 Asso. Professors	讲师 Lecturers	助教 Assistants	教员 Instructors						
6388	9238	4903	1347	6625	9984	10240	2337	10300	4729
505	515	256	39	503	630	636	149	239	261
48	84	20	0	39	77	72	0	9	6
323	494	268	99	276	550	534	102	559	205
137	264	102	8	38	290	472	0	81	72
236	393	137	44	164	306	430	77	173	75
291	408	289	17	306	448	503	61	59	226
257	356	341	66	327	409	491	94	610	96
267	389	284	34	365	422	700	108	833	132
147	177	134	0	165	237	201	87	182	117
261	322	168	37	283	445	419	75	391	44
211	429	172	40	201	333	232	93	99	222
163	255	71	51	176	297	186	0	78	94
133	208	97	26	185	237	141	96	140	126
160	187	163	63	183	316	130	47	2036	295
239	456	151	101	322	438	376	89	264	312
349	472	119	64	309	522	370	76	318	136
281	397	265	68	345	368	453	203	406	139
179	238	134	58	187	298	181	76	808	297
338	556	230	78	461	620	452	138	312	259
206	271	120	29	240	275	153	56	210	50
64	105	125	0	57	61	3	3	0	663
462	574	353	152	367	661	754	396	394	264
131	190	57	20	88	216	234	29	72	67
107	185	134	27	230	192	241	50	33	0
6	67	66	41	45	111	96	16	22	21
202	251	185	26	227	256	678	94	103	85
175	177	67	23	82	175	293	50	145	83
23	51	39	8	40	64	47	0	3	2
86	132	68	25	80	64	96	31	101	59
401	635	288	103	334	666	666	41	1620	321

高等林业院

Basic Statistics of

地区 Region	学校数(所) Institutions	本专科学生数 Undergraduate Students			教职 Teachers, Staff			
		毕业生数 Graduates	招生数 Students Admitted	在校学生数 Enrolment	合计 Total	校本部 Teachers, Staff & Workers		
						计 Subtotal	专任 Full-time	
							计 Subtotal	教授 Professors
总计 **Total**	10	6276	7337	23024	10283	7853	3822	361
北京 Beijing	1	721	903	2487	1349	886	421	70
天津 Tianjin	0	0	0	0	0	0	0	0
河北 Hebei	0	0	0	0	0	0	0	0
山西 Shanxi	0	0	0	0	0	0	0	0
内蒙古 Inner Mongolia	1	581	367	1377	724	655	339	12
辽宁 Liaoning	0	0	0	0	0	0	0	0
吉林 Jilin	1	349	650	2161	839	548	201	8
黑龙江 Heilongjiang	1	944	1417	4616	2281	1528	785	119
上海 Shanghai	0	0	0	0	0	0	0	0
江苏 Jiangsu	1	1028	1000	2935	1599	1172	571	68
浙江 Zhejiang	1	303	330	1069	476	418	200	5
安徽 Anhui	0	0	0	0	0	0	0	0
福建 Fujian	1	593	690	2283	653	545	247	10
江西 Jiangxi	0	0	0	0	0	0	0	0
山东 Shandong	0	0	0	0	0	0	0	0
河南 Henan	0	0	0	0	0	0	0	0
湖北 Hubei	0	0	0	0	0	0	0	0
湖南 Hunan	1	659	850	2902	1085	957	481	37
广东 Guangdong	0	0	0	0	0	0	0	0
广西 Guangxi	0	0	0	0	0	0	0	0
海南 Hainan	0	0	0	0	0	0	0	0
四川 Sichuan	0	0	0	0	0	0	0	0
贵州 Guizhou	0	0	0	0	0	0	0	0
云南 Yunnan	1	509	520	1413	634	569	274	13
西藏 Tibet	0	0	0	0	0	0	0	0
陕西 Shaanxi	1	589	610	1781	643	575	303	19
甘肃 Gansu	0	0	0	0	0	0	0	0
青海 Qinghai	0	0	0	0	0	0	0	0
宁夏 Ningxia	0	0	0	0	0	0	0	0
新疆 Xinjiang	0	0	0	0	0	0	0	0

校基本情况

Institutions of Forestry

单位：人

工数 & Workers									
教职工 in College or Uni. Proper							科研机构人员 Personnel in Affiliated Research Org.	校办工厂、农场职工 Employees in School-run Factories, Farms	附设机构人员 Personnel in Other Subsidiary Units
教师 Teachers				教辅人员 Supporting Staff	行政人员 Adm. Personnel	工勤人员 Workers			
副教授 Asso. Professors	讲师 Lecturers	助教 Assistants	教员 Instructors						
1104	1562	630	165	1208	1590	1233	376	1062	992
140	141	51	19	125	214	126	175	71	217
0	0	0	0	0	0	0	0	0	0
0	0	0	0	0	0	0	0	0	0
0	0	0	0	0	0	0	0	0	0
83	168	60	16	140	82	94	12	28	29
0	0	0	0	0	0	0	0	0	0
62	86	45	0	120	121	106	0	271	20
235	293	99	39	276	200	267	48	389	316
0	0	0	0	0	0	0	0	0	0
199	207	87	10	159	289	153	112	123	192
28	102	56	9	43	100	75	1	39	18
0	0	0	0	0	0	0	0	0	0
43	89	79	26	57	133	108	12	26	70
0	0	0	0	0	0	0	0	0	0
0	0	0	0	0	0	0	0	0	0
0	0	0	0	0	0	0	0	0	0
0	0	0	0	0	0	0	0	0	0
167	184	67	26	110	207	159	16	72	40
0	0	0	0	0	0	0	0	0	0
0	0	0	0	0	0	0	0	0	0
0	0	0	0	0	0	0	0	0	0
0	0	0	0	0	0	0	0	0	0
0	0	0	0	0	0	0	0	0	0
78	146	23	14	88	142	65	0	0	65
0	0	0	0	0	0	0	0	0	0
69	146	63	6	90	102	80	0	43	25
0	0	0	0	0	0	0	0	0	0
0	0	0	0	0	0	0	0	0	0
0	0	0	0	0	0	0	0	0	0
0	0	0	0	0	0	0	0	0	0

高 等 医 药 院

Basic Statistics of

地区 Region	学校数(所) Institutions	本专科学生数 Undergraduate Students: 毕业生数 Graduates	本专科学生数 Undergraduate Students: 招生数 Students Admitted	本专科学生数 Undergraduate Students: 在校学生数 Enrolment	教职 Teachers, Staff: 合计 Total	校本部 Teachers, Staff & Workers: 计 Subtotal	专任 Full-time: 计 Subtotal	专任 Full-time: 教授 Professors
总 计 Total	126	53092	63146	245937	114895	94460	44752	5204
北 京 Beijing	6	1594	1982	8696	15205	9249	5908	1175
天 津 Tianjin	3	897	1332	5267	3101	2583	1163	89
河 北 Hebei	5	3032	4234	16159	5742	4296	1913	147
山 西 Shanxi	4	1745	1855	7062	2818	2666	1176	93
内蒙古 Inner Mongolia	3	1274	1324	5283	2072	2047	921	81
辽 宁 Liaoning	6	3404	3113	14089	6147	5219	2224	225
吉 林 Jilin	5	1844	2480	9343	4419	3791	1988	229
黑龙江 Heilongjiang	5	1752	2306	8350	3777	3037	1375	169
上 海 Shanghai	4	1608	1863	8168	5198	4004	1606	195
江 苏 Jiangsu	8	3344	4485	17979	7800	6712	2843	328
浙 江 Zhejiang	4	1794	2066	8170	3091	2612	1193	115
安 徽 Anhui	4	1591	1900	8323	2761	2521	1182	176
福 建 Fujian	2	1056	1179	4365	1631	1414	603	39
江 西 Jiangxi	6	2375	2758	10035	3617	2940	1442	138
山 东 Shandong	8	4598	4143	15613	5882	5004	2411	245
河 南 Henan	5	2492	2804	10658	4321	3840	1666	128
湖 北 Hubei	7	2404	3247	12778	5925	5104	2190	245
湖 南 Hunan	5	2243	2788	9974	4248	3639	1544	154
广 东 Guangdong	5	2036	3006	11152	4633	3865	1703	216
广 西 Guangxi	5	1947	2431	8364	2728	2440	1187	114
海 南 Hainan	1	262	305	1128	387	377	142	15
四 川 Sichuan	5	3546	4006	15447	6694	5493	2682	304
贵 州 Guizhou	4	1252	1540	5951	2465	2367	1161	86
云 南 Yunnan	3	1198	1326	5165	2265	2001	891	68
西 藏 Tibet	1	30	23	227	130	130	56	3
陕 西 Shaanxi	4	1213	1644	6152	3550	3101	1778	237
甘 肃 Gansu	2	886	1038	3957	1207	1147	500	42
青 海 Qinghai	1	249	250	934	402	402	189	10
宁 夏 Ningxia	1	335	296	1272	512	512	204	36
新 疆 Xinjiang	4	1091	1422	5876	2167	1947	911	102

校基本情况

Institutions of Medicine & Pharmacy

单位：人

工数 & Workers 教职工 in College or Uni. Proper 教师 Teachers 副教授 Asso. Professors	讲师 Lecturers	助教 Assistants	教员 Instructors	教辅人员 Supporting Staff	行政人员 Adm. Personnel	工勤人员 Workers	科研机构人员 Personnel in Affiliated Research Org.	校办工厂、农场职工 Employees in School-run Factories, Farms	附设机构人员 Personnel in Other Subsidiary Units
10800	17696	9427	1625	15760	18259	15689	4210	3869	12356
1156	1876	1579	122	1342	1078	921	86	405	5465
301	467	260	46	437	670	313	271	82	165
446	719	508	93	581	833	969	85	49	1312
260	559	237	27	448	616	426	3	104	45
207	440	150	43	452	293	381	0	0	25
434	985	512	68	872	1159	964	296	426	206
601	610	519	29	386	692	725	273	107	248
343	532	301	30	484	538	640	391	256	93
329	549	477	56	665	991	742	384	459	351
770	1113	519	113	1593	1203	1073	283	385	420
287	474	264	53	468	470	481	193	101	185
310	429	186	81	361	507	471	98	24	118
109	272	173	10	334	252	225	40	105	72
312	572	350	70	491	536	471	8	107	562
679	1095	346	46	737	1117	739	152	99	627
464	690	335	49	665	781	728	42	157	282
530	808	508	99	1010	1162	742	263	170	388
470	564	256	100	616	727	752	285	81	243
463	647	307	70	753	799	610	347	86	335
330	466	235	42	365	518	370	79	98	111
53	61	13	0	65	100	70	4	0	6
624	1208	435	111	902	1157	752	318	322	561
264	523	208	80	461	398	347	53	45	0
256	427	82	58	248	466	396	73	0	191
4	19	22	8	9	34	31	0	0	0
402	857	270	12	434	399	490	158	126	165
123	219	96	20	198	238	211	25	0	35
19	82	39	39	68	67	78	0	0	0
37	91	40	0	108	101	99	0	0	0
217	342	200	50	207	357	472	0	75	145

高等师范院

Basic Statistics of

地区 Region	学校数(所) Institutions	本专科学生数 Undergraduate Students: 毕业生数 Graduates	招生数 Students Admitted	在校学生数 Enrolment	教职工 Teachers, Staff: 合计 Total	校本部 Teachers, Staff & Workers: 计 Subtotal	专任 Full-time: 计 Subtotal	教授 Professors
总计 Total	236	203888	210910	582860	163368	146844	72823	3504
北京 Beijing	3	4006	3993	12815	7473	5773	2605	304
天津 Tianjin	3	3059	3417	8515	2729	2582	1183	83
河北 Hebei	13	13383	13463	32185	8087	7378	3578	152
山西 Shanxi	7	4744	4405	13223	3668	3408	1507	36
内蒙古 Inner Mongolia	6	4763	4099	11190	4289	4091	2207	64
辽宁 Liaoning	13	7395	8502	28253	7643	7131	3759	166
吉林 Jilin	8	6910	7771	21218	6961	6115	3033	213
黑龙江 Heilongjiang	7	5079	4953	14454	4611	4254	2228	127
上海 Shanghai	4	6171	5316	16229	6597	5186	2291	285
江苏 Jiangsu	9	11465	10749	28557	6575	5946	2946	165
浙江 Zhejiang	10	6393	7852	22368	5326	4955	2493	82
安徽 Anhui	13	11093	10118	25368	6859	6335	3391	129
福建 Fujian	8	7695	7673	19031	4967	4675	2365	102
江西 Jiangxi	8	8516	8547	25620	5757	5359	2806	56
山东 Shandong	14	16689	18299	45036	11326	10149	4852	262
河南 Henan	13	13452	13306	30938	8014	7670	3755	137
湖北 Hubei	8	7014	8343	25848	7264	5770	2978	133
湖南 Hunan	12	9896	11421	36123	8249	7297	3576	175
广东 Guangdong	6	6933	8853	25837	5102	4697	2379	155
广西 Guangxi	8	6345	6371	16800	4854	4299	2173	115
海南 Hainan	1	673	988	3230	761	702	374	20
四川 Sichuan	16	17541	16929	46070	11432	10302	5017	199
贵州 Guizhou	10	3690	4241	11850	4035	3829	1790	27
云南 Yunnan	11	4456	5097	14755	4135	3835	1962	48
西藏 Tibet	0	0	0	0	0	0	0	0
陕西 Shaanxi	8	6276	6070	16682	5958	5413	2576	119
甘肃 Gansu	6	5372	5115	14145	4710	3953	2011	86
青海 Qinghai	3	984	1014	3045	1206	1189	652	30
宁夏 Ningxia	2	578	607	1839	753	692	372	7
新疆 Xinjiang	6	3317	3398	11636	4027	3859	1964	27

校基本情况

Teachers Colleges

单位：人

工数 & Workers — 教职工 in College or Uni. Proper — 教师 Teachers: 副教授 Asso. Professors	讲师 Lecturers	助教 Assistants	教员 Instructors	教辅人员 Supporting Staff	行政人员 Adm. Personnel	工勤人员 Workers	科研机构人员 Personnel in Affiliated Research Org.	校办工厂、农场职工 Employees in School-run Factories, Farms	附设机构人员 Personnel in Other Subsidiary Units
18117	31393	15366	4443	19011	29469	25541	2889	5883	7752
962	1050	229	60	856	848	1464	566	915	219
330	597	154	19	358	552	489	17	80	50
865	1499	791	271	989	1457	1354	100	241	368
281	697	390	103	448	756	697	32	72	156
464	1020	624	35	539	815	530	0	57	141
976	1586	790	241	773	1404	1195	87	99	326
829	1266	617	108	836	1257	989	151	369	326
615	949	356	181	439	748	839	7	86	264
760	953	224	69	1017	874	1004	439	697	275
736	1317	502	226	724	1273	1003	42	171	416
488	1238	553	132	607	966	889	17	205	149
783	1513	705	261	705	1150	1089	53	136	335
538	923	664	138	788	867	655	77	84	131
610	1217	687	236	597	1010	946	46	169	183
1287	1975	1097	231	1625	2166	1506	269	335	573
864	1749	783	222	858	1768	1289	8	123	213
874	1140	638	193	748	1252	792	241	689	564
1123	1409	674	195	802	1360	1559	112	242	598
709	941	526	48	710	925	683	127	63	215
543	923	401	191	568	847	711	51	206	298
88	161	90	15	52	138	138	18	0	41
1235	2199	969	415	1242	2279	1764	249	106	775
341	741	492	189	423	989	627	22	50	134
373	902	478	161	517	763	593	50	42	208
0	0	0	0	0	0	0	0	0	0
537	1165	643	112	648	1082	1107	14	41	490
422	767	604	132	504	733	705	83	501	173
82	267	205	68	85	302	150	0	17	0
85	179	81	20	82	143	95	9	0	52
317	1050	399	171	471	745	679	2	87	79

高等语文院
Basic Statistics of

地区 Region	学校数(所) Institutions	本专科学生数 Undergraduate Students: 毕业生数 Graduates	招生数 Students Admitted	在校学生数 Enrolment	教职 Teachers, Staff: 合计 Total	校本部 Teachers, Staff & Workers: 计 Subtotal	专任 Full-time: 计 Subtotal	教授 Professors
总计 Total	15	5984	7489	24628	12479	10691	5214	376
北京 Beijing	7	2046	2605	8377	5750	4940	2443	232
天津 Tianjin	1	825	820	2324	788	761	356	14
河北 Hebei	0	0	0	0	0	0	0	0
山西 Shanxi	0	0	0	0	0	0	0	0
内蒙古 Inner Mongolia	0	75	67	183	210	206	97	0
辽宁 Liaoning	1	309	519	1968	607	571	275	14
吉林 Jilin	0	0	0	0	0	0	0	0
黑龙江 Heilongjiang	0	0	0	0	0	0	0	0
上海 Shanghai	1	500	672	2444	1649	1099	555	51
江苏 Jiangsu	0	0	0	0	0	0	0	0
浙江 Zhejiang	1	212	240	591	148	145	70	2
安徽 Anhui	0	0	0	0	0	0	0	0
福建 Fujian	0	0	0	0	0	0	0	0
江西 Jiangxi	0	0	0	0	0	0	0	0
山东 Shandong	0	0	0	0	0	0	0	0
河南 Henan	0	0	0	0	0	0	0	0
湖北 Hubei	0	0	0	0	0	0	0	0
湖南 Hunan	0	0	0	0	0	0	0	0
广东 Guangdong	1	620	992	3451	1421	1285	599	25
广西 Guangxi	1	145	205	576	79	79	45	1
海南 Hainan	0	0	0	0	0	0	0	0
四川 Sichuan	1	607	677	2249	806	700	315	9
贵州 Guizhou	0	0	0	0	0	0	0	0
云南 Yunnan	0	0	0	0	0	0	0	0
西藏 Tibet	0	0	0	0	0	0	0	0
陕西 Shaanxi	1	645	692	2465	1021	905	459	28
甘肃 Gansu	0	0	0	0	0	0	0	0
青海 Qinghai	0	0	0	0	0	0	0	0
宁夏 Ningxia	0	0	0	0	0	0	0	0
新疆 Xinjiang	0	0	0	0	0	0	0	0

校基本情况

Institutions of Languages & Literatures

单位：人

工数 & Workers 教职工 in College or Uni. Proper 教师 Teachers 副教授 Asso. Professors	讲师 Lecturers	助教 Assistants	教员 Instructors	教辅人员 Supporting Staff	行政人员 Adm. Personnel	工勤人员 Workers	科研机构人员 Personnel in Affiliated Research Org.	校办工厂、农场职工 Employees in School-run Factories, Farms	附设机构人员 Personnel in Other Subsidiary Units
1421	2194	896	327	1337	2158	1982	180	69	1539
797	1000	268	146	501	979	1017	89	46	675
90	175	41	36	131	159	115	2	20	5
0	0	0	0	0	0	0	0	0	0
0	0	0	0	0	0	0	0	0	0
12	46	39	0	21	61	27	4	0	0
67	118	68	8	85	102	109	13	0	23
0	0	0	0	0	0	0	0	0	0
0	0	0	0	0	0	0	0	0	0
136	270	60	38	209	156	179	38	0	512
0	0	0	0	0	0	0	0	0	0
19	21	18	10	15	44	16	0	3	0
0	0	0	0	0	0	0	0	0	0
0	0	0	0	0	0	0	0	0	0
0	0	0	0	0	0	0	0	0	0
0	0	0	0	0	0	0	0	0	0
0	0	0	0	0	0	0	0	0	0
0	0	0	0	0	0	0	0	0	0
0	0	0	0	0	0	0	0	0	0
145	191	230	8	163	293	230	14	0	122
7	17	15	5	8	18	8	0	0	0
0	0	0	0	0	0	0	0	0	0
63	133	56	54	75	185	125	20	0	86
0	0	0	0	0	0	0	0	0	0
0	0	0	0	0	0	0	0	0	0
0	0	0	0	0	0	0	0	0	0
85	223	101	22	129	161	156	0	0	116
0	0	0	0	0	0	0	0	0	0
0	0	0	0	0	0	0	0	0	0
0	0	0	0	0	0	0	0	0	0
0	0	0	0	0	0	0	0	0	0

高等财经院

Basic Statistics of

地　区 Region		学校数(所) Institutions	本专科学生数 Undergraduate Students 毕业生数 Graduates	招生数 Students Admitted	在校学生数 Enrolment	教职 Teachers, Staff 合计 Total	校本部 Teachers, Staff & Workers 计 Subtotal	专任 Full-time 计 Subtotal	教授 Professors
总　计	**Total**	77	50843	60323	185067	48427	43881	20225	1000
北　京	Beijing	6	4006	4952	16511	6126	5228	2376	222
天　津	Tianjin	2	2622	2798	8670	2305	2080	886	55
河　北	Hebei	2	2056	3761	9388	2231	1856	791	11
山　西	Shanxi	3	2758	2552	7672	1772	1736	882	33
内蒙古	Inner Mongolia	1	976	633	2178	665	628	284	3
辽　宁	Liaoning	4	3018	3256	11315	2863	2611	1167	81
吉　林	Jilin	4	1855	2119	6373	1695	1675	695	18
黑龙江	Heilongjiang	4	1981	2450	8384	2242	2080	1015	21
上　海	Shanghai	6	2644	3271	10283	3179	2964	1110	65
江　苏	Jiangsu	4	2074	2382	6266	1632	1399	646	15
浙　江	Zhejiang	3	2229	2678	8676	2090	1757	777	18
安　徽	Anhui	4	2362	2583	7679	2041	1912	885	19
福　建	Fujian	1	259	260	828	146	146	74	1
江　西	Jiangxi	2	1235	2500	7820	1520	1245	640	39
山　东	Shandong	3	3001	3106	8729	2191	2012	959	41
河　南	Henan	3	2076	2113	7175	1628	1544	740	24
湖　北	Hubei	4	2155	2896	9707	2666	2409	1072	88
湖　南	Hunan	4	2468	3228	9801	2426	2257	1040	43
广　东	Guangdong	2	1636	2217	6288	1129	1048	507	25
广　西	Guangxi	2	821	1034	3045	545	532	303	7
海　南	Hainan	0	0	0	0	0	0	0	0
四　川	Sichuan	3	2771	2996	8978	1918	1750	949	80
贵　州	Guizhou	2	692	1080	3045	967	917	443	8
云　南	Yunnan	1	752	866	2790	697	589	307	10
西　藏	Tibet	0	0	0	0	0	0	0	0
陕　西	Shaanxi	4	2720	2558	7105	2009	1906	894	47
甘　肃	Gansu	1	806	1010	2862	732	672	317	17
青　海	Qinghai	0	0	0	0	0	0	0	0
宁　夏	Ningxia	0	0	0	0	0	0	0	0
新　疆	Xinjiang	2	870	1024	3499	1012	928	466	9

校基本情况
Institutions of Finance & Economics

单位:人

工 数 & Workers

教职工 in College or Uni. Proper

教师 Teachers

副教授 Asso. Professors	讲师 Lecturers	助教 Assistants	教员 Instructors	教辅人员 Supporting Staff	行政人员 Adm. Personnel	工勤人员 Workers	科研机构人员 Personnel in Affiliated Research Org.	校办工厂、农场职工 Employees in School-run Factories, Farms	附设机构人员 Personnel in Other Subsidiary Units
4683	9245	3978	1319	4344	10985	8327	769	1657	2120
647	1065	310	132	535	1320	997	116	394	388
233	473	102	23	195	562	437	61	138	26
152	338	249	41	155	541	369	17	192	166
178	352	301	18	201	343	310	10	6	20
68	116	68	29	86	180	78	11	0	26
336	522	178	50	195	742	507	48	41	163
194	301	156	26	268	404	308	10	1	9
275	438	197	84	227	531	307	55	42	65
247	540	155	103	277	895	682	85	15	115
133	300	145	53	128	313	312	41	142	50
166	445	109	39	225	333	422	9	199	125
152	470	146	98	192	470	365	8	2	119
11	28	22	12	12	29	31	0	0	0
162	276	125	38	102	258	245	35	157	83
173	399	286	60	158	579	316	18	55	106
149	363	156	48	164	418	222	0	0	84
329	417	147	91	286	572	479	39	12	206
224	456	259	58	258	461	498	21	124	24
106	209	133	34	69	329	143	3	78	0
48	111	93	44	47	91	91	1	11	1
0	0	0	0	0	0	0	0	0	0
249	412	158	50	126	360	315	87	10	71
92	210	109	24	55	272	147	27	23	0
49	176	43	29	69	146	67	12	0	96
0	0	0	0	0	0	0	0	0	0
184	421	171	71	188	449	375	39	15	49
59	169	63	9	47	165	143	8	0	52
0	0	0	0	0	0	0	0	0	0
0	0	0	0	0	0	0	0	0	0
67	238	97	55	79	222	161	8	0	76

高等政法院

Basic Statistics of

地区 Region	学校数(所) Institutions	本专科学生数 Undergraduate Students			教职 Teachers, Staff			
		毕业生数 Graduates	招生数 Students Admitted	在校学生数 Enrolment	合计 Total	校本部 Teachers, Staff & Workers		
						计 Subtotal	专任 Full-time	
							计 Subtotal	教授 Professors
总计 Total	27	10261	12710	40911	15283	13852	5253	309
北京 Beijing	5	2018	2713	9292	3878	3605	1308	128
天津 Tianjin	0	0	0	0	0	0	0	0
河北 Hebei	1	263	239	910	1356	1042	286	6
山西 Shanxi	1	0	0	0	1322	1015	198	0
内蒙古 Inner Mongolia	0	0	0	0	0	0	0	0
辽宁 Liaoning	2	483	768	2413	1023	1004	429	27
吉林 Jilin	1	243	219	622	262	256	85	2
黑龙江 Heilongjiang	0	0	0	0	0	0	0	0
上海 Shanghai	2	1100	997	3487	1090	967	396	28
江苏 Jiangsu	1	407	502	1515	350	341	155	2
浙江 Zhejiang	1	219	350	1047	227	227	82	1
安徽 Anhui	0	0	0	0	0	0	0	0
福建 Fujian	1	196	299	896	202	202	92	0
江西 Jiangxi	1	215	250	744	299	299	117	1
山东 Shandong	1	433	380	998	368	355	122	3
河南 Henan	1	280	300	759	249	249	99	1
湖北 Hubei	2	792	1554	5413	1119	1042	508	30
湖南 Hunan	1	349	420	1219	230	224	112	1
广东 Guangdong	1	0	256	788	318	313	119	4
广西 Guangxi	0	0	0	0	0	0	0	0
海南 Hainan	0	0	0	0	0	0	0	0
四川 Sichuan	1	1453	1332	3995	1178	993	404	39
贵州 Guizhou	0	0	0	0	0	0	0	0
云南 Yunnan	2	592	672	1994	582	553	227	1
西藏 Tibet	0	0	0	0	0	0	0	0
陕西 Shaanxi	1	971	909	3237	882	849	337	28
甘肃 Gansu	1	247	550	1582	348	316	177	7
青海 Qinghai	0	0	0	0	0	0	0	0
宁夏 Ningxia	0	0	0	0	0	0	0	0
新疆 Xinjiang	0	0	0	0	0	0	0	0

校基本情况

Institutions of Political Science & Law

单位:人

工数 & Workers									
教职工 in College or Uni. Proper							科研机构人员 Personnel in Affiliated Research Org.	校办工厂、农场职工 Employees in School－run Factories, Farms	附设机构人员 Personnel in Other Subsidiary Units
教师 Teachers				教辅人员 Supporting Staff	行政人员 Adm. Personnel	工勤人员 Workers			
副教授 Asso. Professors	讲师 Lecturers	助教 Assistants	教员 Instructors						
1073	2312	1127	432	1499	4144	2956	203	630	598
367	577	188	48	618	892	787	81	21	171
0	0	0	0	0	0	0	0	0	0
44	110	84	42	25	319	412	18	255	41
20	46	84	48	21	247	549	0	232	75
0	0	0	0	0	0	0	0	0	0
86	217	72	27	111	344	120	0	0	19
13	40	21	9	48	101	22	6	0	0
0	0	0	0	0	0	0	0	0	0
78	208	57	25	100	326	145	32	47	44
18	77	45	13	33	119	34	0	0	9
9	44	22	6	24	87	34	0	0	0
0	0	0	0	0	0	0	0	0	0
9	32	45	6	22	85	3	0	0	0
11	35	40	30	29	115	38	0	0	0
26	62	25	6	25	169	39	0	13	0
13	41	30	14	13	114	23	0	0	0
98	199	140	41	79	320	135	5	0	72
10	50	39	12	22	70	20	0	0	6
29	50	19	17	57	81	56	5	0	0
0	0	0	0	0	0	0	0	0	0
0	0	0	0	0	0	0	0	0	0
98	190	48	29	106	269	214	20	49	116
0	0	0	0	0	0	0	0	0	0
25	102	65	34	47	219	60	12	0	17
0	0	0	0	0	0	0	0	0	0
100	175	34	0	90	208	214	17	9	7
19	57	69	25	29	59	51	7	4	21
0	0	0	0	0	0	0	0	0	0
0	0	0	0	0	0	0	0	0	0
0	0	0	0	0	0	0	0	0	0

高等体育院

Basic Statistics of

地区 Region	学校数(所) Institutions	本专科学生数 Undergraduate Students			教职 Teachers, Staff			
		毕业生数 Graduates	招生数 Students Admitted	在校学生数 Enrolment	合计 Total	校本部 Teachers, Staff & Workers		
						计 Subtotal	专任 Full-time	
							计 Subtotal	教授 Professors
总计 Total	14	4863	6004	17344	7164	6538	3171	193
北京 Beijing	1	566	512	2003	1157	1053	420	25
天津 Tianjin	1	379	420	1058	452	452	203	15
河北 Hebei	1	268	260	690	213	211	94	2
山西 Shanxi	0	0	0	0	0	0	0	0
内蒙古 Inner Mongolia	0	0	0	0	0	0	0	0
辽宁 Liaoning	1	450	550	1622	661	604	296	14
吉林 Jilin	1	173	237	641	178	169	70	3
黑龙江 Heilongjiang	1	268	450	1346	328	328	171	16
上海 Shanghai	1	390	546	1797	826	682	420	29
江苏 Jiangsu	1	145	180	483	215	215	106	6
浙江 Zhejiang	0	0	0	0	0	0	0	0
安徽 Anhui	0	0	0	0	0	0	0	0
福建 Fujian	0	0	0	0	0	0	0	0
江西 Jiangxi	0	0	0	0	0	0	0	0
山东 Shandong	1	249	300	832	378	334	134	9
河南 Henan	0	0	0	0	0	0	0	0
湖北 Hubei	1	374	640	1578	839	708	402	14
湖南 Hunan	0	0	0	0	0	0	0	0
广东 Guangdong	1	453	677	1918	466	423	205	24
广西 Guangxi	1	272	282	542	124	122	66	2
海南 Hainan	0	0	0	0	0	0	0	0
四川 Sichuan	1	475	450	1402	648	606	320	18
贵州 Guizhou	0	0	0	0	0	0	0	0
云南 Yunnan	0	0	0	0	0	0	0	0
西藏 Tibet	0	0	0	0	0	0	0	0
陕西 Shaanxi	1	401	500	1432	679	631	264	16
甘肃 Gansu	0	0	0	0	0	0	0	0
青海 Qinghai	0	0	0	0	0	0	0	0
宁夏 Ningxia	0	0	0	0	0	0	0	0
新疆 Xinjiang	0	0	0	0	0	0	0	0

校基本情况

Institutions of Physical Culture

单位:人

工数 & Workers									
教职工 in College or Uni. Proper							科研机构人员 Personnel in Affiliated Research Org.	校办工厂、农场职工 Employees in School-run Factories, Farms	附设机构人员 Personnel in Other Subsidiary Units
教师 Teachers				教辅人员 Supporting Staff	行政人员 Adm. Personnel	工勤人员 Workers			
副教授 Asso. Professors	讲师 Lecturers	助教 Assistants	教员 Instrructors						
774	1375	762	67	702	1287	1378	81	33	512
130	167	98	0	296	93	244	26	0	78
39	108	28	13	13	146	90	0	0	0
17	44	25	6	14	69	34	0	0	2
0	0	0	0	0	0	0	0	0	0
0	0	0	0	0	0	0	0	0	0
64	155	52	11	44	137	127	0	0	57
23	27	16	1	14	50	35	0	0	9
46	73	36	0	34	39	84	0	0	0
96	164	119	12	33	124	105	24	14	106
25	51	21	3	13	61	35	0	0	0
0	0	0	0	0	0	0	0	0	0
0	0	0	0	0	0	0	0	0	0
0	0	0	0	0	0	0	0	0	0
0	0	0	0	0	0	0	0	0	0
47	55	19	4	53	82	65	5	17	22
0	0	0	0	0	0	0	0	0	0
79	143	166	0	1	82	223	16	0	115
0	0	0	0	0	0	0	0	0	0
62	86	27	6	49	118	51	8	2	33
17	36	8	3	4	31	21	2	0	0
0	0	0	0	0	0	0	0	0	0
66	148	80	8	63	116	107	0	0	42
0	0	0	0	0	0	0	0	0	0
0	0	0	0	0	0	0	0	0	0
0	0	0	0	0	0	0	0	0	0
63	118	67	0	71	139	157	0	0	48
0	0	0	0	0	0	0	0	0	0
0	0	0	0	0	0	0	0	0	0
0	0	0	0	0	0	0	0	0	0
0	0	0	0	0	0	0	0	0	0

高等艺术院

Basic Statistics of

地区 Region	学校数(所) Institutions	本专科学生数 Undergraduate Students			教职 Teachers, Staff			
						校本部 Teachers, Staff & Workers		
							专任 Full-time	
		毕业生数 Graduates	招生数 Students Admitted	在校学生数 Enrolment	合计 Total	计 Subtotal	计 Subtotal	教授 Professors
总计 Total	31	4755	5564	17574	12466	11665	5812	512
北京 Beijing	8	516	963	3170	3269	3041	1298	168
天津 Tianjin	2	260	315	1031	675	619	330	46
河北 Hebei	0	0	0	0	0	0	0	0
山西 Shanxi	0	0	0	0	0	0	0	0
内蒙古 Inner Mongolia	0	126	120	332	272	265	137	0
辽宁 Liaoning	2	391	405	1498	910	865	463	36
吉林 Jilin	1	205	368	985	627	611	368	18
黑龙江 Heilongjiang	0	0	0	0	0	0	0	0
上海 Shanghai	2	117	225	777	795	686	274	31
江苏 Jiangsu	1	189	162	590	414	397	233	20
浙江 Zhejiang	1	85	99	372	409	365	173	22
安徽 Anhui	0	0	0	0	0	0	0	0
福建 Fujian	0	0	0	0	0	0	0	0
江西 Jiangxi	0	0	0	0	0	0	0	0
山东 Shandong	2	660	488	1407	722	658	339	33
河南 Henan	0	0	0	0	0	0	0	0
湖北 Hubei	2	318	364	1047	667	629	312	22
湖南 Hunan	0	0	0	0	0	0	0	0
广东 Guangdong	2	397	466	1416	724	713	369	31
广西 Guangxi	1	181	188	779	393	383	180	11
海南 Hainan	0	0	0	0	0	0	0	0
四川 Sichuan	2	429	548	1459	790	699	383	34
贵州 Guizhou	1	168	145	377	138	138	109	3
云南 Yunnan	1	284	259	760	462	453	195	6
西藏 Tibet	0	0	0	0	0	0	0	0
陕西 Shaanxi	2	338	343	1131	855	799	448	28
甘肃 Gansu	0	0	0	0	0	0	0	0
青海 Qinghai	0	0	0	0	0	0	0	0
宁夏 Ningxia	0	0	0	0	0	0	0	0
新疆 Xinjiang	1	91	106	443	344	344	201	3

校基本情况

Institutions of Art

单位:人

工数 & Workers									
教职工 in College or Uni. Proper							科研机构人员 Personnel in Affiliated Research Org.	校办工厂、农场职工 Employees in School-run Factories, Farms	附设机构人员 Personnel in Other Subsidiary Units
教师 Teachers				教辅人员 Supporting Staff	行政人员 Adm. Personnel	工勤人员 Workers			
副教授 Asso. Professors	讲师 Lecturers	助教 Assistants	教员 Instructors						
1538	2248	1184	330	1320	2709	1824	236	179	386
385	472	217	56	584	680	479	107	35	86
70	125	75	14	51	147	91	18	12	26
0	0	0	0	0	0	0	0	0	0
0	0	0	0	0	0	0	0	0	0
15	62	47	13	35	75	18	7	0	0
125	164	119	19	60	209	133	3	6	36
71	151	98	30	58	112	73	10	3	3
0	0	0	0	0	0	0	0	0	0
106	103	27	7	84	212	116	34	21	54
73	114	17	9	29	87	48	0	0	17
62	72	17	0	50	78	64	0	8	36
0	0	0	0	0	0	0	0	0	0
0	0	0	0	0	0	0	0	0	0
0	0	0	0	0	0	0	0	0	0
80	158	64	4	20	158	141	16	35	13
0	0	0	0	0	0	0	0	0	0
91	114	72	13	79	157	81	5	10	23
0	0	0	0	0	0	0	0	0	0
98	144	82	14	49	200	95	11	0	0
61	66	24	18	67	76	60	7	0	3
0	0	0	0	0	0	0	0	0	0
115	121	80	33	43	121	152	18	23	50
15	33	47	11	11	18	0	0	0	0
43	91	42	13	26	127	105	0	0	9
0	0	0	0	0	0	0	0	0	0
90	179	96	55	48	192	111	0	26	30
0	0	0	0	0	0	0	0	0	0
0	0	0	0	0	0	0	0	0	0
0	0	0	0	0	0	0	0	0	0
38	79	60	21	26	60	57	0	0	0

高等民族院

Basic Statistics of

地区 Region	学校数(所) Institutions	本专科学生数 Undergraduate Students			教职 Teachers, Staff			
		毕业生数 Graduates	招生数 Students Admitted	在校学生数 Enrolment	合计 Total	校本部 Teachers, Staff & Workers		
						计 Subtotal	专任 Full-time	
							计 Subtotal	教授 Professors
总计 Total	12	8961	10503	32625	10752	9551	4629	188
北京 Beijing	1	885	1174	3512	1821	1518	740	53
天津 Tianjin	0	0	0	0	0	0	0	0
河北 Hebei	0	0	0	0	0	0	0	0
山西 Shanxi	0	0	0	0	0	0	0	0
内蒙古 Inner Mongolia	0	0	0	0	0	0	0	0
辽宁 Liaoning	0	0	0	0	0	0	0	0
吉林 Jilin	0	0	0	0	0	0	0	0
黑龙江 Heilongjiang	0	0	0	0	0	0	0	0
上海 Shanghai	0	0	0	0	0	0	0	0
江苏 Jiangsu	0	0	0	0	0	0	0	0
浙江 Zhejiang	0	0	0	0	0	0	0	0
安徽 Anhui	0	0	0	0	0	0	0	0
福建 Fujian	0	0	0	0	0	0	0	0
江西 Jiangxi	0	0	0	0	0	0	0	0
山东 Shandong	0	0	0	0	0	0	0	0
河南 Henan	0	0	0	0	0	0	0	0
湖北 Hubei	2	1525	1953	6961	1806	1530	822	23
湖南 Hunan	0	0	0	0	0	0	0	0
广东 Guangdong	1	564	817	2464	463	434	202	5
广西 Guangxi	1	975	1135	3602	1050	950	500	26
海南 Hainan	0	0	0	0	0	0	0	0
四川 Sichuan	1	1655	1402	3585	1143	1051	448	24
贵州 Guizhou	1	370	863	2663	920	915	430	9
云南 Yunnan	1	891	833	2528	984	888	396	16
西藏 Tibet	1	170	542	1539	591	554	233	9
陕西 Shaanxi	0	0	0	0	0	0	0	0
甘肃 Gansu	1	1164	949	2613	1000	868	437	10
青海 Qinghai	1	371	445	1450	589	493	222	9
宁夏 Ningxia	1	391	390	1708	385	350	199	4
新疆 Xinjiang	0	0	0	0	0	0	0	0

校基本情况

Institutions of Nationalities

单位:人

工 数 & Workers / 教 职 工 in College or Uni. Proper / 教 师 Teachers / 副教授 Asso. Professors	讲 师 Lecturers	助 教 Assistants	教 员 Instructors	教辅人员 Supporting Staff	行政人员 Adm. Personnel	工勤人员 Workers	科研机构人员 Personnel in Affiliated Research Org.	校办工厂、农场职工 Employees in School－run Factories, Farms	附设机构人员 Personnel in Other Subsidiary Units
1070	2152	1009	210	1023	2190	1709	388	123	690
193	326	160	8	82	350	346	167	0	136
0	0	0	0	0	0	0	0	0	0
0	0	0	0	0	0	0	0	0	0
0	0	0	0	0	0	0	0	0	0
0	0	0	0	0	0	0	0	0	0
0	0	0	0	0	0	0	0	0	0
0	0	0	0	0	0	0	0	0	0
0	0	0	0	0	0	0	0	0	0
0	0	0	0	0	0	0	0	0	0
0	0	0	0	0	0	0	0	0	0
0	0	0	0	0	0	0	0	0	0
0	0	0	0	0	0	0	0	0	0
0	0	0	0	0	0	0	0	0	0
0	0	0	0	0	0	0	0	0	0
0	0	0	0	0	0	0	0	0	0
0	0	0	0	0	0	0	0	0	0
205	339	190	65	262	179	267	32	21	223
0	0	0	0	0	0	0	0	0	0
57	88	30	22	51	99	82	9	0	20
158	189	122	5	173	122	155	0	0	100
0	0	0	0	0	0	0	0	0	0
127	236	49	12	108	337	158	43	49	0
70	248	83	20	23	293	169	5	0	0
90	219	50	21	101	256	135	53	0	43
27	128	53	16	53	150	118	2	21	14
0	0	0	0	0	0	0	0	0	0
81	217	113	16	60	232	139	43	30	59
39	98	62	14	72	121	78	31	0	65
23	64	97	11	38	51	62	3	2	30
0	0	0	0	0	0	0	0	0	0

普通高等学校女学

Number of Female Students, Teachers, Staff &

地区 Region		本专科学生数 Undergraduate Students		教职 Teachers, Staff			
	毕业生数 Graduates	招生数 Students Admitted	在校学生数 Enrolment	合计 Total	校本部 Teachers, Staff & Workers		
					计 Subtotal	专任 Full-time	
						计 Subtotal	教授 Professors
总计 Total	275371	340644	1029286	401995	319743	132401	4286
北京 Beijing	16496	20144	68196	47340	35142	15150	1166
天津 Tianjin	8576	9344	27693	10809	8744	3841	125
河北 Hebei	17511	20632	58118	15347	12005	5504	107
山西 Shanxi	8386	8980	28392	9484	8209	3304	76
内蒙古 Inner Mongolia	5990	5791	17467	6019	5208	2456	38
辽宁 Liaoning	17636	22030	72886	23410	19961	8793	189
吉林 Jilin	9456	11928	37065	14998	12316	5554	118
黑龙江 Heilongjiang	10365	13220	40697	16524	13251	5814	151
上海 Shanghai	14292	18070	54880	25855	19500	6785	240
江苏 Jiangsu	18491	23235	67930	24737	19186	7583	273
浙江 Zhejiang	8433	11806	36006	10507	8709	3356	74
安徽 Anhui	6814	7433	21431	8666	7138	3007	88
福建 Fujian	5909	7456	20796	7032	5814	2518	39
江西 Jiangxi	5587	7289	21885	8862	6495	2639	51
山东 Shandong	17605	22011	59455	18821	14669	6257	215
河南 Henan	12543	15664	44167	14144	11322	4861	78
湖北 Hubei	11536	16959	53763	25710	19456	7268	263
湖南 Hunan	10572	12845	40985	14975	12005	4526	98
广东 Guangdong	10888	18138	52121	17178	13627	5315	142
广西 Guangxi	5942	6829	19430	6977	5870	2351	45
海南 Hainan	1034	1123	3754	1321	962	415	9
四川 Sichuan	19396	21635	63511	25575	20496	8156	299
贵州 Guizhou	3143	4075	12348	5190	4687	2045	35
云南 Yunnan	6078	6316	19723	7151	6215	2616	57
西藏 Tibet	201	474	1448	646	582	249	1
陕西 Shaanxi	11215	14225	41770	18771	15161	6141	213
甘肃 Gansu	4211	4702	14146	5700	4539	1839	44
青海 Qinghai	932	1222	3316	1153	1066	530	9
宁夏 Ningxia	1254	1333	4639	1607	1372	671	18
新疆 Xinjiang	4879	5735	21268	7486	6036	2857	25

生和女教职工数

Workers in Regular Higher Educational Institutions

单位:人

工数 & Workers									
教职工 in College or Uni. Proper							科研机构人员 Personnel in Affiliated Research Org.	校办工厂、农场职工 Employees in School-run Factories, Farms	附设机构人员 Personnel in Other Subsidiary Units
教师 Teachers				教辅人员 Supporting Staff	行政人员 Adm. Personnel	工勤人员 Workers			
副教授 Asso. Professors	讲师 Lecturers	助教 Assistants	教员 Instructors						
25796	59834	33543	8942	61651	66596	59095	13449	22385	46418
4127	6230	2876	751	6932	7292	5768	2037	1635	8526
954	1834	704	224	1517	1844	1542	585	609	871
908	2440	1604	445	2200	2195	2106	258	1023	2061
411	1451	1118	248	1465	1595	1845	127	501	647
377	1123	726	192	1053	896	803	82	412	317
1477	4249	2392	486	3897	4446	2825	484	979	1986
1021	2477	1661	277	2304	2369	2089	494	788	1400
1152	2746	1423	342	2314	2790	2333	623	1267	1383
1415	3082	1744	304	3707	4419	4589	1615	1918	2822
1569	3420	1764	557	4066	4126	3411	921	1850	2780
530	1583	866	303	1580	1772	2001	320	540	938
646	1380	623	270	1547	1337	1247	370	286	872
288	1078	916	197	1125	1168	1003	193	322	703
441	1060	885	202	1340	1189	1327	92	1087	1188
1324	2736	1618	364	3098	2929	2385	488	989	2675
870	2440	1119	354	2205	2386	1870	156	1301	1365
1623	2960	1858	564	4159	4362	3667	1118	1669	3467
885	2004	1113	426	2369	2371	2739	362	681	1927
1032	2457	1491	193	2813	3120	2379	580	518	2453
407	1051	636	212	1172	1235	1112	88	391	628
79	200	101	26	149	192	206	15	0	344
1714	3738	1782	623	3659	4674	4007	1323	937	2819
281	936	605	188	727	1161	754	43	163	297
491	1312	539	217	1086	1379	1134	221	118	597
8	129	68	43	85	147	101	3	15	46
993	2976	1561	398	2768	2757	3495	566	907	2137
289	808	574	124	892	835	973	198	454	509
20	228	179	94	198	201	137	10	7	70
85	309	202	57	220	255	226	26	93	116
379	1397	795	261	1004	1154	1021	51	925	474

中等专业学

Basic Statistics of

地　区 Region	学校数(所) Schools	毕业生数 Graduates	招生数 Entrants 计 Total	招高中毕业生数 Graduates From Senior Sec. School	招初中毕业生数 Graduates From Junior Sec. School	在校学生数 Enrolment	合　计 Total	计 Subtotal
总　计　Total	4049	839167	1380928	205506	1175422	3721529	529853	491304
北　京　Beijing	119	17697	27911	2254	25657	75893	15201	13896
天　津　Tianjin	75	10718	20532	1637	18895	59731	10455	9476
河　北　Hebei	202	46948	65523	15037	50486	180268	26282	25000
山　西　Shanxi	129	31474	35898	8858	27040	107443	18225	17429
内蒙古　Inner Mongolia	104	16269	19019	5136	13883	57656	15841	14798
辽　宁　Liaoning	170	33809	43621	5837	37784	140321	25613	23871
吉　林　Jilin	124	23462	42883	8122	34761	113969	18425	16961
黑龙江　Heilongjiang	111	23369	35879	6818	29061	100003	18075	16387
上　海　Shanghai	100	22601	41244	5570	35674	108521	15915	13726
江　苏　Jiangsu	213	51657	122744	8049	114695	318719	26735	24468
浙　江　Zhejiang	158	29023	60025	10324	49701	139062	16082	14815
安　徽　Anhui	152	32014	44128	9005	35123	120842	16624	15619
福　建　Fujian	109	22465	33713	4450	29263	96833	12458	11819
江　西　Jiangxi	105	26564	41979	7310	34669	106297	13831	12540
山　东　Shandong	244	58680	95442	14831	80611	258801	36084	33684
河　南　Henan	182	55129	85298	12160	73138	214283	27978	26027
湖　北　Hubei	241	52245	115007	7196	107811	299284	33061	30352
湖　南　Hunan	150	32999	66334	6571	59763	186108	22869	20944
广　东　Guangdong	241	44181	88495	14056	74439	217430	23873	22903
广　西　Guangxi	123	28331	40669	5546	35123	116667	17005	14983
海　南　Hainan	30	4583	7939	1813	6126	19069	2888	2807
四　川　Sichuan	298	60069	92873	12997	79876	255353	38352	34849
贵　州　Guizhou	110	19856	28309	5029	23280	72919	12050	11704
云　南　Yunnan	143	26253	35073	4430	30643	102646	15200	14797
西　藏　Tibet	16	1196	1707	3	1704	5575	1463	1386
陕　西　Shaanxi	112	23959	34833	8851	25982	95068	16497	14540
甘　肃　Gansu	113	17178	19807	4776	15031	58030	13128	12475
青　海　Qinghai	34	3280	4271	1169	3102	13643	3048	3024
宁　夏　Ningxia	26	4177	4512	960	3552	12463	3075	2907
新　疆　Xinjiang	115	18981	25260	6711	18549	68632	13520	13117

校基本情况

Specialized Secondary Schools

单位: 人

教职工数 Teachers, Staff & Workers: 校本部教职工 Employees in the School Proper: 专任教师 Full-time Teachers: 计 Subtotal	高级讲师 Senior Lecturers	讲师 Lecturers	助理讲师 Assistant Lecturers	教员 Instructors	教辅人员 Supporting Staff	行政人员 Adm. Personnel	工勤人员 Workers	校办厂、场职工 Employees in School-run Factories & Farms	附设机构人员 Employees in Subsidiary Units	兼任教师数(不在教工数中) Part-time Teachers
256777	36803	102283	103243	14448	47304	100689	86534	25225	13324	6722
6510	1115	2873	2259	263	1526	3227	2633	859	446	404
4751	854	1939	1854	104	890	2223	1612	751	228	127
13291	1485	4938	5908	960	2336	4829	4544	929	353	294
9161	1160	3529	3947	525	1512	3600	3156	496	300	10
7493	834	3148	3234	277	1638	3064	2603	603	440	0
12305	2169	5239	4479	418	2412	4855	4299	1036	706	227
8816	1352	3438	3664	362	1566	3731	2848	991	473	117
7757	1520	3788	2231	218	1635	3314	3681	965	723	275
6372	1022	3255	1922	173	1462	2761	3131	1740	449	184
12969	1837	5295	4981	856	2405	4940	4154	1827	440	558
7765	952	3511	2914	388	1547	3185	2318	842	425	1299
8480	1551	3479	3108	342	1513	3054	2572	604	401	335
6703	667	2381	3222	433	996	2484	1636	408	231	176
6971	916	2678	2932	445	1171	2316	2082	1014	277	118
18211	3156	6439	7394	1222	3059	7366	5048	1801	599	120
14126	2119	5506	5742	759	2355	5241	4305	1206	745	67
17124	2470	6644	6713	1297	2768	5845	4615	1837	872	616
10559	1841	4318	3671	729	2276	4232	3877	1394	531	323
12479	1510	4390	5774	805	2180	4712	3532	383	587	559
7797	1205	3585	2634	373	1552	2828	2806	660	1362	66
1461	164	448	720	129	213	532	601	35	46	20
17721	2834	6889	7068	930	3751	7099	6278	2276	1227	368
6221	542	2129	3053	497	947	2737	1799	155	191	133
7886	757	2962	3755	412	1274	2751	2886	173	230	115
746	20	292	406	28	70	265	305	26	51	5
7036	1066	3061	2491	418	1482	3375	2647	1540	417	105
6341	680	2410	2897	354	1112	2366	2656	353	300	57
1691	108	572	837	174	212	522	599	2	22	15
1494	196	742	510	46	276	531	606	100	68	10
6540	701	2405	2923	511	1168	2704	2705	219	184	19

中等技术学

Basic Statistics of

地区 Region	学校数(所) Schools	毕业生数 Graduates	招生数 Entrants 计 Total	招高中毕业生数 Graduates From Senior Sec. School	招初中毕业生数 Graduates From Junior Sec. School	在校学生数 Enrolment	合计 Total	计 Subtotal
总计 Total	3152	594414	1072621	166456	906165	2873552	418002	383914
北京 Beijing	99	13790	23352	2254	21098	61394	12740	11521
天津 Tianjin	65	8864	17859	1637	16222	51867	9058	8172
河北 Hebei	136	31914	47833	10497	37336	131949	19744	18632
山西 Shanxi	105	21917	26737	6478	20259	82484	14777	14050
内蒙古 Inner Mongolia	82	12449	14647	4827	9820	43953	12687	11707
辽宁 Liaoning	140	24505	35664	4738	30926	108139	20569	19090
吉林 Jilin	100	17026	34099	5487	28612	86992	15199	13923
黑龙江 Heilongjiang	81	16177	26806	6608	20198	71239	14087	12635
上海 Shanghai	89	19754	38440	5564	32876	99609	14349	12270
江苏 Jiangsu	177	42418	108661	6348	102313	279126	21584	19917
浙江 Zhejiang	129	20619	48299	8243	40056	108258	13022	11960
安徽 Anhui	111	23866	35156	8214	26942	94987	12562	11689
福建 Fujian	84	13936	21210	1437	19773	65291	9027	8515
江西 Jiangxi	79	16892	29799	5680	24119	75753	10586	9352
山东 Shandong	183	42887	77365	13015	64350	212030	27879	25961
河南 Henan	137	31003	54487	12160	42327	138940	20270	18532
湖北 Hubei	204	42843	97342	5522	91820	255177	27611	25291
湖南 Hunan	118	21919	52220	2582	49638	150986	18922	17120
广东 Guangdong	196	31743	64779	10531	54248	162929	18026	17263
广西 Guangxi	97	18883	32328	5546	26782	83525	13236	11329
海南 Hainan	22	2506	4812	1155	3657	10754	1892	1847
四川 Sichuan	190	38434	69137	10704	58433	188197	28208	24965
贵州 Guizhou	82	13702	20351	4884	15467	51804	9363	9039
云南 Yunnan	115	18121	25645	4430	21215	74469	11782	11396
西藏 Tibet	11	693	872	3	869	3079	1003	946
陕西 Shaanxi	90	16374	25977	7057	18920	71947	13573	11679
甘肃 Gansu	91	12627	14708	3769	10939	42044	10702	10128
青海 Qinghai	23	2134	2557	869	1688	7744	2155	2135
宁夏 Ningxia	22	2668	2884	879	2005	8352	2493	2347
新疆 Xinjiang	94	13750	18595	5338	13257	50534	10896	10503

校基本情况

Secondary Technical Schools

单位:人

教职工数 Teachers, Staff & Workers										兼任教师数(不在教工数中) Part-time Teachers
校本部教职工 Employees in the School Proper								校办厂、场职工 Employees in School-run Factories & Farms	附设机构人员 Employees in Subsidiary Units	
专任教师 Full-time Teachers					教辅人员 Supporting Staff	行政人员 Adm. Personnel	工勤人员 Workers			
计 Subtotal	高级讲师 Senior Lecturers	讲师 Lecturers	助理讲师 Assistant Lecturers	教员 Instructors						
195064	28965	81221	75388	9490	38893	81447	68510	22134	11954	6525
5309	886	2476	1771	176	1245	2715	2252	807	412	404
4069	765	1696	1530	78	783	1896	1424	711	175	127
9701	1178	3791	4113	619	1806	3705	3420	767	345	288
7376	958	2876	3165	377	1303	2876	2495	448	279	10
5839	656	2540	2437	206	1396	2524	1948	546	434	0
9575	1772	4220	3317	266	2108	3879	3528	825	654	227
7120	1180	2979	2712	249	1411	2992	2400	836	440	117
5726	1202	2762	1622	140	1408	2536	2965	807	645	260
5557	860	2898	1645	154	1299	2532	2882	1648	431	184
10419	1488	4338	3979	614	1973	4150	3375	1285	382	551
6083	773	2822	2184	304	1323	2656	1898	711	351	1294
6269	1213	2682	2175	199	1129	2334	1957	531	342	326
4677	502	1783	2123	269	817	1827	1194	350	162	175
5019	684	2028	2016	291	898	1835	1600	986	248	85
13879	2523	5093	5413	850	2328	5907	3847	1422	496	119
9708	1455	3956	3797	500	1798	3858	3168	1080	658	64
13771	1996	5696	5264	815	2340	5297	3883	1566	754	592
8533	1444	3559	2970	560	1935	3455	3197	1322	480	310
8852	1126	3398	3949	379	1771	3961	2679	314	449	556
5630	900	2714	1804	212	1282	2280	2137	632	1275	64
932	89	286	497	60	149	405	361	4	41	13
12326	2038	5265	4513	510	2853	5340	4446	2044	1199	320
4600	414	1678	2169	339	819	2176	1444	153	171	125
5940	615	2249	2781	295	1015	2260	2181	168	218	115
498	16	195	271	16	52	204	192	26	31	0
5391	891	2407	1793	300	1278	2805	2205	1521	373	105
4962	541	1934	2233	254	954	1911	2301	329	245	57
1130	84	423	549	74	152	416	437	2	18	8
1178	147	594	398	39	243	440	486	80	66	10
4995	569	1883	2198	345	1025	2275	2208	213	180	19

中 等 工 业 学

Basic Statistics of

地 区 Region	学校数(所) Schools	毕业生数 Graduates	招生数 Entrants			在校学生数 Enrolment		
			计 Total	招高中毕业生数 Graduates From Senior Sec. School	招初中毕业生数 Graduates From Junior Sec. School		合计 Total	计 Subtotal
总 计 Total	990	231234	442333	55872	386461	1211030	172077	152782
北 京 Beijing	32	8157	14191	1554	12637	36344	6615	5632
天 津 Tianjin	25	5161	9294	639	8655	29480	4950	4135
河 北 Hebei	34	9326	14776	2032	12744	42005	7117	6330
山 西 Shanxi	25	7500	9325	2880	6445	28039	5026	4711
内蒙古 Inner Mongolia	27	4395	5709	1491	4218	18312	5040	4484
辽 宁 Liaoning	52	12483	18801	1878	16923	56521	10236	9431
吉 林 Jilin	26	5661	11364	2199	9165	28651	5340	5062
黑龙江 Heilongjiang	24	5564	8114	3468	4646	20884	4595	4110
上 海 Shanghai	38	8731	17620	2680	14940	45678	8591	6852
江 苏 Jiangsu	76	24557	73957	2430	71527	183171	11211	10001
浙 江 Zhejiang	37	6859	13117	2935	10182	31035	5071	4434
安 徽 Anhui	44	10299	15936	3072	12864	45493	5423	4958
福 建 Fujian	25	5649	8322	230	8092	26493	3689	3343
江 西 Jiangxi	25	6246	12508	2060	10448	31109	4463	3818
山 东 Shandong	64	14290	29735	3458	26277	83155	10759	9745
河 南 Henan	39	10913	20457	3257	17200	55736	7386	6697
湖 北 Hubei	70	16968	40133	2575	37558	109989	12163	10650
湖 南 Hunan	41	7996	19769	805	18964	58698	8691	7546
广 东 Guangdong	63	12328	26472	2552	23920	71602	7384	7051
广 西 Guangxi	25	6213	9058	1132	7926	24835	4177	3793
海 南 Hainan	4	287	878	50	828	1799	357	345
四 川 Sichuan	59	15095	25363	3804	21559	74709	12000	9952
贵 州 Guizhou	21	3860	6532	1627	4905	16874	2746	2694
云 南 Yunnan	26	4514	6673	910	5763	21296	3694	3485
西 藏 Tibet	2	40	139	0	139	426	175	175
陕 西 Shaanxi	26	7104	10673	3105	7568	30853	5554	4410
甘 肃 Gansu	29	5785	6597	1797	4800	17910	4936	4562
青 海 Qinghai	7	365	640	50	590	2102	616	610
宁 夏 Ningxia	5	640	632	95	537	2114	741	659
新 疆 Xinjiang	19	4248	5548	1107	4441	15717	3331	3107

校基本情况

Secondary Industrial Schools

单位:人

教职工数 Teachers, Staff & Workers										兼任教师数(不在教工数中) Part-time Teachers
校本部教职工 Employees in the School Proper								校办厂、场职工 Employees in School-run Factories & Farms	附设机构人员 Employees in Subsidiary Units	
专任教师 Full-time Teachers					教辅人员 Supporting Staff	行政人员 Adm. Personnel	工勤人员 Workers			
计 Subtotal	高级讲师 Senior Lecturers	讲师 Lecturers	助理讲师 Assistant Lecturers	教员 Instructors						
75976	11902	32348	28192	3534	17135	31822	27849	14859	4436	1736
2537	399	1229	796	113	689	1323	1083	678	305	126
1939	391	866	644	38	495	937	764	671	144	39
3168	382	1304	1310	172	709	1230	1223	585	202	68
2383	354	931	1038	60	472	891	965	217	98	0
2165	294	1030	799	42	604	972	743	307	249	0
4603	861	2048	1589	105	1140	1767	1921	597	208	90
2508	510	1129	810	59	619	1025	910	137	141	0
1995	502	947	513	33	534	730	851	359	126	18
2949	433	1463	975	78	780	1424	1699	1523	216	59
5357	755	2248	2080	274	1075	1915	1654	983	227	200
2185	279	1059	702	145	525	1003	721	514	123	64
2635	442	1129	970	94	460	1014	849	384	81	227
1726	207	722	723	74	373	768	476	272	74	36
1977	283	835	760	99	450	827	564	432	213	34
5177	860	1896	2118	303	922	2139	1507	874	140	46
3566	546	1410	1355	255	621	1335	1175	532	157	4
5659	897	2341	2113	308	1032	2275	1684	1178	335	217
3769	631	1548	1330	260	907	1428	1442	890	255	102
3595	503	1380	1519	193	872	1548	1036	190	143	177
1935	342	938	582	73	481	750	627	333	51	23
187	15	40	119	13	8	96	54	0	12	0
4708	823	1945	1727	213	1255	2127	1862	1644	404	77
1295	130	532	563	70	286	672	441	33	19	29
1767	198	683	804	82	388	732	598	128	81	19
96	1	37	58	0	3	39	37	0	0	0
1887	382	886	512	107	549	1088	886	1010	134	70
2087	265	829	871	122	460	827	1188	213	161	7
307	20	134	131	22	55	120	128	2	4	0
326	39	179	92	16	79	133	121	43	39	4
1488	158	630	589	111	292	687	640	130	94	0

中等农业学

Basic Statistics of

地区 Region	学校数(所) Schools	毕业生数 Graduates	招生数 Entrants			在校学生数 Enrolment		
			计 Total	招高中毕业生数 Graduates From Senior Sec. School	招初中毕业生数 Graduates From Junior Sec. School		合计 Total	计 Subtotal
总计 Total	362	66767	133509	12194	121315	362775	50340	46315
北京 Beijing	1	413	719	40	679	1853	348	302
天津 Tianjin	3	260	694	0	694	2009	317	306
河北 Hebei	22	5593	8826	2008	6818	24009	2974	2857
山西 Shanxi	16	2512	3337	325	3012	10921	1958	1837
内蒙古 Inner Mongolia	11	1751	1765	79	1686	5804	1921	1695
辽宁 Liaoning	11	1691	2710	0	2710	9928	1939	1800
吉林 Jilin	9	2787	6314	216	6098	15418	1918	1802
黑龙江 Heilongjiang	10	2814	4994	217	4777	13629	2524	2043
上海 Shanghai	3	643	1820	0	1820	4856	472	427
江苏 Jiangsu	10	1451	5667	421	5246	15376	1679	1546
浙江 Zhejiang	11	1282	4428	100	4328	10504	1135	1063
安徽 Anhui	13	2360	3834	600	3234	10586	1305	1256
福建 Fujian	12	1757	3550	354	3196	10517	1198	1184
江西 Jiangxi	12	1768	3803	765	3038	9900	1608	1314
山东 Shandong	14	3948	7360	200	7160	22100	3177	2792
河南 Henan	6	2286	3856	825	3031	9338	1078	1063
湖北 Hubei	23	6236	15267	285	14982	37664	3213	3057
湖南 Hunan	22	3730	10393	692	9701	29716	3145	2917
广东 Guangdong	12	1968	5369	395	4974	13477	1244	1184
广西 Guangxi	18	3067	7042	392	6650	17098	2027	1857
海南 Hainan	6	741	1548	320	1228	3282	585	578
四川 Sichuan	28	4537	10896	310	10586	29544	3555	3349
贵州 Guizhou	15	2329	3933	290	3643	9932	1728	1647
云南 Yunnan	21	3128	4439	695	3744	13687	2038	1997
西藏 Tibet	1	111	173	0	173	658	144	98
陕西 Shaanxi	12	1956	3334	542	2792	9793	2355	1844
甘肃 Gansu	13	1515	2232	296	1936	6955	1573	1456
青海 Qinghai	2	423	491	247	244	1419	298	284
宁夏 Ningxia	3	473	609	116	493	1649	494	454
新疆 Xinjiang	22	3237	4106	1464	2642	11153	2390	2306

校基本情况

Secondary Agricultural Schools

单位：人

教职工数 Teachers, Staff & Workers: 校本部教职工 Employees in the School Proper: 专任教师 Full-time Teachers: 计 Subtotal	高级讲师 Senior Lecturers	讲师 Lecturers	助理讲师 Assistant Lecturers	教员 Instructors	教辅人员 Supporting Staff	行政人员 Adm. Personnel	工勤人员 Workers	校办厂、场职工 Employees in School-run Factories & Farms	附设机构人员 Employees in Subsidiary Units	兼任教师数（不在教工数中） Part-time Teachers
23113	3345	8339	10034	1395	4944	8437	9821	3239	786	284
127	52	40	27	8	47	59	69	30	16	10
151	39	57	55	0	22	72	61	0	11	6
1614	178	523	763	150	252	463	528	92	25	0
895	139	331	374	51	248	362	332	110	11	1
825	87	332	358	48	221	292	357	148	78	0
896	172	373	319	32	161	414	329	123	16	0
857	135	330	358	34	154	283	508	98	18	0
865	196	327	297	45	206	367	605	358	123	5
180	23	91	61	5	46	74	127	45	0	0
744	115	294	307	28	197	260	345	115	18	0
578	68	216	248	46	154	182	149	47	25	23
616	100	235	252	29	129	221	290	29	20	0
679	54	230	341	54	105	206	194	13	1	8
678	91	224	315	48	126	172	338	290	4	0
1433	313	509	556	55	349	551	459	260	125	18
538	111	220	183	24	115	140	270	11	4	0
1692	191	583	774	144	297	513	555	123	33	34
1413	213	507	594	99	339	564	601	183	45	65
576	73	147	320	36	122	216	270	44	16	3
815	144	352	289	30	260	350	432	152	18	14
253	23	67	144	19	64	100	161	0	7	10
1682	256	647	702	77	386	673	608	176	30	14
807	76	230	423	78	162	340	338	69	12	7
1105	97	364	576	68	142	325	425	24	17	6
55	1	23	31	0	10	11	22	19	27	0
850	139	339	328	44	196	356	442	491	20	3
688	53	231	353	51	157	258	353	87	30	50
145	8	49	76	12	31	63	45	0	14	0
226	25	108	79	14	51	71	106	37	3	0
1130	173	360	531	66	195	479	502	65	19	7

中等林业学

Basic Statistics of

地区 Region	学校数(所) Schools	毕业生数 Graduates	招生数 Entrants			在校学生数 Enrolment		
			计 Total	招高中毕业生数 Graduates From Senior Sec. School	招初中毕业生数 Graduates From Junior Sec. School		合计 Total	计 Subtotal
总计 Total	52	10810	17061	1621	15440	48042	8864	8236
北京 Beijing	1	121	189	0	189	434	85	85
天津 Tianjin	1	110	301	30	271	1007	167	167
河北 Hebei	1	198	252	0	252	1001	181	173
山西 Shanxi	1	257	270	0	270	1000	198	168
内蒙古 Inner Mongolia	2	344	241	0	241	972	341	341
辽宁 Liaoning	1	286	337	0	337	993	259	255
吉林 Jilin	3	723	1035	200	835	2898	662	617
黑龙江 Heilongjiang	5	1447	2229	312	1917	5491	1197	1163
上海 Shanghai	1	93	139	0	139	677	134	132
江苏 Jiangsu	1	237	267	0	267	1062	270	246
浙江 Zhejiang	2	526	851	113	738	2064	281	271
安徽 Anhui	2	286	400	40	360	1223	238	231
福建 Fujian	2	432	496	0	496	1776	309	273
江西 Jiangxi	2	478	1140	209	931	2844	375	333
山东 Shandong	1	510	375	0	375	1265	398	319
河南 Henan	3	397	700	40	660	2134	385	377
湖北 Hubei	5	1129	2780	229	2551	6793	739	598
湖南 Hunan	1	294	542	0	542	1631	220	220
广东 Guangdong	2	364	510	140	370	1261	176	170
广西 Guangxi	3	478	1060	88	972	2605	420	348
海南 Hainan	0	0	0	0	0	0	0	0
四川 Sichuan	1	546	898	105	793	2213	355	300
贵州 Guizhou	2	395	433	0	433	1359	265	256
云南 Yunnan	2	316	502	75	427	1491	244	240
西藏 Tibet	0	0	0	0	0	0	0	0
陕西 Shaanxi	3	312	532	0	532	1757	409	401
甘肃 Gansu	2	294	330	0	330	1425	252	248
青海 Qinghai	0	0	0	0	0	0	0	0
宁夏 Ningxia	1	39	80	0	80	238	82	82
新疆 Xinjiang	1	198	172	40	132	428	222	222

校基本情况

Secondary Forestry Schools

单位:人

教职工数 Teachers, Staff & Workers										兼任教师数(不在教工数中) Part-time Teachers
校本部教职工 Employees in the School Proper								校办厂、场职工 Employees in School-run Factories & Farms	附设机构人员 Employees in Subsidiary Units	
专任教师 Full-time Teachers					教辅人员 Supporting Staff	行政人员 Adm. Personnel	工勤人员 Workers			
计 Subtotal	高级讲师 Senior Lecturers	讲师 Lecturers	助理讲师 Assistant Lecturers	教员 Instructors						
3835	616	1530	1547	142	824	1592	1985	479	149	46
26	5	17	4	0	0	41	18	0	0	9
83	12	33	38	0	6	24	54	0	0	12
97	8	12	77	0	26	23	27	8	0	0
81	20	34	27	0	19	45	23	30	0	0
149	19	55	73	2	19	69	104	0	0	0
114	27	40	44	3	41	30	70	0	4	0
318	68	145	103	2	49	114	136	39	6	0
446	82	210	137	17	116	226	375	25	9	0
46	8	19	15	4	8	47	31	2	0	0
97	16	54	17	10	32	55	62	0	24	0
148	27	61	58	2	40	35	48	8	2	0
120	12	55	53	0	16	55	40	0	7	0
143	22	52	67	2	27	54	49	32	4	1
180	20	49	77	34	34	61	58	35	7	0
117	28	50	39	0	38	79	85	35	44	0
191	32	82	77	0	34	51	101	4	4	0
313	38	102	163	10	54	104	127	124	17	0
102	30	47	24	1	16	39	63	0	0	0
83	17	32	32	2	26	36	25	0	6	17
182	27	77	68	10	38	52	76	64	8	0
0	0	0	0	0	0	0	0	0	0	0
124	34	69	21	0	32	67	77	55	0	0
144	7	42	74	21	23	61	28	7	2	0
126	20	33	67	6	19	52	43	1	3	7
0	0	0	0	0	0	0	0	0	0	0
157	15	61	73	8	49	67	128	8	0	0
129	10	56	62	1	32	35	52	2	2	0
0	0	0	0	0	0	0	0	0	0	0
32	3	19	9	1	11	15	24	0	0	0
87	9	24	48	6	19	55	61	0	0	0

中 等 医 药 学

Basic Statistics of

地 区 Region	学校数(所) Schools	毕业生数 Graduates	招生数 Entrants			在校学生数 Enrolment	合 计 Total	
			计 Total	招高中毕业生数 Graduates From Senior Sec. School	招初中毕业生数 Graduates From Junior Sec. School			计 Subtotal
总 计 Total	551	92369	133357	5751	127606	402319	67418	60596
北 京 Beijing	38	2209	3106	33	3073	9483	2049	2010
天 津 Tianjin	8	1226	1715	36	1679	5323	827	820
河 北 Hebei	20	3735	6148	232	5916	18994	2533	2421
山 西 Shanxi	15	3822	4660	200	4460	13580	2227	2033
内蒙古 Inner Mongolia	16	1906	1777	798	979	5708	2127	2015
辽 宁 Liaoning	22	4273	4363	250	4113	14616	3002	2597
吉 林 Jilin	12	1889	3079	402	2677	9039	2186	1502
黑龙江 Heilongjiang	16	2653	4149	144	4005	13039	2571	2255
上 海 Shanghai	23	3200	2600	0	2600	10630	1928	1925
江 苏 Jiangsu	22	5995	6321	0	6321	22473	2376	2350
浙 江 Zhejiang	19	3288	4172	0	4172	13360	2124	2071
安 徽 Anhui	20	2660	4336	554	3782	11339	2412	2115
福 建 Fujian	14	2259	2932	0	2932	9005	1331	1260
江 西 Jiangxi	13	3264	4997	47	4950	14457	1699	1679
山 东 Shandong	30	7014	10518	160	10358	32242	4316	4152
河 南 Henan	23	4823	8108	641	7467	21881	4832	3843
湖 北 Hubei	36	6946	12923	0	12923	36974	4059	3722
湖 南 Hunan	15	4072	6520	0	6520	20233	2651	2363
广 东 Guangdong	37	5160	10346	0	10346	27816	3023	2875
广 西 Guangxi	19	3167	3425	277	3148	10370	3369	2104
海 南 Hainan	3	509	720	85	635	1952	380	356
四 川 Sichuan	38	6103	10770	741	10029	31652	5573	4768
贵 州 Guizhou	14	2031	2475	218	2257	6712	1519	1396
云 南 Yunnan	18	3183	3932	265	3667	11355	1860	1788
西 藏 Tibet	3	286	190	0	190	646	291	280
陕 西 Shaanxi	14	2757	3929	62	3867	12287	2052	1856
甘 肃 Gansu	14	1706	1947	255	1692	6010	1497	1482
青 海 Qinghai	7	544	521	0	521	1781	497	497
宁 夏 Ningxia	3	439	490	40	450	1733	420	417
新 疆 Xinjiang	19	1250	2188	311	1877	7629	1687	1644

校基本情况

Secondary Health Schools

单位:人

教职工数 Teachers, Staff & Workers										兼任教师数(不在教工数中) Part-time Teachers
校本部教职工 Employees in the School Proper								校办厂、场职工 Employees in School-run Factories & Farms	附设机构人员 Employees in Subsidiary Units	
专任教师 Full-time Teachers					教辅人员 Supporting Staff	行政人员 Adm. Personnel	工勤人员 Workers			
计 Subtotal	高级讲师 Senior Lecturers	讲师 Lecturers	助理讲师 Assistant Lecturers	教员 Instructors						
31273	5417	13869	11159	828	7165	11692	10466	1712	5110	1492
991	139	426	413	13	238	426	355	33	6	207
477	57	146	270	4	80	144	119	7	0	8
1201	196	486	477	42	293	466	461	24	88	187
1113	168	508	375	62	224	372	324	36	158	9
994	109	424	416	45	315	403	303	21	91	0
1270	259	548	446	17	389	531	407	20	385	91
821	143	329	341	8	130	280	271	414	270	80
1075	201	557	309	8	263	435	482	6	310	151
998	172	592	219	15	200	319	408	1	2	37
1143	227	508	382	26	275	460	472	17	9	99
1079	183	521	360	15	247	427	318	1	52	41
1176	329	526	289	32	249	365	325	89	208	23
655	100	263	281	11	173	235	197	9	62	14
974	179	449	326	20	148	260	297	1	19	19
2253	501	847	829	76	452	937	510	71	93	35
1752	309	789	615	39	549	829	713	517	472	15
1990	291	932	691	76	447	694	591	35	302	235
1160	307	560	253	40	346	486	371	164	124	9
1576	223	664	651	38	270	561	468	6	142	126
1101	188	588	311	14	208	358	437	76	1189	8
172	20	80	72	0	43	59	82	4	20	0
2492	472	1190	766	64	594	910	772	123	682	19
764	75	301	370	18	113	299	220	20	103	63
997	131	421	411	34	167	265	359	0	72	0
134	7	69	55	3	21	69	56	7	4	0
916	156	386	357	17	244	389	307	10	186	10
809	110	308	344	47	141	237	295	0	15	0
255	17	62	156	20	30	66	146	0	0	0
196	38	91	66	1	63	74	84	0	3	6
739	110	298	308	23	253	336	316	0	43	0

中等财经学

Basic Statistics of Secondary

地区 Region	学校数(所) Schools	毕业生数 Graduates	招生数 Entrants			在校学生数 Enrolment		
			计 Total	招高中毕业生数 Graduates From Senior Sec. School	招初中毕业生数 Graduates From Junior Sec. School		合计 Total	计 Subtotal
总 计 Total	586	123524	211150	55745	155405	526982	65196	63179
北 京 Beijing	9	1546	3002	441	2561	6994	1351	1263
天 津 Tianjin	9	1169	2259	196	2063	6939	1153	1123
河 北 Hebei	29	8692	12017	4412	7605	30141	3942	3902
山 西 Shanxi	22	4893	5959	2095	3864	18690	2583	2526
内蒙古 Inner Mongolia	15	2734	3108	1724	1384	7678	1951	1881
辽 宁 Liaoning	18	3296	5282	1559	3723	14995	2077	1988
吉 林 Jilin	16	2712	5535	1495	4040	11924	1823	1807
黑龙江 Heilongjiang	15	2299	5337	1617	3720	13036	1767	1724
上 海 Shanghai	11	2882	6041	1931	4110	12905	1350	1267
江 苏 Jiangsu	35	7550	17864	2347	15517	44594	3869	3657
浙 江 Zhejiang	23	5556	8540	3676	4864	19188	2418	2222
安 徽 Anhui	22	5693	7543	2703	4840	19193	2019	1964
福 建 Fujian	18	2559	4155	0	4155	12949	1541	1531
江 西 Jiangxi	15	3201	4555	1481	3074	10491	1487	1254
山 东 Shandong	36	11413	18526	6063	12463	47006	5125	4965
河 南 Henan	33	8754	14225	4531	9694	33309	3866	3849
湖 北 Hubei	33	7763	17840	1469	16371	43427	4574	4461
湖 南 Hunan	24	4099	9970	267	9703	28978	2925	2820
广 东 Guangdong	37	6838	12993	3331	9662	28993	2766	2647
广 西 Guangxi	19	4340	8368	2154	6214	21486	1975	1968
海 南 Hainan	5	608	1040	244	796	2506	315	313
四 川 Sichuan	36	8428	13588	3538	10050	33327	4199	4122
贵 州 Guizhou	20	3331	4442	1760	2682	10648	1873	1844
云 南 Yunnan	28	4272	6309	1188	5121	17596	2469	2433
西 藏 Tibet	2	65	140	3	137	509	169	169
陕 西 Shaanxi	16	2503	4596	2250	2346	10414	1705	1687
甘 肃 Gansu	14	1834	1877	901	976	4999	1147	1087
青 海 Qinghai	3	592	604	469	135	1449	380	380
宁 夏 Ningxia	5	533	564	339	225	1453	414	393
新 疆 Xinjiang	18	3369	4871	1561	3310	11165	1963	1932

校基本情况

Finance & Economics Schools

单位:人

教职工数 Teachers, Staff & Workers										兼任教师数(不在教工数中) Part-time Teachers
校本部教职工 Employees in the School Proper								校办厂、场职工 Employees in School-run Factories & Farms	附设机构人员 Employees in Subsidiary Units	
专任教师 Full-time Teachers					教辅人员 Supporting Staff	行政人员 Adm. Personnel	工勤人员 Workers			
计 Subtotal	高级讲师 Senior Lecturers	讲师 Lecturers	助理讲师 Assistant Lecturers	教员 Instructors						
32403	4045	13401	13347	1610	4792	14952	11032	1213	804	680
542	70	278	186	8	95	311	315	13	75	0
511	62	233	191	25	55	305	252	11	19	0
1989	254	800	829	106	280	836	797	28	12	14
1246	134	458	611	43	200	656	424	45	12	0
965	98	380	455	32	146	437	333	67	3	0
1087	176	534	351	26	141	415	345	81	8	10
862	130	408	286	38	172	488	285	11	5	3
786	143	418	213	12	120	441	377	14	29	86
563	89	315	142	17	144	289	271	59	24	12
1922	209	746	798	169	251	882	602	143	69	121
1100	114	543	408	35	214	481	427	88	108	70
1114	197	469	414	34	144	385	321	29	26	47
895	59	296	477	63	92	354	190	0	10	24
665	74	260	295	36	84	295	210	228	5	15
2605	403	932	1045	225	407	1236	717	85	75	20
2121	271	825	960	65	250	908	570	8	9	25
2415	347	1035	868	165	320	1057	669	62	51	66
1409	183	590	569	67	244	674	493	85	20	36
1383	152	499	689	43	184	675	405	45	74	74
997	117	485	345	50	165	421	385	7	0	10
165	17	54	84	10	15	97	36	0	2	0
2066	279	856	847	84	331	925	800	25	52	30
957	76	357	465	59	140	493	254	20	9	2
1209	99	431	611	68	184	539	501	15	21	0
77	1	26	50	0	9	33	50	0	0	0
838	116	378	315	29	135	451	263	2	16	15
564	58	234	255	17	79	267	177	24	36	0
213	17	85	99	12	13	82	72	0	0	0
210	22	119	66	3	18	75	90	0	21	0
927	78	357	423	69	160	444	401	18	13	0

中等政法学

Basic Statistics of Secondary

地区 Region	学校数(所) Schools	毕业生数 Graduates	招生数 Entrants			在校学生数 Enrolment		
			计 Total	招高中毕业生数 Graduates From Senior Sec. School	招初中毕业生数 Graduates From Junior Sec. School		合计 Total	计 Subtotal
总计 Total	146	28635	36543	27995	8548	75882	15073	14832
北京 Beijing	4	592	830	146	684	1799	441	441
天津 Tianjin	3	459	986	275	711	2129	381	359
河北 Hebei	9	1971	2523	1813	710	5830	1084	1045
山西 Shanxi	4	771	1106	736	370	2226	548	548
内蒙古 Inner Mongolia	5	463	709	412	297	1611	587	574
辽宁 Liaoning	7	885	896	896	0	1595	625	620
吉林 Jilin	6	788	925	925	0	1804	465	465
黑龙江 Heilongjiang	5	796	850	850	0	1708	637	617
上海 Shanghai	3	670	937	584	353	2762	540	522
江苏 Jiangsu	5	1538	1415	1124	291	3498	600	579
浙江 Zhejiang	8	1319	1651	1219	432	3178	649	627
安徽 Anhui	4	1459	1510	1055	455	2935	418	418
福建 Fujian	4	641	953	813	140	1835	323	317
江西 Jiangxi	5	912	888	888	0	1912	353	353
山东 Shandong	8	1761	2663	2123	540	5586	973	954
河南 Henan	7	1826	2345	2345	0	4596	639	639
湖北 Hubei	9	1329	1735	579	1156	3273	531	531
湖南 Hunan	3	500	1135	401	734	3085	248	248
广东 Guangdong	11	3122	4132	3722	410	7836	1173	1166
广西 Guangxi	4	1054	1394	1394	0	2544	487	483
海南 Hainan	2	211	400	400	0	773	128	128
四川 Sichuan	5	1428	1849	1535	314	3714	652	651
贵州 Guizhou	3	615	660	610	50	1531	344	317
云南 Yunnan	5	813	979	800	179	1814	355	355
西藏 Tibet	1	84	81	0	81	260	85	85
陕西 Shaanxi	5	813	1055	938	117	1987	504	498
甘肃 Gansu	2	334	420	315	105	752	206	206
青海 Qinghai	2	206	261	103	158	753	253	253
宁夏 Ningxia	2	304	283	186	97	715	160	160
新疆 Xinjiang	5	971	972	808	164	1841	684	673

校基本情况

Politics & Law Schools

单位：人

教职工数 Teachers, Staff & Workers										兼任教师数（不在教工数中） Part-time Teachers
校本部教职工 Employees in the School Proper								校办厂、场职工 Employees in School-run Factories & Farms	附设机构人员 Employees in Subsidiary Units	
专任教师 Full-time Teachers					教辅人员 Supporting Staff	行政人员 Adm. Personnel	工勤人员 Workers			
计 Subtotal	高级讲师 Senior Lecturers	讲师 Lecturers	助理讲师 Assistant Lecturers	教员 Instructors						
6478	697	2483	2847	451	1320	5034	2000	98	143	112
191	26	71	72	22	20	170	60	0	0	0
158	25	58	74	1	19	156	26	22	0	4
472	33	169	207	63	111	330	132	21	18	0
227	36	78	110	3	52	160	109	0	0	0
278	16	115	141	6	39	223	34	3	10	0
244	30	83	108	23	53	260	63	0	5	0
207	44	102	53	8	40	168	50	0	0	22
215	20	96	91	8	117	164	121	17	3	0
206	22	95	74	15	42	180	94	18	0	4
194	14	61	96	23	33	249	103	1	20	0
272	17	121	119	15	37	232	86	6	16	0
181	29	64	82	6	45	136	56	0	0	0
166	6	49	97	14	22	94	35	0	6	0
153	6	41	101	5	26	105	69	0	0	0
397	78	133	136	50	42	388	127	5	14	0
304	48	129	103	24	110	155	70	0	0	20
308	48	117	134	9	35	152	36	0	0	28
105	8	45	32	20	24	81	38	0	0	0
489	44	175	263	7	71	434	172	0	7	18
215	20	99	79	17	59	161	48	0	4	0
82	8	14	47	13	4	28	14	0	0	3
292	32	140	102	18	99	194	66	1	0	0
165	6	68	82	9	32	92	28	4	23	1
163	7	54	87	15	21	116	55	0	0	0
44	0	13	31	0	3	30	8	0	0	0
209	30	98	66	15	33	221	35	0	6	0
83	1	31	48	3	11	90	22	0	0	0
135	15	56	64	0	18	65	35	0	0	0
80	9	34	37	0	19	40	21	0	0	0
243	19	74	111	39	83	160	187	0	11	12

中等体育学
Basic Statistics of Secondary

地区 Region	学校数(所) Schools	毕业生数 Graduates	招生数 Entrants 计 Total	招高中毕业生数 Graduates From Senior Sec. School	招初中毕业生数 Graduates From Junior Sec. School	在校学生数 Enrolment	合计 Total	计 Subtotal
总计 Total	165	12103	19688	114	19574	55211	13259	12901
北京 Beijing	7	240	292	39	253	1096	660	655
天津 Tianjin	5	198	170	0	170	736	276	275
河北 Hebei	8	520	947	0	947	2804	632	632
山西 Shanxi	7	773	750	0	750	3375	859	850
内蒙古 Inner Mongolia	1	439	557	0	557	1494	83	83
辽宁 Liaoning	14	985	1248	0	1248	3573	1187	1174
吉林 Jilin	6	393	646	0	646	1485	465	465
黑龙江 Heilongjiang	3	514	710	0	710	1830	417	377
上海 Shanghai	3	42	500	0	500	863	518	343
江苏 Jiangsu	12	431	924	0	924	2243	576	561
浙江 Zhejiang	4	135	309	0	309	840	288	288
安徽 Anhui	2	380	565	0	565	1481	218	218
福建 Fujian	3	255	315	0	315	1005	106	106
江西 Jiangxi	3	331	448	0	448	1305	258	258
山东 Shandong	17	1104	2056	0	2056	5952	1317	1313
河南 Henan	8	1116	1473	0	1473	4113	692	691
湖北 Hubei	7	1120	2560	0	2560	6506	817	811
湖南 Hunan	3	155	383	0	383	1180	266	260
广东 Guangdong	13	798	1244	50	1194	3301	824	774
广西 Guangxi	1	67	154	0	154	405	186	186
海南 Hainan	1	46	65	0	65	165	24	24
四川 Sichuan	4	179	375	10	365	1045	233	228
贵州 Guizhou	2	258	519	0	519	1240	366	363
云南 Yunnan	5	341	681	0	681	1748	436	423
西藏 Tibet	1	25	30	0	30	131	58	58
陕西 Shaanxi	8	419	901	0	901	2421	493	485
甘肃 Gansu	10	656	415	15	400	1371	583	579
青海 Qinghai	1	0	40	0	40	116	44	44
宁夏 Ningxia	0	0	0	0	0	0	0	0
新疆 Xinjiang	6	183	411	0	411	1387	377	377

校基本情况
Physical Culture Schools

单位:人

教职工数 Teachers, Staff & Workers										兼任教师数(不在教工数中) Part-time Teachers
校本部教职工 Employees in the School Proper								校办厂、场职工 Employees in School-run Factories & Farms	附设机构人员 Employees in Subsidiary Units	
专任教师 Full-time Teachers					教辅人员 Supporting Staff	行政人员 Adm. Personnel	工勤人员 Workers			
计 Subtotal	高级讲师 Senior Lecturers	讲师 Lecturers	助理讲师 Assistant Lecturers	教员 Instructors						
7108	872	3194	2590	452	749	2872	2172	50	308	152
252	38	121	91	2	8	200	195	5	0	7
159	19	64	74	2	10	62	44	0	1	0
366	38	152	150	26	32	113	121	0	0	0
553	39	200	239	75	47	144	106	9	0	0
52	6	27	19	0	4	16	11	0	0	0
622	136	266	194	26	87	261	204	2	11	0
255	32	122	97	4	13	125	72	0	0	4
149	28	97	21	3	39	86	103	0	40	0
188	28	106	43	11	7	68	80	0	175	4
358	48	178	98	34	34	134	35	15	0	27
126	22	58	35	11	47	63	52	0	0	0
117	21	64	30	2	18	50	33	0	0	14
79	8	30	41	0	0	24	3	0	0	23
144	13	77	46	8	5	72	37	0	0	0
793	134	321	278	60	26	279	215	3	1	0
393	48	176	154	15	37	172	89	1	0	0
480	46	211	182	41	54	167	110	6	0	0
133	9	73	45	6	14	50	63	0	6	22
396	45	181	159	11	97	154	127	1	49	27
47	9	22	16	0	38	65	36	0	0	0
10	2	0	8	0	12	2	0	0	0	0
109	9	53	45	2	1	96	22	5	0	0
227	18	61	88	60	3	81	52	0	3	15
181	12	100	56	13	62	87	93	0	13	1
36	1	12	23	0	2	10	10	0	0	0
291	24	157	101	9	7	103	84	0	8	0
323	19	143	150	11	28	104	124	3	1	0
28	2	18	5	3	0	13	3	0	0	8
0	0	0	0	0	0	0	0	0	0	0
241	18	104	102	17	17	71	48	0	0	0

中等艺术学

Basic Statistics of

地区 Region		学校数(所) Schools	毕业生数 Graduates	招生数 Entrants			在校学生数 Enrolment		
				计 Total	招高中毕业生数 Graduates From Senior Sec. School	招初中毕业生数 Graduates From Junior Sec. School		合计 Total	计 Subtotal
总计	**Total**	159	10267	23498	1025	22473	69007	15016	14708
北京	Beijing	6	408	739	1	738	2510	1144	1086
天津	Tianjin	4	193	318	101	217	1182	421	421
河北	Hebei	6	478	580	0	580	1927	659	659
山西	Shanxi	11	1240	1090	2	1088	4263	1253	1252
内蒙古	Inner Mongolia	3	210	482	64	418	1664	492	492
辽宁	Liaoning	8	386	1272	0	1272	3928	763	747
吉林	Jilin	2	186	1102	0	1102	3503	265	265
黑龙江	Heilongjiang	2	90	263	0	263	1077	265	237
上海	Shanghai	6	269	509	0	509	1671	665	657
江苏	Jiangsu	12	426	1798	26	1772	4911	752	744
浙江	Zhejiang	6	248	449	0	449	1477	404	389
安徽	Anhui	3	341	640	110	530	1545	406	406
福建	Fujian	5	306	352	40	312	1446	497	468
江西	Jiangxi	3	396	860	30	830	2623	296	296
山东	Shandong	10	911	2126	0	2126	5836	1127	1100
河南	Henan	15	522	2513	111	2402	6417	1162	1146
湖北	Hubei	14	925	2568	99	2469	6950	1000	970
湖南	Hunan	5	238	772	54	718	2360	318	318
广东	Guangdong	13	562	1534	81	1453	3977	874	835
广西	Guangxi	2	329	704	109	595	1781	229	229
海南	Hainan	1	104	161	56	105	277	103	103
四川	Sichuan	6	325	633	44	589	1629	602	572
贵州	Guizhou	2	192	386	50	336	930	183	183
云南	Yunnan	2	240	320	0	320	1080	218	215
西藏	Tibet	1	27	30	0	30	126	81	81
陕西	Shaanxi	4	350	797	0	797	2114	364	364
甘肃	Gansu	2	57	110	0	110	413	154	154
青海	Qinghai	1	4	0	0	0	124	67	67
宁夏	Ningxia	1	48	63	0	63	172	85	85
新疆	Xinjiang	3	256	327	47	280	1094	167	167

校基本情况

Secondary Art Schools

单位:人

教职工数 Teachers, Staff & Workers: 校本部教职工 Employees in the School Proper: 专任教师 Full-time Teachers: 计 Subtotal	高级讲师 Senior Lecturers	讲师 Lecturers	助理讲师 Assistant Lecturers	教员 Instructors	教辅人员 Supporting Staff	行政人员 Adm. Personnel	工勤人员 Workers	校办厂、场职工 Employees in School-run Factories & Farms	附设机构人员 Employees in Subsidiary Units	兼任教师数(不在教工数中) Part-time Teachers
9194	1332	3953	3244	665	1122	2629	1763	197	111	463
609	147	289	163	10	145	175	157	48	10	45
257	51	156	50	0	38	62	64	0	0	8
424	55	201	137	31	37	114	84	0	0	19
841	68	336	391	46	41	202	168	1	0	0
340	20	131	158	31	24	83	45	0	0	0
522	80	233	194	15	52	97	76	2	14	36
166	17	65	72	12	34	42	23	0	0	0
130	19	78	22	11	13	66	28	28	0	0
365	81	189	88	7	58	105	129	0	8	57
467	61	198	158	50	61	130	86	7	1	69
248	37	109	82	20	17	80	44	1	14	15
256	68	115	73	0	59	67	24	0	0	0
320	44	137	88	51	19	82	47	24	5	69
226	15	84	86	41	25	18	27	0	0	17
692	125	282	241	44	75	185	148	23	4	0
731	79	277	305	70	60	219	136	5	11	0
632	99	252	228	53	77	212	49	30	0	12
215	35	80	52	48	18	44	41	0	0	53
463	44	184	203	32	60	216	96	28	11	45
158	39	71	43	5	14	42	15	0	0	0
63	4	31	23	5	3	23	14	0	0	0
294	64	146	76	8	79	110	89	0	30	10
75	11	30	23	11	27	46	35	0	0	8
143	17	68	56	2	22	28	22	0	3	0
56	5	15	23	13	4	12	9	0	0	0
190	27	93	39	31	43	101	30	0	0	0
99	10	37	52	0	12	28	15	0	0	0
47	5	19	18	5	5	7	8	0	0	0
56	3	22	31	0	0	10	19	0	0	0
109	2	25	69	13	0	23	35	0	0	0

其他中等技术

Basic Statistics of Other

地区 Region	学校数(所) Schools	毕业生数 Graduates	招生数 Entrants			在校学生数 Enrolment		
			计 Total	招高中毕业生数 Graduates From Senior Sec. School	招初中毕业生数 Graduates From Junior Sec. School		合计 Total	计 Subtotal
总计 Total	141	18705	55482	6139	49343	122304	10759	10365
北京 Beijing	1	104	284	0	284	881	47	47
天津 Tianjin	7	88	2122	360	1762	3062	566	566
河北 Hebei	7	1401	1764	0	1764	5238	622	613
山西 Shanxi	4	149	240	240	0	390	125	125
内蒙古 Inner Mongolia	2	207	299	259	40	710	145	142
辽宁 Liaoning	7	220	755	155	600	1990	481	478
吉林 Jilin	20	1887	4099	50	4049	12270	2075	1938
黑龙江 Heilongjiang	1	0	160	0	160	545	114	109
上海 Shanghai	1	3224	8274	369	7905	19567	151	145
江苏 Jiangsu	4	233	448	0	448	1798	251	233
浙江 Zhejiang	19	1406	14782	200	14582	26612	652	595
安徽 Anhui	1	388	392	80	312	1192	123	123
福建 Fujian	1	78	135	0	135	265	33	33
江西 Jiangxi	1	296	600	200	400	1112	47	47
山东 Shandong	3	1936	4006	1011	2995	8888	687	621
河南 Henan	3	366	810	410	400	1416	230	227
湖北 Hubei	7	427	1536	286	1250	3601	515	491
湖南 Hunan	4	835	2736	363	2373	5105	458	428
广东 Guangdong	8	603	2179	260	1919	4666	562	561
广西 Guangxi	6	168	1123	0	1123	2401	366	361
海南 Hainan	0	0	0	0	0	0	0	0
四川 Sichuan	13	1793	4765	617	4148	10364	1039	1023
贵州 Guizhou	3	691	971	329	642	2578	339	339
云南 Yunnan	8	1314	1810	497	1313	4402	468	460
西藏 Tibet	0	55	89	0	89	323	0	0
陕西 Shaanxi	2	160	160	160	0	321	137	134
甘肃 Gansu	5	446	780	190	590	2209	354	354
青海 Qinghai	0	0	0	0	0	0	0	0
宁夏 Ningxia	2	192	163	103	60	278	97	97
新疆 Xinjiang	1	38	0	0	0	120	75	75

学校基本情况

Secondary Technical Schools

单位: 人

教职工数 Teachers, Staff & Workers										兼任教师数(不在教工数中) Part-time Teachers
校本部教职工 Employees in the School Proper								校办厂、场职工 Employees in School-run Factories & Farms	附设机构人员 Employees in Subsidiary Units	
专任教师 Full-time Teachers					教辅人员 Supporting Staff	行政人员 Adm. Personnel	工勤人员 Workers			
计 Subtotal	高级讲师 Senior Lecturers	讲师 Lecturers	助理讲师 Assistant Lecturers	教员 Instructors						
5684	739	2104	2428	413	842	2417	1422	287	107	1560
34	10	5	19	0	3	10	0	0	0	0
334	109	83	134	8	58	134	40	0	0	50
370	34	144	163	29	66	130	47	9	0	0
37	0	0	0	37	0	44	44	0	0	0
71	7	46	18	0	24	29	18	0	3	0
217	31	95	72	19	44	104	113	0	3	0
1126	101	349	592	84	200	467	145	137	0	8
65	11	32	19	3	0	21	23	0	5	0
62	4	28	28	2	14	26	43	0	6	11
137	43	51	43	0	15	65	16	4	14	35
347	26	134	172	15	42	153	53	46	11	1081
54	15	25	12	2	9	41	19	0	0	15
14	2	4	8	0	6	10	3	0	0	0
22	3	9	10	0	0	25	0	0	0	0
412	81	123	171	37	17	113	79	66	0	0
112	11	48	45	8	22	49	44	2	1	0
282	39	123	111	9	24	123	62	8	16	0
227	28	109	71	19	27	89	85	0	30	23
291	25	136	113	17	69	121	80	0	1	69
180	14	82	71	13	19	81	81	0	5	9
0	0	0	0	0	0	0	0	0	0	0
559	69	219	227	44	76	238	150	15	1	170
166	15	57	81	13	33	92	48	0	0	0
249	34	95	113	7	10	116	85	0	8	82
0	0	0	0	0	0	0	0	0	0	0
53	2	9	2	40	22	29	30	0	3	7
180	15	65	98	2	34	65	75	0	0	0
0	0	0	0	0	0	0	0	0	0	0
52	8	22	18	4	2	22	21	0	0	0
31	2	11	17	1	6	20	18	0	0	0

中等师范学

Basic Statistics of

地　区 Region	学校数(所) Schools	毕业生数 Graduates	招生数 Entrants			在校学生数 Enrolment		
			计 Total	招高中毕业生数 Graduates From Senior Sec. School	招初中毕业生数 Graduates From Junior Sec. School		合计 Total	计 Subtotal
总　计 Total	897	244753	308307	39050	269257	847977	111851	107390
北　京 Beijing	20	3907	4559	0	4559	14499	2461	2375
天　津 Tianjin	10	1854	2673	0	2673	7864	1397	1304
河　北 Hebei	66	15034	17690	4540	13150	48319	6538	6368
山　西 Shanxi	24	9557	9161	2380	6781	24959	3448	3379
内蒙古 Inner Mongolia	22	3820	4372	309	4063	13703	3154	3091
辽　宁 Liaoning	30	9304	7957	1099	6858	32182	5044	4781
吉　林 Jilin	24	6436	8784	2635	6149	26977	3226	3038
黑龙江 Heilongjiang	30	7192	9073	210	8863	28764	3988	3752
上　海 Shanghai	11	2847	2804	6	2798	8912	1566	1456
江　苏 Jiangsu	36	9239	14083	1701	12382	39593	5151	4551
浙　江 Zhejiang	29	8404	11726	2081	9645	30804	3060	2855
安　徽 Anhui	41	8148	8972	791	8181	25855	4062	3930
福　建 Fujian	25	8529	12503	3013	9490	31542	3431	3304
江　西 Jiangxi	26	9672	12180	1630	10550	30544	3245	3188
山　东 Shandong	61	15793	18077	1816	16261	46771	8205	7723
河　南 Henan	45	24126	30811	0	30811	75343	7708	7495
湖　北 Hubei	37	9402	17665	1674	15991	44107	5450	5061
湖　南 Hunan	32	11080	14114	3989	10125	35122	3947	3824
广　东 Guangdong	45	12438	23716	3525	20191	54501	5847	5640
广　西 Guangxi	26	9448	8341	0	8341	33142	3769	3654
海　南 Hainan	8	2077	3127	658	2469	8315	996	960
四　川 Sichuan	108	21635	23736	2293	21443	67156	10144	9884
贵　州 Guizhou	28	6154	7958	145	7813	21115	2687	2665
云　南 Yunnan	28	8132	9428	0	9428	28177	3418	3401
西　藏 Tibet	5	503	835	0	835	2496	460	440
陕　西 Shaanxi	22	7585	8856	1794	7062	23121	2924	2861
甘　肃 Gansu	22	4551	5099	1007	4092	15986	2426	2347
青　海 Qinghai	11	1146	1714	300	1414	5899	893	889
宁　夏 Ningxia	4	1509	1628	81	1547	4111	582	560
新　疆 Xinjiang	21	5231	6665	1373	5292	18098	2624	2614

校基本情况

Teacher Training Schools

单位:人

教职工数 Teachers, Staff & Workers										兼任教师数(不在教工数中) Part-time Teachers
校本部教职工 Employees in the School Proper								校办厂、场职工 Employees in School-run Factories & Farms	附设机构人员 Employees in Subsidiary Units	
专任教师 Full-time Teachers					教辅人员 Supporting Staff	行政人员 Adm. Personnel	工勤人员 Workers			
计 Subtotal	高级讲师 Senior Lecturers	讲师 Lecturers	助理讲师 Assistant Lecturers	教员 Instructors						
61713	7838	21062	27855	4958	8411	19242	18024	3091	1370	197
1201	229	397	488	87	281	512	381	52	34	0
682	89	243	324	26	107	327	188	40	53	0
3590	307	1147	1795	341	530	1124	1124	162	8	6
1785	202	653	782	148	209	724	661	48	21	0
1654	178	608	797	71	242	540	655	57	6	0
2730	397	1019	1162	152	304	976	771	211	52	0
1696	172	459	952	113	155	739	448	155	33	0
2031	318	1026	609	78	227	778	716	158	78	15
815	162	357	277	19	163	229	249	92	18	0
2550	349	957	1002	242	432	790	779	542	58	7
1682	179	689	730	84	224	529	420	131	74	5
2211	338	797	933	143	384	720	615	73	59	9
2026	165	598	1099	164	179	657	442	58	69	1
1952	232	650	916	154	273	481	482	28	29	33
4332	633	1346	1981	372	731	1459	1201	379	103	1
4418	664	1550	1945	259	557	1383	1137	126	87	3
3353	474	948	1449	482	428	548	732	271	118	24
2026	397	759	701	169	341	777	680	72	51	13
3627	384	992	1825	426	409	751	853	69	138	3
2167	305	871	830	161	270	548	669	28	87	2
529	75	162	223	69	64	127	240	31	5	7
5395	796	1624	2555	420	898	1759	1832	232	28	48
1621	128	451	884	158	128	561	355	2	20	8
1946	142	713	974	117	259	491	705	5	12	0
248	4	97	135	12	18	61	113	0	20	5
1645	175	654	698	118	204	570	442	19	44	0
1379	139	476	664	100	158	455	355	24	55	0
561	24	149	288	100	60	106	162	0	4	7
316	49	148	112	7	33	91	120	20	2	0
1545	132	522	725	166	143	429	497	6	4	0

中等师范学校中幼

Basic Statistics of Pre－primary

地区 Region	学校数(所) Schools	毕业生数 Graduates	招生数 Entrants 计 Total	招高中毕业生数 Graduates From Senior Sec. School	招初中毕业生数 Graduates From Junior Sec. School	在校学生数 Enrolment	合计 Total	计 Subtotal
总计 Total	65	13103	18191	412	17779	51331	7980	7401
北京 Beijing	1	253	265	0	265	734	152	152
天津 Tianjin	2	446	674	0	674	1833	417	363
河北 Hebei	4	566	723	0	723	2172	207	207
山西 Shanxi	4	826	855	0	855	2620	420	391
内蒙古 Inner Mongolia	2	258	354	0	354	1158	254	248
辽宁 Liaoning	4	850	733	0	733	2771	658	631
吉林 Jilin	5	1000	1210	110	1100	3839	575	540
黑龙江 Heilongjiang	3	587	920	0	920	2492	311	308
上海 Shanghai	2	519	542	0	542	1499	263	250
江苏 Jiangsu	4	485	1090	0	1090	2808	364	323
浙江 Zhejiang	3	400	865	0	865	2027	349	270
安徽 Anhui	3	460	660	0	660	1966	330	291
福建 Fujian	2	584	780	20	760	2439	298	263
江西 Jiangxi	1	157	210	0	210	584	88	88
山东 Shandong	4	1018	1209	40	1169	3292	743	649
河南 Henan	1	362	381	0	381	1140	165	165
湖北 Hubei	4	1013	2207	50	2157	5413	616	558
湖南 Hunan	2	613	820	140	680	2052	243	227
广东 Guangdong	3	804	1173	52	1121	3129	391	385
广西 Guangxi	1	371	284	0	284	1011	172	146
海南 Hainan	0	0	0	0	0	0	0	0
四川 Sichuan	4	717	1015	0	1015	2903	461	447
贵州 Guizhou	1	80	112	0	112	330	68	67
云南 Yunnan	1	195	230	0	230	623	100	100
西藏 Tibet	0	0	0	0	0	0	0	0
陕西 Shaanxi	1	246	285	0	285	817	121	121
甘肃 Gansu	1	76	185	0	185	521	85	85
青海 Qinghai	1	0	70	0	70	190	28	25
宁夏 Ningxia	0	0	0	0	0	0	0	0
新疆 Xinjiang	1	217	339	0	339	968	101	101

儿师范学校基本情况

Teacher Training Schools

单位:人

教职工数 Teachers, Staff & Workers										兼任教师数(不在教工数中) Part-time Teachers
校本部教职工 Employees in the School Proper								校办厂、场职工 Employees in School-run Factories & Farms	附设机构人员 Employees in Subsidiary Units	
专任教师 Full-time Teachers					教辅人员 Supporting Staff	行政人员 Adm. Personnel	工勤人员 Workers			
计 Subtotal	高级讲师 Senior Lecturers	讲师 Lecturers	助理讲师 Assistant Lecturers	教员 Instructors						
4237	614	1475	1838	310	564	1571	1029	171	408	7
71	17	34	20	0	10	44	27	0	0	0
190	30	81	76	3	32	75	66	8	46	0
121	25	34	61	1	19	46	21	0	0	0
214	27	68	97	22	20	84	73	10	19	0
141	20	43	78	0	24	43	40	0	6	0
382	46	109	190	37	50	109	90	10	17	0
290	24	64	179	23	29	163	58	16	19	0
183	40	101	38	4	21	75	29	1	2	0
138	20	59	59	0	24	53	35	5	8	0
172	22	77	61	12	17	83	51	6	35	0
159	21	62	61	15	20	53	38	29	50	0
183	20	53	98	12	22	52	34	21	18	3
150	10	49	84	7	8	70	35	4	31	0
62	8	20	25	9	0	22	4	0	0	0
328	40	122	133	33	69	156	96	31	63	0
103	25	41	28	9	6	34	22	0	0	0
357	80	117	128	32	33	79	89	7	51	0
117	17	43	38	19	21	47	42	3	13	0
240	33	68	114	25	43	55	47	6	0	0
84	21	39	24	0	17	22	23	0	26	0
0	0	0	0	0	0	0	0	0	0	0
244	37	84	101	22	54	99	50	14	0	0
43	9	13	18	3	2	17	5	0	1	4
48	2	22	21	3	5	31	16	0	0	0
0	0	0	0	0	0	0	0	0	0	0
64	8	28	26	2	11	30	16	0	0	0
53	6	21	26	0	7	14	11	0	0	0
23	4	17	2	0	0	2	0	0	3	0
0	0	0	0	0	0	0	0	0	0	0
77	2	6	52	17	0	13	11	0	0	0

中等专业学校女学

Number of Female Students, Teachers, Staff

地　区 Region	毕业生数 Graduates	招生数 Entrants			在校学生数 Enrolment		
		计 Total	招高中毕业生数 Graduates From Senior Sec. School	招初中毕业生数 Graduates From Junior Sec. School		合计 Total	计 Subtotal
总　计 Total	390896	699362	79175	620187	1871547	218412	202596
北　京 Beijing	9927	15837	1039	14798	42837	7764	7245
天　津 Tianjin	5466	11359	847	10512	32040	4896	4464
河　北 Hebei	24988	35715	7467	28248	98168	11373	10968
山　西 Shanxi	16598	19030	3969	15061	58047	7840	7554
内蒙古 Inner Mongolia	7484	9225	1886	7339	28105	7019	6640
辽　宁 Liaoning	19265	25858	2272	23586	83807	11163	10489
吉　林 Jilin	12525	23959	3609	20350	65375	8351	7679
黑龙江 Heilongjiang	13121	19680	2705	16975	58063	8038	7302
上　海 Shanghai	12848	23696	2335	21361	63386	7046	6352
江　苏 Jiangsu	23500	64123	2849	61274	161853	10463	9544
浙　江 Zhejiang	13177	33519	4587	28932	74357	6774	6291
安　徽 Anhui	12674	18399	2469	15930	50512	5995	5567
福　建 Fujian	10907	18682	2793	15889	51783	4834	4569
江　西 Jiangxi	10058	19644	2085	17559	49189	5177	4668
山　东 Shandong	26942	48341	5566	42775	130269	13971	13041
河　南 Henan	26586	44246	4319	39927	111968	10771	9879
湖　北 Hubei	23212	56078	2256	53822	142690	13132	11886
湖　南 Hunan	13766	30283	2443	27840	81425	9143	8334
广　东 Guangdong	19569	46364	4881	41483	112161	10438	9960
广　西 Guangxi	12723	20302	1643	18659	57397	7219	6277
海　南 Hainan	1833	4170	582	3588	9817	1167	1111
四　川 Sichuan	25045	41252	4450	36802	113494	14672	13211
贵　州 Guizhou	7027	10650	1362	9288	26647	5106	4926
云　南 Yunnan	11651	16711	1535	15176	48299	6562	6372
西　藏 Tibet	569	721	1	720	2368	616	573
陕　西 Shaanxi	10533	16277	3756	12521	44436	5897	5218
甘　肃 Gansu	6098	8059	1493	6566	24022	4497	4249
青　海 Qinghai	1631	2177	572	1605	6599	1166	1147
宁　夏 Ningxia	2114	2340	488	1852	6506	1339	1258
新　疆 Xinjiang	9059	12665	2916	9749	35927	5983	5822

生和女教职工数

& Workers in Specialized Secondary Schools

单位：人

教职工数 Teachers, Staff & Workers										兼任教师数（不在教职工数中） Part-time Teachers
校本部教职工 Employees in the School Proper								校办厂、场职工 Employees in School-run Factories & Farms	附设机构人员 Employees in Subsidiary Units	
专任教师 Full-time Teachers					教辅人员 Supporting Staff	行政人员 Adm. Personnel	工勤人员 Workers			
计 Subtotal	高级讲师 Senior Lecturers	讲师 Lecturers	助理讲师 Assistant Lecturers	教员 Instructors						
107714	10316	42240	48356	6802	26983	36369	31530	8547	7269	2001
3773	461	1730	1413	169	890	1521	1061	351	168	163
2436	277	998	1100	61	510	948	570	328	104	32
6467	472	2364	3129	502	1315	1579	1607	241	164	109
4204	329	1526	2105	244	1003	1288	1059	125	161	6
3446	252	1335	1715	144	1003	1284	907	192	187	0
6065	667	2674	2520	204	1335	1795	1294	292	382	81
4473	430	1783	2068	192	861	1498	847	424	248	32
3808	552	1979	1164	113	901	1311	1282	315	421	103
2868	288	1461	1033	86	773	1214	1497	464	230	61
5180	558	1960	2245	417	1229	1612	1523	723	196	152
3187	274	1409	1311	193	935	1193	976	275	208	507
2938	444	1166	1176	152	830	1016	783	202	226	58
2590	128	845	1440	177	581	785	613	134	131	51
2340	226	818	1097	199	750	799	779	373	136	21
7604	1018	2604	3344	638	1697	2148	1592	536	394	24
5478	547	2088	2515	328	1328	1683	1390	463	429	14
6193	560	2419	2629	585	1643	2253	1797	722	524	158
3930	516	1516	1569	329	1346	1475	1583	488	321	82
5331	378	1780	2788	385	1215	1823	1591	141	337	133
2971	273	1409	1136	153	859	1084	1363	191	751	7
491	26	132	278	55	132	197	291	30	26	1
6534	659	2509	2994	372	2041	2590	2046	768	693	84
2573	133	861	1333	246	525	1090	738	58	122	49
3362	179	1247	1742	194	708	1031	1271	47	143	37
311	4	117	180	10	55	96	111	17	26	0
2510	251	1005	1082	172	820	1007	881	435	244	24
2190	151	748	1147	144	615	621	823	99	149	3
696	20	238	362	76	130	163	158	2	17	3
686	55	375	241	15	172	167	233	45	36	1
3079	188	1144	1500	247	781	1098	864	66	95	5

普通中学校数、

Number of General Secondary Schools

地区 Region		学校数(所) Schools 计 Total	初级中学 Junior Sec. Schools	高级中学 Senior Sec. Schools	完全中学 Complete Sec. Schools	计 Total	小计 Subtotal
总计	**Total**	81020	67029	3278	10713	1041345	899355
北京	Beijing	710	424	15	271	15086	12663
天津	Tianjin	716	526	34	156	10451	8896
河北	Hebei	5256	4695	250	311	58108	51573
山西	Shanxi	3401	3008	146	247	31701	27640
内蒙古	Inner Mongolia	1853	1499	75	279	23030	19219
辽宁	Liaoning	2459	2062	246	151	40074	34526
吉林	Jilin	1819	1530	138	151	25188	21575
黑龙江	Heilongjiang	2681	2206	213	262	37118	32043
上海	Shanghai	770	508	32	230	15165	12389
江苏	Jiangsu	4439	3476	102	861	61868	52467
浙江	Zhejiang	3255	2714	191	350	41778	35959
安徽	Anhui	4170	3553	34	583	48830	43344
福建	Fujian	1771	1367	4	400	31834	28221
江西	Jiangxi	2790	2266	30	494	34722	29675
山东	Shandong	5073	4430	376	267	80415	69705
河南	Henan	6367	5726	462	179	69678	61782
湖北	Hubei	3761	3186	264	311	45088	38441
湖南	Hunan	4863	4126	224	513	55089	47334
广东	Guangdong	3845	3009	55	781	62742	55211
广西	Guangxi	3077	2640	83	354	37512	33484
海南	Hainan	478	365	1	112	5992	5157
四川	Sichuan	6259	5168	58	1033	79912	69919
贵州	Guizhou	1783	1449	14	320	21816	19073
云南	Yunnan	2225	1770	12	443	26798	23044
西藏	Tibet	86	67	0	19	770	640
陕西	Shaanxi	2788	2222	156	410	30254	24551
甘肃	Gansu	1626	1182	12	432	19793	16204
青海	Qinghai	471	295	11	165	4354	3322
宁夏	Ningxia	436	322	7	107	5843	4720
新疆	Xinjiang	1792	1238	33	521	20336	16578

班数(总计)

and Classes (Regional Aggregates)

班数(个) Classes							
初中 Junior Sec. Schools				高中 Senior Sec. Schools			
一年级 Grade 1	二年级 Grade 2	三年级 Grade 3	四年级 Grade 4	小计 Subtotal	一年级 Grade 1	二年级 Grade 2	三年级 Grade 3
327732	299271	266854	5498	141990	50763	45948	45279
4426	4437	3794	6	2423	912	817	694
3410	2986	2500	0	1555	547	529	479
19212	16988	14775	598	6535	2480	2113	1942
9869	9195	8436	140	4061	1372	1254	1435
6807	6427	5830	155	3811	1301	1236	1274
12503	11399	10562	62	5548	2032	1835	1681
7591	7068	6863	53	3613	1333	1177	1103
11793	10518	9229	503	5075	1781	1687	1607
4475	4445	3452	17	2776	1015	912	849
18115	17770	16520	62	9401	3417	3054	2930
13335	12108	10510	6	5819	2191	1907	1721
15694	14409	13209	32	5486	1999	1764	1723
11439	9130	7652	0	3613	1256	1169	1188
10952	9808	8911	4	5047	1736	1630	1681
23861	22224	20237	3383	10710	3773	3565	3372
22964	20702	17971	145	7896	2638	2532	2726
14004	12846	11453	138	6647	2492	2131	2024
17532	15782	14017	3	7755	2741	2554	2460
20691	18448	16053	19	7531	2825	2432	2274
12819	10914	9733	18	4028	1434	1266	1328
2048	1723	1386	0	835	317	257	261
25153	23963	20784	19	9993	3498	3223	3272
6948	6321	5799	5	2743	960	884	899
8161	7663	7137	83	3754	1280	1235	1239
255	198	187	0	130	55	38	37
9136	8223	7189	3	5703	1995	1880	1828
5758	5375	5041	30	3589	1231	1139	1219
1139	1109	1068	6	1032	372	319	341
1614	1581	1524	1	1123	392	362	369
6028	5511	5032	7	3758	1388	1047	1323

普通中学校数、

Number of General Secondary

地区 Region		学校数(所) Schools 计 Total	初级中学 Junior Sec. Schools	高级中学 Senior Sec. Schools	完全中学 Complete Sec. Schools	计 Total	小计 Subtotal
总计	**Total**	13274	8283	934	4057	219041	167503
北京	Beijing	321	125	11	185	8237	6524
天津	Tianjin	322	218	5	99	5400	4514
河北	Hebei	680	483	28	169	10975	8916
山西	Shanxi	428	266	29	133	6486	4967
内蒙古	Inner Mongolia	335	196	24	115	5981	4434
辽宁	Liaoning	765	556	113	96	14292	11515
吉林	Jilin	532	381	69	82	9051	7004
黑龙江	Heilongjiang	747	521	106	120	11449	8883
上海	Shanghai	425	275	14	136	8354	6672
江苏	Jiangsu	645	430	17	198	10754	8749
浙江	Zhejiang	411	254	48	109	7230	5288
安徽	Anhui	454	269	9	176	6869	5341
福建	Fujian	228	131	2	95	4271	3211
江西	Jiangxi	331	174	14	143	5292	3648
山东	Shandong	797	554	95	148	15411	11345
河南	Henan	796	565	105	126	11219	8452
湖北	Hubei	987	671	89	227	14754	11166
湖南	Hunan	600	354	28	218	8410	6278
广东	Guangdong	597	287	22	288	12075	9198
广西	Guangxi	211	133	8	70	4044	3251
海南	Hainan	39	18	1	20	712	507
四川	Sichuan	951	571	20	360	13971	10954
贵州	Guizhou	251	173	7	71	3143	2339
云南	Yunnan	234	111	7	116	3161	2114
西藏	Tibet	17	8	0	9	274	201
陕西	Shaanxi	491	267	33	191	7004	4975
甘肃	Gansu	228	88	5	135	3784	2634
青海	Qinghai	73	24	8	41	892	624
宁夏	Ningxia	60	36	6	18	1035	741
新疆	Xinjiang	318	144	11	163	4511	3058

班数(城市)

Schools and Classes (Urban)

班数(个) Classes							
初中 Junior Sec. Schools				高中 Senior Sec. Schools			
一年级 Grade 1	二年级 Grade 2	三年级 Grade 3	四年级 Grade 4	小计 Subtotal	一年级 Grade 1	二年级 Grade 2	三年级 Grade 3
59588	56424	50171	1320	51538	18295	16832	16411
2272	2318	1928	6	1713	636	581	496
1768	1511	1235	0	886	314	303	269
3182	3021	2642	71	2059	782	672	605
1746	1676	1521	24	1519	527	471	521
1549	1488	1314	83	1547	529	505	513
4374	3788	3301	52	2777	1011	925	841
2500	2248	2235	21	2047	763	668	616
3256	2937	2593	97	2566	899	871	796
2622	2338	1711	1	1682	605	549	528
3015	3027	2692	15	2005	721	645	639
1995	1790	1497	6	1942	729	639	574
1837	1780	1709	15	1528	551	495	482
1249	1064	898	0	1060	358	350	352
1259	1217	1168	4	1644	551	534	559
3756	3710	3281	598	4066	1419	1365	1282
2924	2801	2610	117	2767	931	895	941
3830	3723	3504	109	3588	1327	1175	1086
2187	2141	1947	3	2132	735	705	692
3230	3050	2902	16	2877	1028	949	900
1128	1082	1032	9	793	290	247	256
190	174	143	0	205	75	69	61
3906	3915	3120	13	3017	1059	955	1003
803	808	728	0	804	273	262	269
713	703	665	33	1047	344	345	358
72	61	68	0	73	32	21	20
1814	1681	1480	0	2029	683	662	684
904	874	836	20	1150	408	382	360
203	206	215	0	268	90	85	93
255	251	235	0	294	98	100	96
1049	1041	961	7	1453	527	407	519

普通中学校数、

Number of General Secondary Schools

地区 Region		学校数(所) Schools 计 Total	初级中学 Junior Sec. Schools	高级中学 Senior Sec. Schools	完全中学 Complete Sec. Schools	计 Total	小计 Subtotal
总计	**Total**	19008	13120	1442	4446	289959	222916
北京	Beijing	162	100	3	59	3547	2968
天津	Tianjin	129	73	12	44	2003	1525
河北	Hebei	1339	1034	184	121	17936	14000
山西	Shanxi	425	288	58	79	6355	4452
内蒙古	Inner Mongolia	400	230	39	131	6880	4937
辽宁	Liaoning	362	233	98	31	6571	4318
吉林	Jilin	617	483	69	65	9075	7536
黑龙江	Heilongjiang	694	504	91	99	10686	8619
上海	Shanghai	252	162	18	72	5449	4486
江苏	Jiangsu	1573	1056	38	479	24508	19156
浙江	Zhejiang	2016	1641	141	234	26421	22617
安徽	Anhui	383	204	7	172	6564	4403
福建	Fujian	790	551	2	237	17181	14940
江西	Jiangxi	718	447	7	264	11602	8730
山东	Shandong	331	215	58	58	7049	4300
河南	Henan	1117	866	225	26	14544	10617
湖北	Hubei	337	216	84	37	4943	3130
湖南	Hunan	1042	759	78	205	14473	10916
广东	Guangdong	979	730	17	232	17399	14596
广西	Guangxi	479	279	46	154	7057	4728
海南	Hainan	58	18	0	40	1410	997
四川	Sichuan	2543	1877	36	630	34695	28147
贵州	Guizhou	280	144	6	130	4464	3017
云南	Yunnan	554	313	3	238	8497	6265
西藏	Tibet	67	57	0	10	488	431
陕西	Shaanxi	639	391	95	153	8994	6000
甘肃	Gansu	235	83	5	147	3979	2403
青海	Qinghai	135	47	2	86	1615	1055
宁夏	Ningxia	75	25	1	49	1583	989
新疆	Xinjiang	277	94	19	164	3991	2638

班数(县镇)

and Classes (County Seats & Towns)

班 数(个) Classes							
初 中 Junior Sec. Schools				高 中 Senior Sec. Schools			
一年级 Grade 1	二年级 Grade 2	三年级 Grade 3	四年级 Grade 4	小计 Subtotal	一年级 Grade 1	二年级 Grade 2	三年级 Grade 3
80579	74590	67110	637	67043	24119	21678	21246
1038	1038	892	0	579	225	193	161
566	520	439	0	478	171	160	147
5077	4618	4093	212	3936	1492	1271	1173
1577	1473	1374	28	1903	643	595	665
1718	1633	1538	48	1943	659	632	652
1539	1438	1341	0	2253	829	743	681
2590	2484	2444	18	1539	560	500	479
3043	2822	2629	125	2067	725	676	666
1444	1662	1364	16	963	360	321	282
6458	6511	6157	30	5352	1951	1742	1659
8304	7612	6701	0	3804	1436	1242	1126
1514	1485	1404	0	2161	791	699	671
6083	4829	4028	0	2241	787	719	735
3217	2876	2637	0	2872	997	925	950
1520	1385	1281	114	2749	987	905	857
3847	3516	3252	2	3927	1326	1263	1338
1101	1051	966	12	1813	686	582	545
4010	3659	3247	0	3557	1274	1167	1116
5569	4876	4151	0	2803	1060	897	846
1712	1545	1463	8	2329	824	733	772
368	331	298	0	413	158	129	126
10211	9633	8297	6	6548	2298	2131	2119
1060	996	960	1	1447	518	469	460
2187	2096	1968	14	2232	776	737	719
179	134	118	0	57	23	17	17
2194	2008	1796	2	2994	1065	997	932
836	805	762	0	1576	541	504	531
351	352	351	1	560	206	174	180
317	333	339	0	594	212	188	194
949	869	820	0	1353	539	367	447

普通中学校数、

Number of General Secondary

地区 Region	学校数(所) Schools 计 Total	初级中学 Junior Sec. Schools	高级中学 Senior Sec. Schools	完全中学 Complete Sec. Schools	计 Total	小计 Subtotal
总计 Total	48738	45626	902	2210	532345	508936
北京 Beijing	227	199	1	27	3302	3171
天津 Tianjin	265	235	17	13	3048	2857
河北 Hebei	3237	3178	38	21	29197	28657
山西 Shanxi	2548	2454	59	35	18860	18221
内蒙古 Inner Mongolia	1118	1073	12	33	10169	9848
辽宁 Liaoning	1332	1273	35	24	19211	18693
吉林 Jilin	670	666	0	4	7062	7035
黑龙江 Heilongjiang	1240	1181	16	43	14983	14541
上海 Shanghai	93	71	0	22	1362	1231
江苏 Jiangsu	2221	1990	47	184	26606	24562
浙江 Zhejiang	828	819	2	7	8127	8054
安徽 Anhui	3333	3080	18	235	35397	33600
福建 Fujian	753	685	0	68	10382	10070
江西 Jiangxi	1741	1645	9	87	17828	17297
山东 Shandong	3945	3661	223	61	57955	54060
河南 Henan	4454	4295	132	27	43915	42713
湖北 Hubei	2437	2299	91	47	25391	24145
湖南 Hunan	3221	3013	118	90	32206	30140
广东 Guangdong	2269	1992	16	261	33268	31417
广西 Guangxi	2387	2228	29	130	26411	25505
海南 Hainan	381	329	0	52	3870	3653
四川 Sichuan	2765	2720	2	43	31246	30818
贵州 Guizhou	1252	1132	1	119	14209	13717
云南 Yunnan	1437	1346	2	89	15140	14665
西藏 Tibet	2	2	0	0	8	8
陕西 Shaanxi	1658	1564	28	66	14256	13576
甘肃 Gansu	1163	1011	2	150	12030	11167
青海 Qinghai	263	224	1	38	1847	1643
宁夏 Ningxia	301	261	0	40	3225	2990
新疆 Xinjiang	1197	1000	3	194	11834	10882

班数(农村)

Schools and Classes (Rural)

班数(个) Classes							
初中 Junior Sec. Schools				高中 Senior Sec. Schools			
一年级 Grade 1	二年级 Grade 2	三年级 Grade 3	四年级 Grade 4	小计 Subtotal	一年级 Grade 1	二年级 Grade 2	三年级 Grade 3
187565	168257	149573	3541	23409	8349	7438	7622
1116	1081	974	0	131	51	43	37
1076	955	826	0	191	62	66	63
10953	9349	8040	315	540	206	170	164
6546	6046	5541	88	639	202	188	249
3540	3306	2978	24	321	113	99	109
6590	6173	5920	10	518	192	167	159
2501	2336	2184	14	27	10	9	8
5494	4759	4007	281	442	157	140	145
409	445	377	0	131	50	42	39
8642	8232	7671	17	2044	745	667	632
3036	2706	2312	0	73	26	26	21
12343	11144	10096	17	1797	657	570	570
4107	3237	2726	0	312	111	100	101
6476	5715	5106	0	531	188	171	172
18585	17129	15675	2671	3895	1367	1295	1233
16193	14385	12109	26	1202	381	374	447
9073	8072	6983	17	1246	479	374	393
11335	9982	8823	0	2066	732	682	652
11892	10522	9000	3	1851	737	586	528
9979	8287	7238	1	906	320	286	300
1490	1218	945	0	217	84	59	74
11036	10415	9367	0	428	141	137	150
5085	4517	4111	4	492	169	153	170
5261	4864	4504	36	475	160	153	162
4	3	1	0	0	0	0	0
5128	4534	3913	1	680	247	221	212
4018	3696	3443	10	863	282	253	328
585	551	502	5	204	76	60	68
1042	997	950	1	235	82	74	79
4030	3601	3251	0	952	322	273	357

普通中学毕业生数、招生数、毕业班学生数(总计)

Number of Graduates, Entrants & Graduates for Next Year in General Secondary Schools (Regional Aggregates)

单位:人

地区 Region	毕业生数 Graduates 初中 Junior Sec. Schools	毕业生数 Graduates 高中 Senior Sec. Schools	招生数 Entrants 初中 Junior Sec. Schools	招生数 Entrants 高中 Senior Sec. Schools	毕业班学生数 Graduates for Next Year 初中 Junior Sec. Schools	毕业班学生数 Graduates for Next Year 高中 Senior Sec. Schools
总计 Total	12273813	2016441	17522836	2736477	12939896	2089414
北京 Beijing	143659	23353	182984	40803	152435	26228
天津 Tianjin	98057	18647	151287	26037	103891	18516
河北 Hebei	665010	88448	1059834	146607	735210	94745
山西 Shanxi	360955	70764	483204	69774	380652	64008
内蒙古 Inner Mongolia	233924	50168	339670	70371	241753	54332
辽宁 Liaoning	519607	81814	644421	112245	498686	83037
吉林 Jilin	353271	51039	392775	75488	341735	53378
黑龙江 Heilongjiang	434603	73306	584757	93860	419026	74534
上海 Shanghai	148798	36632	213837	47798	162434	37932
江苏 Jiangsu	789695	136521	955570	184748	806138	136161
浙江 Zhejiang	517489	70888	691566	115099	501753	79970
安徽 Anhui	638853	73715	937884	114420	744498	81674
福建 Fujian	328572	55730	572590	61562	368981	51036
江西 Jiangxi	462464	77486	620731	91367	503222	80792
山东 Shandong	1018572	162835	1440457	230122	1008159	185952
河南 Henan	958421	135081	1437646	145787	1033060	143436
湖北 Hubei	578537	98848	784593	149589	601386	100209
湖南 Hunan	610694	106976	961172	150502	675787	109690
广东 Guangdong	755564	102593	1156238	155585	848064	110052
广西 Guangxi	421302	66030	688860	78447	471469	65646
海南 Hainan	71582	12550	110834	16807	72617	11809
四川 Sichuan	809001	141676	1249572	175106	861756	127381
贵州 Guizhou	254432	37753	359683	50449	269078	39510
云南 Yunnan	301606	55538	411183	65382	301955	54433
西藏 Tibet	5756	1399	9750	2489	8079	1349
陕西 Shaanxi	306196	68648	451763	105292	323451	77931
甘肃 Gansu	205412	46948	273645	64113	215728	52062
青海 Qinghai	47012	10823	50955	18800	46547	12620
宁夏 Ningxia	63602	15643	77260	19625	66192	16271
新疆 Xinjiang	171167	44589	228115	58203	176154	44720

普通中学毕业生数、招生数、毕业班学生数(城市)

Number of Graduates, Entrants & Graduates for Next Year in General Secondary Schools (Urban)

单位:人

地　区 Region	毕业生数 Graduates		招生数 Entrants		毕业班学生数 Graduates for Next Year	
	初中 Junior Sec. Schools	高中 Senior Sec. Schools	初中 Junior Sec. Schools	高中 Senior Sec. Schools	初中 Junior Sec. Schools	高中 Senior Sec. Schools
总　计 Total	2280168	704336	3015491	948850	2331084	756367
北　京 Beijing	74048	16150	94895	27684	78467	18734
天　津 Tianjin	45878	10507	79613	14586	52946	11052
河　北 Hebei	111696	26603	162778	42822	122474	29259
山　西 Shanxi	65801	24746	89067	25568	72218	23119
内蒙古 Inner Mongolia	53191	20817	80140	27893	58810	22694
辽　宁 Liaoning	175397	39024	234897	52945	162116	41422
吉　林 Jilin	122267	28709	140460	42686	114437	31097
黑龙江 Heilongjiang	129639	34660	168376	46279	117924	36903
上　海 Shanghai	69133	22228	124459	27767	79295	23361
江　苏 Jiangsu	122935	28771	149933	36825	126240	29008
浙　江 Zhejiang	74912	24303	105269	37334	73851	27591
安　徽 Anhui	85339	18271	95788	28718	85674	20497
福　建 Fujian	40789	16192	60787	17342	40317	15576
江　西 Jiangxi	52707	24357	63894	28586	58025	26827
山　东 Shandong	155232	63764	221936	85047	152604	70945
河　南 Henan	127478	42898	150543	49348	126742	46683
湖　北 Hubei	164450	50757	198349	76947	166571	53948
湖　南 Hunan	83457	27864	112580	37274	90600	29976
广　东 Guangdong	137990	37636	167417	54968	144983	43769
广　西 Guangxi	47107	12310	55603	14936	48380	12195
海　南 Hainan	8082	2541	10191	3924	7981	2991
四　川 Sichuan	114048	41522	179026	49529	129600	38902
贵　州 Guizhou	30595	11766	36468	13995	31032	12075
云　南 Yunnan	29774	15611	33818	16942	27436	15816
西　藏 Tibet	2112	802	3055	1569	3142	827
陕　西 Shaanxi	63526	22991	87748	33845	65128	28249
甘　肃 Gansu	38545	14798	43091	20945	38014	16611
青　海 Qinghai	9660	2657	10161	4453	9336	3597
宁　夏 Ningxia	9576	3510	11396	4939	9913	4193
新　疆 Xinjiang	34804	17571	43753	23154	36828	18450

普通中学毕业生数、招生数、毕业班学生数(县镇)

Number of Graduates, Entrants & Graduates for Next Year in General Secondary Schools (County Seats & Towns)

单位:人

地区 Region		毕业生数 Graduates		招生数 Entrants		毕业班学生数 Graduates for Next Year	
		初中 Junior Sec. Schools	高中 Senior Sec. Schools	初中 Junior Sec. Schools	高中 Senior Sec. Schools	初中 Junior Sec. Schools	高中 Senior Sec. Schools
总计	**Total**	3148023	981266	4333965	1341142	3340815	1006051
北京	Beijing	35317	6244	44108	10746	37097	6419
天津	Tianjin	18211	5604	25387	8517	18879	5292
河北	Hebei	190108	54076	290155	90894	211197	57754
山西	Shanxi	64351	33483	86303	35102	69918	30835
内蒙古	Inner Mongolia	68738	25614	92639	36870	72100	27924
辽宁	Liaoning	70067	35125	85057	48333	67360	34532
吉林	Jilin	124500	21946	131599	32061	116791	21983
黑龙江	Heilongjiang	127567	32529	154814	40522	118172	31409
上海	Shanghai	63546	12665	71064	17672	66198	13013
江苏	Jiangsu	296124	77468	333545	105757	303507	77712
浙江	Zhejiang	335256	45377	433432	76459	322413	51462
安徽	Anhui	70291	30504	89430	47085	77631	34214
福建	Fujian	177625	34463	311615	39164	204157	31928
江西	Jiangxi	135913	45232	181096	53354	146435	46656
山东	Shandong	70153	42593	96343	65176	71555	50318
河南	Henan	171367	71236	248124	77640	196481	76188
湖北	Hubei	50976	28109	62980	43166	54142	28787
湖南	Hunan	147150	50888	228080	72392	167342	51882
广东	Guangdong	188235	41826	317577	62260	229573	43240
广西	Guangxi	71276	38932	94953	46849	79930	40775
海南	Hainan	17715	7207	23398	9216	18550	6441
四川	Sichuan	340234	94226	531616	119054	365171	83953
贵州	Guizhou	45440	20593	55648	28469	47323	21325
云南	Yunnan	88110	33375	113573	41011	88285	32575
西藏	Tibet	3596	597	6609	920	4852	522
陕西	Shaanxi	80706	38464	112043	58659	84847	42479
甘肃	Gansu	33422	21240	41909	29420	36082	24641
青海	Qinghai	15735	6239	15319	10457	16108	7056
宁夏	Ningxia	15963	9303	16714	11101	17182	9294
新疆	Xinjiang	30331	16108	38835	22816	31537	15442

普通中学毕业生数、招生数、毕业班学生数(农村)

Number of Graduates, Entrants & Graduates for Next Year in General Secondary Schools (Rural)

单位:人

地区 Region		毕业生数 Graduates 初中 Junior Sec. Schools	毕业生数 Graduates 高中 Senior Sec. Schools	招生数 Entrants 初中 Junior Sec. Schools	招生数 Entrants 高中 Senior Sec. Schools	毕业班学生数 Graduates for Next Year 初中 Junior Sec. Schools	毕业班学生数 Graduates for Next Year 高中 Senior Sec. Schools
总计	**Total**	6845622	330839	10173380	446485	7267997	326996
北京	Beijing	34294	959	43981	2373	36871	1075
天津	Tianjin	33968	2536	46287	2934	32066	2172
河北	Hebei	363206	7769	606901	12891	401539	7732
山西	Shanxi	230803	12535	307834	9104	238516	10054
内蒙古	Inner Mongolia	111995	3737	166891	5608	110843	3714
辽宁	Liaoning	274143	7665	324467	10967	269210	7083
吉林	Jilin	106504	384	120716	741	110507	298
黑龙江	Heilongjiang	177397	6117	261567	7059	182930	6222
上海	Shanghai	16119	1739	18314	2359	16941	1558
江苏	Jiangsu	370636	30282	472092	42166	376391	29441
浙江	Zhejiang	107321	1208	152865	1306	105489	917
安徽	Anhui	483223	24940	752666	38617	581193	26963
福建	Fujian	110158	5075	200188	5056	124507	3532
江西	Jiangxi	273844	7897	375741	9427	298762	7309
山东	Shandong	793187	56478	1122178	79899	784000	64689
河南	Henan	659576	20947	1038979	18799	709837	20565
湖北	Hubei	363111	19982	523264	29476	380673	17474
湖南	Hunan	380087	28224	620512	40836	417845	27832
广东	Guangdong	429339	23131	671244	38357	473508	23043
广西	Guangxi	302919	14788	538304	16662	343159	12676
海南	Hainan	45785	2802	77245	3667	46086	2377
四川	Sichuan	354719	5928	538930	6523	366985	4526
贵州	Guizhou	178397	5394	267567	7985	190723	6110
云南	Yunnan	183722	6552	263792	7429	186234	6042
西藏	Tibet	48	0	86	0	85	0
陕西	Shaanxi	161964	7193	251972	12788	173476	7203
甘肃	Gansu	133445	10910	188645	13748	141632	10810
青海	Qinghai	21617	1927	25475	3890	21103	1967
宁夏	Ningxia	38063	2830	49150	3585	39097	2784
新疆	Xinjiang	106032	10910	145527	12233	107789	10828

普通中学在校
Enrolment of General Secondary

地区 Region		合计 Total	初中 Junior Secondary Schools 计 Subtotal	一年级 Grade 1	二年级 Grade 2	三年级 Grade 3
总计	**Total**	53709790	46578202	17646249	15512822	13145250
北京	Beijing	628246	525724	186233	186792	152477
天津	Tianjin	456293	387756	153418	130307	104031
河北	Hebei	3102408	2746596	1067200	905849	752141
山西	Shanxi	1509738	1319347	487754	443208	382497
内蒙古	Inner Mongolia	1093531	908380	342386	307944	251738
辽宁	Liaoning	2008338	1716659	645583	564781	503561
吉林	Jilin	1287429	1095669	393989	354509	344584
黑龙江	Heilongjiang	1791196	1538820	588355	486753	438742
上海	Shanghai	730783	600918	218669	218888	162751
江苏	Jiangsu	3167536	2690390	957820	924424	805319
浙江	Zhejiang	2105443	1814584	693751	618801	501790
安徽	Anhui	2815292	2525852	939281	840977	744042
福建	Fujian	1552534	1387331	573934	444416	368981
江西	Jiangxi	1932712	1678249	624597	550234	503277
山东	Shandong	4704572	4078749	1441986	1306057	1147294
河南	Henan	4178647	3749530	1459282	1250680	1033518
湖北	Hubei	2475861	2108402	788087	706450	607150
湖南	Hunan	2854079	2466804	965547	825379	675763
广东	Guangdong	3394556	3005525	1158796	997948	847943
广西	Guangxi	1940534	1731207	694411	564688	471396
海南	Hainan	317092	275466	111548	91301	72617
四川	Sichuan	3691545	3252161	1256715	1132759	861825
贵州	Guizhou	1084266	952134	369709	313247	268869
云南	Yunnan	1272513	1094686	417603	367230	306526
西藏	Tibet	32711	27355	10903	8373	8079
陕西	Shaanxi	1450717	1176885	457453	395850	323468
甘肃	Gansu	915263	746674	279165	250038	216060
青海	Qinghai	193862	148668	52061	49902	46495
宁夏	Ningxia	272305	219223	78671	74360	66152
新疆	Xinjiang	749788	608458	231342	200677	176164

学生数(总计)

Schools (Regional Aggregates)

单位:人

四年级 Grade 4	高中 Senior Secondary Schools 计 Subtotal	一年级 Grade 1	二年级 Grade 2	三年级 Grade 3	合计中住宿生 of the total Boarding Students
273881	7131588	2747068	2295106	2089414	14724803
222	102522	41168	35126	26228	35855
0	68537	26398	23623	18516	22639
21406	355812	147338	113729	94745	491774
5888	190391	70028	56355	64008	463202
6312	185151	70795	60024	54332	274875
2734	291679	112479	96163	83037	223109
2587	191760	75536	62846	53378	125969
24970	252376	93940	83902	74534	229907
610	129865	48807	43126	37932	31169
2827	477146	185627	155358	136161	555507
242	290859	115571	95318	79970	572285
1552	289440	114765	93001	81674	499137
0	165203	61813	52354	51036	465669
141	254463	92588	81083	80792	715865
183412	625823	230140	209731	185952	1077788
6050	429117	146610	139071	143436	1676573
6715	367459	149654	117596	100209	1217538
115	387275	150957	126628	109690	1022124
838	389031	155683	123296	110052	907318
712	209327	78617	65064	65646	1258519
0	41626	16912	12905	11809	86849
862	439384	175353	136650	127381	1089547
309	132132	50853	41769	39510	242041
3327	177827	65720	57674	54433	714517
0	5356	2489	1518	1349	14856
114	273832	105780	90121	77931	352661
1411	168589	64411	52116	52062	169897
210	45194	18841	13733	12620	31144
40	53082	19848	16963	16271	44220
275	141330	58347	38263	44720	112249

普通中学在校

Enrolment of General Secondary

地区 Region		合计 Total	初中 Junior Secondary Schools 计 Subtotal	一年级 Grade 1	二年级 Grade 2	三年级 Grade 3
总计	**Total**	10840683	8302096	3030815	2821651	2385842
北京	Beijing	344622	273236	95956	98549	78509
天津	Tianjin	242133	202356	81240	68170	52946
河北	Hebei	555345	448866	163833	155392	126567
山西	Shanxi	319304	249013	89609	85537	72845
内蒙古	Inner Mongolia	294961	220014	80387	74642	61586
辽宁	Liaoning	743549	601814	235070	197945	166435
吉林	Jilin	490216	379918	140717	121194	116937
黑龙江	Heilongjiang	567823	441745	169116	146422	121692
上海	Shanghai	398756	321504	128071	113983	79428
江苏	Jiangsu	526848	429527	150522	151806	126539
浙江	Zhejiang	370403	273201	105447	93624	73888
安徽	Anhui	346343	273233	95870	91028	85763
福建	Fujian	201509	152536	60853	51366	40317
江西	Jiangxi	265750	183011	64512	60278	58080
山东	Shandong	890342	655013	222051	219159	181406
河南	Henan	567835	426019	151577	142933	126615
湖北	Hubei	761855	567811	199176	191133	172615
湖南	Hunan	413641	312590	112890	109008	90577
广东	Guangdong	614735	467720	167942	154070	145016
广西	Guangxi	196433	157418	55777	52929	48317
海南	Hainan	37847	27480	10191	9308	7981
四川	Sichuan	616117	487479	179348	177911	129699
贵州	Guizhou	142405	103541	36893	35616	31032
云南	Yunnan	145851	96426	33980	32725	28424
西藏	Tibet	12295	8986	3080	2764	3142
陕西	Shaanxi	324823	232539	88253	79158	65128
甘肃	Gansu	180373	124114	42757	42074	38271
青海	Qinghai	41012	29250	10197	9717	9336
宁夏	Ningxia	46368	32638	11417	11308	9913
新疆	Xinjiang	181189	123098	44083	41902	36838

学生数(城市)

Schools (Urban)

单位:人

四年级 Grade 4	高中 Senior Secondary Schools 计 Subtotal	一年级 Grade 1	二年级 Grade 2	三年级 Grade 3	合计中住宿生 Of the total Boarding Students
63788	2538587	952914	829306	756367	1080910
222	71386	28009	24643	18734	9695
0	39777	14820	13905	11052	2975
3074	106479	43005	34215	29259	54456
1022	70291	25763	21409	23119	39968
3399	74947	27997	24256	22694	33558
2364	141735	53043	47270	41422	35228
1070	110298	42754	36447	31097	36934
4515	126078	46324	42851	36903	36810
22	77252	28342	25549	23361	6594
660	97321	37095	31218	29008	27799
242	97202	37546	32065	27591	57595
572	73110	28634	23979	20497	21197
0	48973	17448	15949	15576	27566
141	82739	29102	26810	26827	27122
32397	235329	85057	79327	70945	116720
4894	141816	49417	45716	46683	80063
4887	194044	76996	63100	53948	142898
115	101051	37539	33536	29976	62053
692	147015	55270	47976	43769	40695
395	39015	14966	11854	12195	27715
0	10367	3930	3446	2991	8277
521	128638	49556	40180	38902	81542
0	38864	14054	12735	12075	14640
1297	49425	17067	16542	15816	33908
0	3309	1569	913	827	1771
0	92284	33887	30148	28249	25991
1012	56259	21123	18525	16611	11572
0	11762	4467	3698	3597	533
0	13730	4939	4598	4193	1240
275	58091	23195	16446	18450	13795

普通中学在校

Enrolment of General Secondary

地 区 Region		合 计 Total	初 中 Junior Secondary Schools			
			计 Subtotal	一 年 级 Grade 1	二 年 级 Grade 2	三 年 级 Grade 3
总 计	**Total**	15139479	11677976	4364209	3927864	3358381
北 京	Beijing	152820	126917	44947	44884	37086
天 津	Tianjin	88316	67397	25560	22958	18879
河 北	Hebei	988046	768493	293056	251994	215949
山 西	Shanxi	332035	238691	87317	79974	70233
内蒙古	Inner Mongolia	353861	257183	93989	87212	74142
辽 宁	Liaoning	351648	228126	85200	75543	67383
吉 林	Jilin	453188	373212	131973	122983	117436
黑龙江	Heilongjiang	526353	419511	155814	133039	124584
上 海	Shanghai	269476	222799	71816	84013	66382
江 苏	Jiangsu	1250881	977521	334094	339885	302147
浙 江	Zhejiang	1340234	1150037	434891	392733	322413
安 徽	Anhui	371791	251305	88681	84993	77631
福 建	Fujian	862506	758959	312385	242417	204157
江 西	Jiangxi	635367	487749	181900	159056	146793
山 东	Shandong	440748	267687	96413	88278	76894
河 南	Henan	901722	672930	252142	224148	196568
湖 北	Hubei	284484	178331	63273	60760	53548
湖 南	Hunan	782838	598386	229106	201938	167342
广 东	Guangdong	971933	817946	317653	270782	229511
广 西	Guangxi	389441	261122	96282	86368	78200
海 南	Hainan	86480	63723	23640	21533	18550
四 川	Sichuan	1673497	1378720	534901	478349	365236
贵 州	Guizhou	229290	156065	56727	51968	47321
云 南	Yunnan	418191	309798	115133	104877	89244
西 藏	Tibet	20193	18146	7737	5557	4852
陕 西	Shaanxi	452755	300657	113732	101992	84843
甘 肃	Gansu	198890	121143	43554	41485	36104
青 海	Qinghai	74159	48522	16002	16255	16234
宁 夏	Ningxia	82082	51810	17083	17545	17182
新 疆	Xinjiang	156254	105090	39208	34345	31537

学生数(县镇)

Schools (County Seats & Towns)

单位:人

	高中 Senior Secondary Schools				
四年级 Grade 4	计 Subtotal	一年级 Grade 1	二年级 Grade 2	三年级 Grade 3	合计中住宿生 Of the total Boarding Students
27522	3461503	1347094	1108358	1006051	4567670
0	25903	10765	8719	6419	15483
0	20919	8611	7016	5292	13366
7494	219553	91421	70378	57754	282267
1167	93344	35150	27359	30835	105540
1840	96678	37188	31566	27924	94467
0	123522	48469	40521	34532	91955
820	79976	32041	25952	21983	63880
6074	106842	40550	34883	31409	82959
588	46677	18038	15626	13013	23410
1395	273360	106314	89334	77712	226682
0	190197	76718	62017	51462	387136
0	120486	47353	38919	34214	80731
0	103547	39304	32315	31928	246510
0	147618	54068	46894	46656	223823
6102	173061	65183	57560	50318	139505
72	228792	77944	74660	76188	389143
750	106153	43176	34190	28787	126465
0	184452	72570	60000	51882	291681
0	153987	62289	48458	43240	294616
272	128319	46965	40579	40775	211379
0	22757	9291	7025	6441	21302
234	294777	119228	91596	83953	641155
49	73225	28783	23117	21325	54436
544	108393	41221	34597	32575	211780
0	2047	920	605	522	12900
90	152098	59096	50523	42479	121627
0	77747	29606	23500	24641	49196
31	25637	10619	7962	7056	18829
0	30272	11385	9593	9294	18327
0	51164	22828	12894	15442	27120

普通中学在校

Enrolment of General Secondary

地区 Region		合计 Total	初中 Junior Secondary Schools 计 Subtotal	一年级 Grade 1	二年级 Grade 2	三年级 Grade 3
总计	**Total**	27729628	26598130	10251225	8763307	7401027
北京	Beijing	130804	125571	45330	43359	36882
天津	Tianjin	125844	118003	46618	39179	32206
河北	Hebei	1559017	1529237	610311	498463	409625
山西	Shanxi	858399	831643	310828	277697	239419
内蒙古	Inner Mongolia	444709	431183	168010	146090	116010
辽宁	Liaoning	913141	886719	325313	291293	269743
吉林	Jilin	344025	342539	121299	110332	110211
黑龙江	Heilongjiang	697020	677564	263425	207292	192466
上海	Shanghai	62551	56615	18782	20892	16941
江苏	Jiangsu	1389807	1283342	473204	432733	376633
浙江	Zhejiang	394806	391346	153413	132444	105489
安徽	Anhui	2097158	2001314	754730	664956	580648
福建	Fujian	488519	475836	200696	150633	124507
江西	Jiangxi	1031595	1007489	378185	330900	298404
山东	Shandong	3373482	3156049	1123522	998620	888994
河南	Henan	2709090	2650581	1055563	883599	710335
湖北	Hubei	1429522	1362260	525638	454557	380987
湖南	Hunan	1657600	1555828	623551	514433	417844
广东	Guangdong	1807888	1719859	673201	573096	473416
广西	Guangxi	1354660	1312667	542352	425391	344879
海南	Hainan	192765	184263	77717	60460	46086
四川	Sichuan	1401931	1385962	542466	476499	366890
贵州	Guizhou	712571	692528	276089	225663	190516
云南	Yunnan	708471	688462	268490	229628	188858
西藏	Tibet	223	223	86	52	85
陕西	Shaanxi	673139	643689	255468	214700	173497
甘肃	Gansu	536000	501417	192854	166479	141685
青海	Qinghai	78691	70896	25862	23930	20925
宁夏	Ningxia	143855	134775	50171	45507	39057
新疆	Xinjiang	412345	380270	148051	124430	107789

学生数(农村)

Schools (Rural)

单位:人

四年级 Grade 4	高中 Senior Secondary Schools 计 Subtotal	一年级 Grade 1	二年级 Grade 2	三年级 Grade 3	合计中住宿生 Of the total Boarding Students
182571	1131498	447060	357442	326996	9076223
0	5233	2394	1764	1075	10677
0	7841	2967	2702	2172	6298
10838	29780	12912	9136	7732	155051
3699	26756	9115	7587	10054	317694
1073	13526	5610	4202	3714	146850
370	26422	10967	8372	7083	95926
697	1486	741	447	298	25155
14381	19456	7066	6168	6222	110138
0	5936	2427	1951	1558	1165
772	106465	42218	34806	29441	301026
0	3460	1307	1236	917	127554
980	95844	38778	30103	26963	397209
0	12683	5061	4090	3532	191593
0	24106	9418	7379	7309	464920
144913	217433	79900	72844	64689	821563
1084	58509	19249	18695	20565	1207367
1078	67262	29482	20306	17474	948175
0	101772	40848	33092	27832	668390
146	88029	38124	26862	23043	572007
45	41993	16686	12631	12676	1019425
0	8502	3691	2434	2377	57270
107	15969	6569	4874	4526	366850
260	20043	8016	5917	6110	172965
1486	20009	7432	6535	6042	468829
0	0	0	0	0	185
24	29450	12797	9450	7203	205043
399	34583	13682	10091	10810	109129
179	7795	3755	2073	1967	11782
40	9080	3524	2772	2784	24653
0	32075	12324	8923	10828	71334

普通中学学生

Number of Female Students in

地　区 Region		合　计 Total	初中 Junior Secondary Schools 计 Subtotal	一年级 Grade 1	二年级 Grade 2	三年级 Grade 3
总　计	Total	24074943	21225617	8066440	7062386	5969540
北　京	Beijing	308016	256306	89921	90909	75354
天　津	Tianjin	222702	189487	74236	64113	51138
河　北	Hebei	1492887	1328737	515162	439509	363597
山　西	Shanxi	714154	627408	230131	210313	183959
内蒙古	Inner Mongolia	523090	433125	160593	146720	122591
辽　宁	Liaoning	965840	828860	311710	271917	243873
吉　林	Jilin	611016	523105	188091	167809	166001
黑龙江	Heilongjiang	865153	745222	283535	237681	212515
上　海	Shanghai	356809	292906	104803	106788	81010
江　苏	Jiangsu	1397221	1221124	437501	423184	359067
浙　江	Zhejiang	973988	854987	327039	292299	235539
安　徽	Anhui	1162279	1072306	408008	353891	309733
福　建	Fujian	650267	598316	253688	190786	153842
江　西	Jiangxi	790282	705299	278091	227478	199668
山　东	Shandong	2083668	1843444	654399	591214	514089
河　南	Henan	1896760	1726159	667152	580711	475346
湖　北	Hubei	1065274	939104	353689	313955	268255
湖　南	Hunan	1262826	1127262	442789	376208	308212
广　东	Guangdong	1493908	1353149	525256	448095	379399
广　西	Guangxi	823111	749599	299795	240854	208620
海　南	Hainan	137728	122732	50517	40185	32030
四　川	Sichuan	1643269	1474791	570910	511968	391515
贵　州	Guizhou	416177	370812	146879	122161	101595
云　南	Yunnan	558615	483731	182503	161098	138506
西　藏	Tibet	14759	12338	4828	3744	3766
陕　西	Shaanxi	664847	548448	212315	184470	151601
甘　肃	Gansu	389320	325635	120203	108756	95978
青　海	Qinghai	89221	67153	22924	22279	21868
宁　夏	Ningxia	122585	98719	35602	32816	30301
新　疆	Xinjiang	379171	305353	114170	100475	90572

总数中女学生数

General Secondary Schools

单位:人

四年级 Grade 4	高中 Senior Secondary Schools 计 Subtotal	一年级 Grade 1	二年级 Grade 2	三年级 Grade 3	合计中住宿生 Of the total Boarding Students
127251	2849326	1109959	916649	822718	5996343
122	51710	20556	17626	13528	15432
0	33215	12782	11472	8961	11314
10469	164150	68545	52499	43106	212570
3005	86746	31990	25578	29178	205177
3221	89965	34313	29257	26395	129200
1360	136980	53135	45243	38602	102179
1204	87911	35091	28773	24047	56743
11491	119931	45267	39716	34948	97889
305	63903	23917	21272	18714	12581
1372	176097	69519	56986	49592	221474
110	119001	47910	39117	31974	254532
674	89973	36759	28813	24401	185879
0	51951	19280	16550	16121	193577
62	84983	31423	27081	26479	254609
83742	240224	88613	80688	70923	465557
2950	170601	59348	55121	56132	651068
3205	126170	52041	40698	33431	475648
53	135564	52990	44676	37898	387043
399	140759	56268	45153	39338	374084
330	73512	28478	22763	22271	529955
0	14996	5996	4735	4265	36171
398	168478	68937	51678	47863	432995
177	45365	17493	14675	13197	77018
1624	74884	28027	24359	22498	308235
0	2421	1108	685	628	4981
62	116399	46766	37303	32330	151166
698	63685	24756	20058	18871	65957
82	22068	9267	6668	6133	12058
0	23866	9027	7698	7141	17268
136	73818	30357	19708	23753	53983

普通中学教

Number of Teachers, Staff & Workers in General

地区 Region	教职工 Teachers, Staff &				
	合计 Total	专任教师 Full-time Teachers			行政人员 Adm. Personnel
		计 Total	初中 Junior Sec. Schools	高中 Senior Sec. Schools	
总计 Total	4294832	3334242	2783721	550521	497074
北京 Beijing	70169	46106	37333	8773	15492
天津 Tianjin	49522	34626	28316	6310	10304
河北 Hebei	224781	179543	153676	25867	23727
山西 Shanxi	144810	113216	94835	18381	15938
内蒙古 Inner Mongolia	106369	77973	63319	14654	13694
辽宁 Liaoning	189553	137185	115965	21220	27966
吉林 Jilin	120920	88908	73963	14945	21221
黑龙江 Heilongjiang	173311	129272	107736	21536	24284
上海 Shanghai	73074	47117	38058	9059	16115
江苏 Jiangsu	259685	189128	153202	35926	30032
浙江 Zhejiang	133715	107724	88439	19285	13998
安徽 Anhui	176089	140287	119891	20396	17960
福建 Fujian	112918	91105	77799	13306	13352
江西 Jiangxi	141572	118610	98368	20242	9480
山东 Shandong	358301	279301	236887	42414	37201
河南 Henan	297106	246788	212304	34484	27966
湖北 Hubei	214686	171408	141902	29506	16940
湖南 Hunan	217690	179120	148460	30660	16997
广东 Guangdong	223091	175741	149486	26255	25704
广西 Guangxi	132959	97749	83405	14344	18003
海南 Hainan	26613	18958	15765	3193	2384
四川 Sichuan	329909	257682	218234	39448	39374
贵州 Guizhou	79257	64292	54433	9859	8628
云南 Yunnan	103732	80139	67471	12668	10146
西藏 Tibet	3666	2834	2320	514	277
陕西 Shaanxi	129046	100084	78161	21923	18858
甘肃 Gansu	76499	62669	49699	12970	6733
青海 Qinghai	19190	15691	11596	4095	1893
宁夏 Ningxia	22431	18052	14198	3854	2138
新疆 Xinjiang	84168	62934	48500	14434	10269

职 工 数（总 计）

Secondary Schools (Regional Aggregates)

单位：人

数 Workers			代课教师 Substitute Teachers	临时工 Temporary Workers	兼任教师 Part－time Teachers
工勤人员 Workers	校办工厂、农场职工 Employees in School－run Factories & Farms				
	计 Total	其中：由厂、场收入支付工资的职工 Employees maintained by income of School－run businesses			
386862	76654	42993	141919	111100	17916
5313	3258	1694	2443	3899	468
3091	1501	236	393	673	270
18225	3286	1671	13050	8425	611
13967	1689	1096	6374	5959	503
13328	1374	476	2186	1412	222
10096	14306	13825	2745	6908	575
8558	2233	1635	3233	1166	104
16651	3104	2181	4535	2538	492
6483	3359	3	867	1644	0
29093	11432	7004	5465	8068	440
7907	4086	2904	13463	7267	1350
16320	1522	419	6102	7050	679
7326	1135	776	7365	2100	1563
12328	1154	542	3090	2936	350
37464	4335	1076	4677	5303	224
19995	2357	978	5936	1880	787
22258	4080	1819	1615	4160	338
18750	2823	1378	6440	2275	357
20712	934	269	11272	7705	330
16355	852	392	15487	4360	549
5180	91	54	661	672	18
29118	3735	538	9051	5016	5668
5943	394	178	3780	3255	681
12991	456	215	4489	9016	304
539	16	3	120	409	96
8906	1198	474	2500	2421	359
6519	578	342	1684	1497	108
1472	134	69	162	540	52
2031	210	117	349	1035	144
9943	1022	629	2385	1511	274

普 通 中 学 教

Number of Teachers, Staff & Workers in General

地 区 Region	教职工 Teachers, Staff & 合计 Total	专任教师 Full-time Teachers 计 Total	初中 Junior Sec. Schools	高中 Senior Sec. Schools	行政人员 Adm. Personnel
总 计 Total	1103661	786477	586566	199911	180256
北 京 Beijing	42079	26039	19903	6136	10095
天 津 Tianjin	27321	17723	14231	3492	6608
河 北 Hebei	54688	39614	31508	8106	8514
山 西 Shanxi	36316	25950	19262	6688	5709
内蒙古 Inner Mongolia	31861	22202	16023	6179	5928
辽 宁 Liaoning	75837	51569	41152	10417	12095
吉 林 Jilin	50131	35439	27059	8380	9567
黑龙江 Heilongjiang	63260	45684	34692	10992	10601
上 海 Shanghai	44014	27874	22391	5483	10467
江 苏 Jiangsu	53910	34734	27305	7429	8436
浙 江 Zhejiang	30882	21670	15209	6461	4243
安 徽 Anhui	33247	25134	19429	5705	4779
福 建 Fujian	18842	13865	9948	3917	3032
江 西 Jiangxi	26350	21176	14826	6350	2580
山 东 Shandong	81150	58161	42087	16074	13016
河 南 Henan	59176	42893	31412	11481	10085
湖 北 Hubei	76545	57971	42652	15319	9237
湖 南 Hunan	41942	31158	22427	8731	5105
广 东 Guangdong	51317	38023	28055	9968	8210
广 西 Guangxi	16567	12338	9692	2646	2465
海 南 Hainan	3211	2503	1808	695	305
四 川 Sichuan	68495	49362	37079	12283	10596
贵 州 Guizhou	15440	11745	8575	3170	2283
云 南 Yunnan	15495	11110	7496	3614	2422
西 藏 Tibet	1342	1019	736	283	106
陕 西 Shaanxi	33652	24361	16662	7699	6142
甘 肃 Gansu	18524	13965	9550	4415	2669
青 海 Qinghai	4765	3500	2351	1149	824
宁 夏 Ningxia	4694	3568	2536	1032	523
新 疆 Xinjiang	22608	16127	10510	5617	3614

职工数（城市）

Secondary Schools (Urban)

单位:人

数 Workers			代课教师 Substitute Teachers	临时工 Temporary Workers	兼任教师 Part-time Teachers
工勤人员 Workers	校办工厂、农场职工 Employees in School-run Factories & Farms				
	计 Total	其中:由厂、场收入支付工资的职工 Employees maintained by income of School-run businesses			
92538	44390	28600	10190	19423	8067
3163	2782	1512	650	1939	390
1778	1212	176	108	233	250
4878	1682	999	685	1002	537
3773	884	590	627	1110	373
2982	749	245	260	583	188
3875	8298	8081	256	2249	355
3356	1769	1434	267	455	30
4887	2088	1626	359	720	319
3713	1960	0	637	1092	0
4165	6575	5632	559	854	387
2417	2552	2132	361	1164	888
2723	611	209	307	607	240
1248	697	592	94	178	708
2251	343	31	79	144	182
7739	2234	684	169	878	92
4778	1420	791	422	226	553
7159	2178	979	405	1097	245
3970	1709	1239	285	302	271
4621	463	150	1537	1458	225
1592	172	85	333	261	68
391	12	12	34	30	5
6618	1919	365	637	905	836
1262	150	44	257	254	256
1758	205	112	106	373	144
211	6	0	71	72	8
2371	778	351	338	678	297
1579	311	213	194	249	61
335	106	64	15	31	45
470	133	74	26	67	25
2475	392	178	112	212	89

普通中学教

Number of Teachers, Staff & Workers in General

地区 Region	教职工 Teachers, Staff &				
	合计 Total	专任教师 Full-time Teachers			行政人员 Adm. Personnel
		计 Total	初中 Junior Sec. Schools	高中 Senior Sec. Schools	
总计 Total	1258650	955249	698362	256887	147714
北京 Beijing	15402	10724	8557	2167	3161
天津 Tianjin	9950	6968	4985	1983	2001
河北 Hebei	76478	58864	43208	15656	8287
山西 Shanxi	33403	24504	15878	8626	3925
内蒙古 Inner Mongolia	32599	23540	16412	7128	4200
辽宁 Liaoning	37301	26193	17586	8607	5863
吉林 Jilin	43637	31920	25471	6449	7475
黑龙江 Heilongjiang	53421	39131	30400	8731	7649
上海 Shanghai	23000	15230	12160	3070	4500
江苏 Jiangsu	108181	78522	58037	20485	12459
浙江 Zhejiang	82397	68184	55598	12586	7940
安徽 Anhui	29799	22113	14188	7925	3491
福建 Fujian	60174	48691	40587	8104	6948
江西 Jiangxi	49762	40863	29298	11565	3136
山东 Shandong	37280	26390	16088	10302	4798
河南 Henan	70295	55679	38769	16910	6770
湖北 Hubei	26944	20818	12580	8238	1893
湖南 Hunan	61150	48636	34530	14106	4957
广东 Guangdong	64568	50874	41095	9779	6618
广西 Guangxi	32966	22991	14649	8342	4434
海南 Hainan	7579	5139	3451	1688	667
四川 Sichuan	153329	116706	91234	25472	18837
贵州 Guizhou	19758	14853	9884	4969	2481
云南 Yunnan	36456	26881	19417	7464	3937
西藏 Tibet	2293	1790	1559	231	167
陕西 Shaanxi	40665	31135	19636	11499	5848
甘肃 Gansu	17512	13401	7904	5497	1703
青海 Qinghai	7515	5923	3722	2201	733
宁夏 Ningxia	6800	5122	3115	2007	807
新疆 Xinjiang	18036	13464	8364	5100	2029

职 工 数（县 镇）

Secondary Schools (County Seats & Towns)

单位:人

数 Workers			代课教师 Substitute Teachers	临时工 Temporary Workers	兼任教师 Part-time Teachers
工勤人员 Workers	校办工厂、农场职工 Employees in School-run Factories & Farms				
	计 Total	其中:由厂、场收入支付工资的职工 Employees maintained by income of School-run businesses			
135566	20121	8185	33310	36742	5025
1250	267	97	798	1122	28
766	215	44	32	287	13
8058	1269	587	3016	4703	52
4315	659	443	895	2007	98
4442	417	137	260	319	18
3030	2215	2125	228	1409	25
3816	426	188	1264	590	49
6070	571	336	1050	346	59
2152	1118	0	138	417	0
13444	3756	1262	1857	3559	25
4825	1448	764	8723	4719	400
3778	417	91	408	1487	219
4195	340	133	3980	1210	550
5165	598	391	708	1044	26
5380	712	78	92	670	57
7176	670	151	704	223	111
3457	776	356	155	581	48
6712	845	113	789	630	32
6743	333	97	2675	2601	39
5173	368	140	501	666	241
1750	23	3	42	196	7
16234	1552	152	3074	2431	2424
2229	195	118	207	595	165
5417	221	101	627	2652	72
326	10	3	49	328	85
3404	278	82	593	686	39
2232	176	88	208	372	34
834	25	5	67	275	0
800	71	38	27	340	53
2393	150	62	143	277	56

Number of Teachers, Staff & Workers in General

地区 Region	教职工 Teachers, Staff & 合计 Total	专任教师 Full-time Teachers 计 Total	初中 Junior Sec. Schools	高中 Senior Sec. Schools	行政人员 Adm. Personnel
总计 Total	1932521	1592516	1498793	93723	169104
北京 Beijing	12688	9343	8873	470	2236
天津 Tianjin	12251	9935	9100	835	1695
河北 Hebei	93615	81065	78960	2105	6926
山西 Shanxi	75091	62762	59695	3067	6304
内蒙古 Inner Mongolia	41909	32231	30884	1347	3566
辽宁 Liaoning	76415	59423	57227	2196	10008
吉林 Jilin	27152	21549	21433	116	4179
黑龙江 Heilongjiang	56630	44457	42644	1813	6034
上海 Shanghai	6060	4013	3507	506	1148
江苏 Jiangsu	97594	75872	67860	8012	9137
浙江 Zhejiang	20436	17870	17632	238	1815
安徽 Anhui	113043	93040	86274	6766	9690
福建 Fujian	33902	28549	27264	1285	3372
江西 Jiangxi	65460	56571	54244	2327	3764
山东 Shandong	239871	194750	178712	16038	19387
河南 Henan	167635	148216	142123	6093	11111
湖北 Hubei	111197	92619	86670	5949	5810
湖南 Hunan	114598	99326	91503	7823	6935
广东 Guangdong	107206	86844	80336	6508	10876
广西 Guangxi	83426	62420	59064	3356	11104
海南 Hainan	15823	11316	10506	810	1412
四川 Sichuan	108085	91614	89921	1693	9941
贵州 Guizhou	44059	37694	35974	1720	3864
云南 Yunnan	51781	42148	40558	1590	3787
西藏 Tibet	31	25	25	0	4
陕西 Shaanxi	54729	44588	41863	2725	6868
甘肃 Gansu	40463	35303	32245	3058	2361
青海 Qinghai	6910	6268	5523	745	336
宁夏 Ningxia	10937	9362	8547	815	808
新疆 Xinjiang	43524	33343	29626	3717	4626

职 工 数（农 村）

Secondary Schools (Rural)

单位:人

数 Workers			代课教师 Substitute Teachers	临时工 Temporary Workers	兼任教师 Part-time Teachers
工勤人员 Workers	校办工厂、农场职工 Employees in School-run Factories & Farms				
	计 Total	其中:由厂、场收入支付工资的职工 Employees maintained by income of School-run businesses			
158758	12143	6208	98419	54935	4824
900	209	85	995	838	50
547	74	16	253	153	7
5289	335	85	9349	2720	22
5879	146	63	4852	2842	32
5904	208	94	1666	510	16
3191	3793	3619	2261	3250	195
1386	38	13	1702	121	25
5694	445	219	3126	1472	114
618	281	3	92	135	0
11484	1101	110	3049	3655	28
665	86	8	4379	1384	62
9819	494	119	5387	4956	220
1883	98	51	3291	712	305
4912	213	120	2303	1748	142
24345	1389	314	4416	3755	75
8041	267	36	4810	1431	123
11642	1126	484	1055	2482	45
8068	269	26	5366	1343	54
9348	138	22	7060	3646	66
9590	312	167	14653	3433	240
3039	56	39	585	446	6
6266	264	21	5340	1680	2408
2452	49	16	3316	2406	260
5816	30	2	3756	5991	88
2	0	0	0	9	3
3131	142	41	1569	1057	23
2708	91	41	1282	876	13
303	3	0	80	234	7
761	6	5	296	628	66
5075	480	389	2130	1022	129

普通中学教职工总

Number of General Secondary Schools Teachers,

地　区 Region	教　职　工 Teachers, Staff & 合　计 Total	专任教师 Full－time Teachers 计 Total	初　中 Junior Sec. Schools	高　中 Senior Sec. Schools	行政人员 Adm. Personnel
总　计　Total	17383	10548	7707	2841	3122
北　京　Beijing	624	313	106	207	201
天　津　Tianjin	370	239	239	0	107
河　北　Hebei	1395	762	570	192	292
山　西　Shanxi	697	392	331	61	147
内蒙古　Inner Mongolia	350	181	125	56	95
辽　宁　Liaoning	244	244	174	70	0
吉　林　Jilin	147	113	70	43	24
黑龙江　Heilongjiang	1556	989	653	336	281
上　海　Shanghai	151	106	42	64	39
江　苏　Jiangsu	298	204	124	80	72
浙　江　Zhejiang	1136	607	253	354	212
安　徽　Anhui	461	310	285	25	54
福　建　Fujian	473	255	239	16	141
江　西　Jiangxi	471	366	267	99	41
山　东　Shandong	823	573	387	186	100
河　南　Henan	331	177	152	25	63
湖　北　Hubei	389	163	154	9	60
湖　南　Hunan	1145	790	436	354	180
广　东　Guangdong	1408	600	503	97	172
广　西　Guangxi	1783	1203	1040	163	289
海　南　Hainan	250	152	109	43	37
四　川　Sichuan	1541	916	696	220	258
贵　州　Guizhou	396	315	291	24	40
云　南　Yunnan	177	108	79	29	33
西　藏　Tibet	0	0	0	0	0
陕　西　Shaanxi	637	381	339	42	146
甘　肃　Gansu	94	68	37	31	26
青　海　Qinghai	18	6	6	0	9
宁　夏　Ningxia	18	15	0	15	3
新　疆　Xinjiang	0	0	0	0	0

数中民办教职工数

Staff & Workers Maintained by the Communities

单位:人

数 Workers			代课教师 Substitute Teachers	临时工 Temporary Workers	兼任教师 Part-time Teachers
工勤人员 Workers	校办工厂、农场职工 Employees in School-run Factories & Farms				
	计 Total	其中:由厂、场收入支付工资的职工 Employees maintained by income of School-run businesses			
3608	105	69	2672	1404	5511
104	6	0	16	50	26
24	0	0	17	3	199
339	2	2	56	97	480
140	18	18	158	64	147
73	1	0	102	0	124
0	0	0	313	391	373
10	0	0	2	5	10
239	47	47	56	60	259
5	1	0	96	8	0
21	1	0	0	1	125
304	13	0	133	156	1045
94	3	1	364	225	103
77	0	0	41	1	515
64	0	0	8	9	125
149	1	0	28	22	65
91	0	0	484	61	598
166	0	0	0	11	30
175	0	0	127	31	217
636	0	0	8	0	12
291	0	0	308	127	349
61	0	0	0	0	0
366	1	1	102	61	405
41	0	0	151	7	54
36	0	0	2	0	28
0	0	0	0	0	0
99	11	0	34	13	180
0	0	0	50	0	20
3	0	0	0	1	20
0	0	0	16	0	2
0	0	0	0	0	0

普通中学教职工总

Number of Female Teachers, Staff &

地区 Region		教职工 Teachers, Staff &				
		合计 Total	专任教师 Full-time Teachers			行政人员 Adm. Personnel
			计 Total	初中 Junior Sec. Schools	高中 Senior Sec. Schools	
总计	**Total**	1475632	1191816	1031983	159833	119507
北京	Beijing	41073	29195	24389	4806	7676
天津	Tianjin	26069	19972	16999	2973	4312
河北	Hebei	93647	82971	72690	10281	4711
山西	Shanxi	56279	48662	42474	6188	3307
内蒙古	Inner Mongolia	43837	35033	29661	5372	4003
辽宁	Liaoning	91762	72996	62722	10274	8850
吉林	Jilin	57653	47235	40283	6952	6515
黑龙江	Heilongjiang	84058	67843	57662	10181	8354
上海	Shanghai	37430	25053	21357	3696	7532
江苏	Jiangsu	75406	55758	47641	8117	5488
浙江	Zhejiang	46700	38502	33209	5293	3061
安徽	Anhui	39936	31392	27984	3408	3043
福建	Fujian	33113	27236	24417	2819	2400
江西	Jiangxi	34348	29001	24896	4105	1300
山东	Shandong	105181	89505	78028	11477	6473
河南	Henan	91959	80904	72163	8741	5669
湖北	Hubei	60141	46543	40680	5863	3996
湖南	Hunan	65393	55370	48609	6761	2765
广东	Guangdong	74082	57352	50564	6788	5181
广西	Guangxi	41432	30457	27003	3454	2775
海南	Hainan	7841	4503	3944	559	444
四川	Sichuan	97597	78962	69853	9109	8518
贵州	Guizhou	22397	18147	15613	2534	1904
云南	Yunnan	36571	26955	23652	3303	2612
西藏	Tibet	1296	1011	862	149	78
陕西	Shaanxi	38557	32780	26791	5989	3261
甘肃	Gansu	18856	15624	13100	2524	1213
青海	Qinghai	7183	6050	4681	1369	543
宁夏	Ningxia	7621	6296	5147	1149	429
新疆	Xinjiang	38214	30508	24909	5599	3094

数中女教职工数

Workers in General Secondary Schools

单位:人

数 Workers			代课教师 Substitute Teachers	临时工 Temporary Workers	兼任教师 Part-time Teachers
工勤人员 Workers	校办工厂、农场职工 Employees in School-run Factories & Farms				
	计 Total	其中:由厂、场收入支付工资的职工 Employees maintained by income of School-run businesses			
134597	29712	19789	58963	41506	3743
2643	1559	928	1723	1475	257
1237	548	93	155	124	121
4811	1154	715	7794	1683	215
3706	604	440	3210	1579	96
4327	474	195	974	450	67
3526	6390	6267	1598	2425	317
2775	1128	900	1303	521	24
6455	1406	1014	1695	847	157
3582	1263	3	0	0	0
9639	4521	3443	1775	2268	150
3421	1716	1466	7269	3477	389
5025	476	167	1584	2869	91
2971	506	385	2579	851	306
3684	363	214	884	850	75
8030	1173	371	2163	1102	36
4665	721	427	1971	493	166
8241	1361	728	529	1784	69
6160	1098	662	2408	1029	54
11189	360	125	4434	4038	41
7902	298	136	5454	2028	73
2848	46	30	227	409	4
9102	1015	213	3138	1582	521
2239	107	62	1042	1749	122
6861	143	58	2045	5394	81
204	3	1	43	180	2
2120	396	202	979	610	129
1801	218	156	533	347	31
539	51	29	54	206	12
764	132	32	145	560	61
4130	482	327	1255	576	76

职业中学校数、班数、

Number of Schools , Classes , Graduates & Students

地区 Region		学校数(所) Schools			
		计 Total	初中 Junior Sec. Schools	高中 Senior Sec. Schools	初高中合设 Junior & Senior Sec. Schools
总计	**Total**	10147	1535	8113	499
北京	Beijing	171	0	171	0
天津	Tianjin	125	3	109	13
河北	Hebei	359	88	256	15
山西	Shanxi	377	109	234	34
内蒙古	Inner Mongolia	420	227	149	44
辽宁	Liaoning	594	62	529	3
吉林	Jilin	299	44	242	13
黑龙江	Heilongjiang	398	28	351	19
上海	Shanghai	76	1	75	0
江苏	Jiangsu	441	1	431	9
浙江	Zhejiang	511	10	486	15
安徽	Anhui	737	363	323	51
福建	Fujian	272	7	247	18
江西	Jiangxi	385	49	320	16
山东	Shandong	569	46	509	14
河南	Henan	785	49	709	27
湖北	Hubei	414	130	267	17
湖南	Hunan	567	72	484	11
广东	Guangdong	503	5	456	42
广西	Guangxi	274	28	196	50
海南	Hainan	41	0	34	7
四川	Sichuan	639	37	582	20
贵州	Guizhou	271	111	142	18
云南	Yunnan	233	34	187	12
西藏	Tibet	2	0	1	1
陕西	Shaanxi	285	9	270	6
甘肃	Gansu	190	11	168	11
青海	Qinghai	28	4	20	4
宁夏	Ningxia	36	3	27	6
新疆	Xinjiang	145	4	138	3

毕业生数和招生数(总计)

Admitted in Vocational Schools (Regional Aggregates)

班数(个) Classes		毕业生数(人) Graduates		招生数(人) Students Admitted	
初中 Junjor	高中 Senior	初中 Junior	高中 Senior	初中 Junior	高中 Senior
14353	88892	169550	1070243	288448	1611962
5	2421	0	17519	180	38293
29	1358	1863	10383	1031	19333
886	4082	9220	48240	15394	79705
601	1756	9372	28866	11157	35564
2237	1704	20484	19136	42791	22121
131	4629	2365	48881	1255	66626
727	2732	16165	45165	17078	48891
335	2849	3798	40977	9202	40658
6	2205	18	18248	33	35582
43	6377	386	75674	716	104310
49	4278	464	50512	769	81456
3256	3256	34753	35491	81665	63021
212	4010	2955	37971	2247	63128
448	2316	7450	31454	10034	52416
283	8049	4473	121718	5064	143700
508	8223	10794	81388	8867	198653
1037	2702	11107	30233	20716	49245
296	4386	2526	45315	5402	82108
153	4092	2174	59053	3135	78292
361	2227	4105	22681	7038	38624
23	222	103	2730	223	3554
254	6623	2587	95224	4765	106694
625	1013	8048	13209	12085	19211
1152	1843	1991	26338	17476	36945
3	7	11	23	0	158
131	2727	1258	32692	2602	58504
78	1109	1118	12935	1540	17720
102	195	4557	2945	248	2755
54	203	1846	2311	1470	3317
328	1298	3559	12931	4265	21378

职业中学校数、班数、

Number of Schools, Classes, Graduates & Students

地区 Region		学校数(所) Schools 计 Total	初中 Junior Sec. Schools	高中 Senior Sec. Schools	初高中合设 Junior & Senior Sec. Schools
总计	**Total**	3159	168	2803	188
北京	Beijing	31	0	31	0
天津	Tianjin	20	0	17	3
河北	Hebei	149	22	119	8
山西	Shanxi	82	4	60	18
内蒙古	Inner Mongolia	103	20	60	23
辽宁	Liaoning	72	1	71	0
吉林	Jilin	115	17	92	6
黑龙江	Heilongjiang	141	8	125	8
上海	Shanghai	20	0	20	0
江苏	Jiangsu	220	0	217	3
浙江	Zhejiang	264	6	253	5
安徽	Anhui	98	7	80	11
福建	Fujian	132	3	120	9
江西	Jiangxi	127	8	115	4
山东	Shandong	79	1	76	2
河南	Henan	197	5	185	7
湖北	Hubei	71	6	58	7
湖南	Hunan	208	21	181	6
广东	Guangdong	137	4	119	14
广西	Guangxi	111	8	90	13
海南	Hainan	8	0	6	2
四川	Sichuan	337	13	311	13
贵州	Guizhou	82	1	71	10
云南	Yunnan	109	4	97	8
西藏	Tibet	1	0	0	1
陕西	Shaanxi	110	2	105	3
甘肃	Gansu	57	2	55	0
青海	Qinghai	14	3	8	3
宁夏	Ningxia	18	2	15	1
新疆	Xinjiang	46	0	46	0

毕业生数和招生数(县镇)

Admitted in Vocational Schools (County Seats & Towns)

班数(个) Classes		毕业生数(人) Graduates		招生数(人) Students Admitted	
初中 Junior	高中 Senior	初中 Junior	高中 Senior	初中 Junior	高中 Senior
2425	29834	29494	374471	45634	583010
0	492	0	3649	0	8736
1	173	51	2024	36	2511
253	2046	1939	22561	4718	43820
87	472	841	9593	1457	9282
387	530	3371	6184	8058	6753
2	823	0	11078	65	11711
291	981	4734	16453	6887	17926
81	829	756	14197	2026	12299
0	518	0	4000	0	9606
11	3314	0	38681	215	55638
33	2192	435	25655	466	43345
135	877	2218	9438	2754	18326
143	2020	2395	16736	1486	32944
93	864	1767	11369	2179	20522
6	1147	0	18356	0	22375
78	2164	2523	22892	977	66533
77	535	834	6653	1326	9214
51	1549	808	17962	955	32482
112	1054	1153	17487	2386	20775
78	825	775	8834	1369	14908
0	33	0	541	0	475
105	3345	1365	50691	2088	57854
38	513	394	6069	1031	9251
247	876	234	12141	3583	18545
3	7	11	23	0	158
40	884	211	12236	844	24677
5	300	212	3237	49	4880
27	99	1523	1700	49	1519
20	78	728	887	319	1451
21	294	216	3144	311	4494

职业中学校数、班数、

Number of Schools, Classes, Graduates & Students

地　区 Region	学校数(所) Schools 计 Total	初中 Junior Sec. Schools	高中 Senior Sec. Schools	初高中合设 Junior & Senior Sec. Schools
总　计　Total	3452	1326	1911	215
北　京　Beijing	24	0	24	0
天　津　Tianjin	17	2	13	2
河　北　Hebei	107	65	40	2
山　西　Shanxi	182	97	74	11
内蒙古　Inner Mongolia	254	204	31	19
辽　宁　Liaoning	128	59	67	2
吉　林　Jilin	52	22	24	6
黑龙江　Heilongjiang	110	20	80	10
上　海　Shanghai	10	0	10	0
江　苏　Jiangsu	113	0	110	3
浙　江　Zhejiang	23	4	19	0
安　徽　Anhui	524	354	136	34
福　建　Fujian	51	4	42	5
江　西　Jiangxi	134	39	83	12
山　东　Shandong	287	41	239	7
河　南　Henan	281	41	222	18
湖　北　Hubei	197	118	70	9
湖　南　Hunan	128	51	74	3
广　东　Guangdong	215	0	196	19
广　西　Guangxi	63	20	23	20
海　南　Hainan	28	0	24	4
四　川　Sichuan	91	24	62	5
贵　州　Guizhou	131	109	16	6
云　南　Yunnan	69	30	38	1
西　藏　Tibet	0	0	0	0
陕　西　Shaanxi	75	7	65	3
甘　肃　Gansu	97	9	77	11
青　海　Qinghai	4	1	2	1
宁　夏　Ningxia	6	1	4	1
新　疆　Xinjiang	51	4	46	1

毕业生数和招生数(农村)

Admitted in Vocational Schools (Rural)

班数(个) Classes		毕业生数(人) Graduates		招生数(人) Students Admitted	
初中 Junior	高中 Senior	初中 Junior	高中 Senior	初中 Junior	高中 Senior
11484	16095	134919	215215	235143	307905
0	205	0	1507	0	3869
19	165	834	1434	652	2751
604	567	7052	6485	10496	12441
448	406	7821	7356	7970	8551
1825	265	16996	2823	34391	3302
121	395	2275	4541	1110	5575
417	290	11320	7235	9991	7098
248	453	3012	6932	7031	5894
0	208	0	2190	0	5518
12	1249	140	14877	291	23634
16	92	29	1013	303	1667
3080	799	32011	9354	78171	16134
61	457	465	4399	743	6707
334	541	5520	8513	7291	14032
271	3079	4380	47568	5021	51630
402	2034	8004	23430	7448	51379
909	358	9727	4745	18453	6148
239	754	1658	7883	4350	13149
26	1228	952	17661	479	25089
278	332	3038	3717	5538	5847
19	116	83	1625	149	2100
136	579	1092	9143	2568	8328
580	77	7613	1409	10967	1014
888	275	1680	4676	13744	5770
0	0	0	0	0	0
87	443	1021	5874	1592	9935
60	344	906	4430	1224	5307
75	13	3034	80	199	0
33	27	1096	256	1121	395
296	344	3160	4059	3850	4641

职业中学在校学生
Enrolment and Number of Graduates for Next Year

地区 Region	合计 Total	在校学 Enrolment 初中 Junior Sec. Schools 计 Subtotal	一年级 Grade 1	二年级 Grade 2	三年级 Grade 3
总计 Total	4483199	696878	289700	213701	193477
北京 Beijing	85544	180	180	0	0
天津 Tianjin	52710	1031	1031	0	0
河北 Hebei	242698	43395	15485	14870	13040
山西 Shanxi	105131	26914	11230	8876	6808
内蒙古 Inner Mongolia	153665	100346	42988	31052	26306
辽宁 Liaoning	182984	2760	1255	938	567
吉林 Jilin	150375	36817	17078	9861	9878
黑龙江 Heilongjiang	121520	17205	9208	4804	3193
上海 Shanghai	86447	132	33	39	60
江苏 Jiangsu	262434	1896	717	728	451
浙江 Zhejiang	179970	1975	792	652	531
安徽 Anhui	351438	204194	81899	66446	55849
福建 Fujian	163428	7999	2597	3237	2165
江西 Jiangxi	128482	23270	10039	6916	6315
山东 Shandong	414645	16237	5064	5880	5293
河南 Henan	458605	28803	8983	7704	12116
湖北 Hubei	170353	54401	20791	17094	16516
湖南 Hunan	199292	13301	5410	4043	3848
广东 Guangdong	189292	7945	3137	2880	1928
广西 Guangxi	113470	17511	7038	5415	5058
海南 Hainan	8559	547	228	156	163
四川 Sichuan	252968	11305	4781	3691	2833
贵州 Guizhou	72466	28981	12119	9411	7451
云南 Yunnan	99187	21927	17476	2587	1864
西藏 Tibet	326	85	9	0	76
陕西 Shaanxi	119080	5485	2602	1613	1270
甘肃 Gansu	42747	2981	1540	964	477
青海 Qinghai	11673	6131	248	243	5640
宁夏 Ningxia	9588	2374	1477	432	465
新疆 Xinjiang	54122	10750	4265	3169	3316

数、毕业班学生数(总计)

in Vocational Schools (Regional Aggregates)

单位:人

生数 计 Subtotal	高中 Senior Sec. Schools 二年制 2-year 一年级 Grade 1	二年级 Grade 2	三年制 3-year 一年级 Grade 1	二年级 Grade 2	三年级 Grade 3	四年制 4-year	毕业班学生数 Graduates for Next Year 初中 Junior Sec. Schools	高中 Senior Sec. Schools
3786321	419398	339127	1175449	956289	831369	64689	194517	1186849
85364	6752	5878	27187	20042	13676	11829	0	21497
51679	566	898	14600	8705	6782	20128	416	11005
199303	18847	22671	61451	51525	44347	462	10003	67447
78217	15637	13601	19872	14110	14483	514	6808	28533
53319	6008	4014	16233	13231	13833	0	25175	17847
180224	6282	6542	60151	58358	47943	948	567	54971
113558	23929	20907	24580	23036	20297	809	15191	41249
104315	14430	13985	26048	25620	23880	352	4932	37965
86315	8566	3827	24944	22958	19934	6086	60	24475
260538	13642	12883	90189	75332	67564	928	315	80647
177995	38244	32065	42992	34677	29017	1000	531	61436
147244	8401	6079	54832	42387	35498	47	56938	41741
155429	11229	10801	51851	41118	39064	1366	2108	50815
105212	22970	14628	28933	21180	17501	0	6707	32056
398408	22530	23639	120884	117999	112806	550	5293	138583
429802	35498	23421	160473	116608	85635	8167	12116	110997
115952	10541	8048	38232	32259	25228	1644	12625	33608
185991	10737	5931	70985	50982	43932	3424	2939	50607
181347	19571	15263	58271	46489	40966	787	1928	56283
95959	3568	3640	35156	29121	21348	3126	5142	26242
8012	864	755	2690	1950	1753	0	163	2508
241663	49281	43261	57400	44423	47130	168	2653	90391
43485	4522	3334	14726	10155	10748	0	7451	14082
77260	21346	16505	15250	12273	11171	715	1982	27849
241	149	92	0	0	0	0	85	66
113595	31112	16544	26441	19705	18239	1554	984	34920
39766	4303	3219	13561	10460	8223	0	808	11827
5542	1833	1312	922	588	887	0	5640	2199
7214	891	368	2366	1875	1654	60	1641	2182
43372	7149	5016	14229	9123	7830	25	3316	12821

职业中学在校学生

Enrolment and Number of Graduates for Next Year

地　区 Region	合　计 Total	在校学 Enrolment 初　中 Junior Sec. Schools 计 Subtotal	一年级 Grade 1	二年级 Grade 2	三年级 Grade 3
总　计 Total	1819801	18621	7684	6093	4844
北　京 Beijing	59560	180	180	0	0
天　津 Tianjin	39667	343	343	0	0
河　北 Hebei	63962	465	180	171	114
山　西 Shanxi	44665	3992	1730	1283	979
内蒙古 Inner Mongolia	31486	1029	342	373	314
辽　宁 Liaoning	132262	312	80	101	131
吉　林 Jilin	61349	442	200	111	131
黑龙江 Heilongjiang	58708	301	145	121	35
上　海 Shanghai	54782	132	33	39	60
江　苏 Jiangsu	68130	711	211	277	223
浙　江 Zhejiang	84669	0	0	0	0
安　徽 Anhui	73862	2554	740	903	911
福　建 Fujian	62247	191	18	104	69
江　西 Jiangxi	38932	1211	569	374	268
山　东 Shandong	193820	193	43	0	150
河　南 Henan	190014	1153	442	406	305
湖　北 Hubei	81355	2281	938	677	666
湖　南 Hunan	90307	265	97	86	82
广　东 Guangdong	84337	571	270	257	44
广　西 Guangxi	46080	216	131	45	40
海　南 Hainan	2873	141	79	25	37
四　川 Sichuan	101782	355	110	140	105
贵　州 Guizhou	20415	198	87	61	50
云　南 Yunnan	30148	412	149	208	55
西　藏 Tibet	0	0	0	0	0
陕　西 Shaanxi	55451	166	166	0	0
甘　肃 Gansu	17677	476	267	209	0
青　海 Qinghai	2563	0	0	0	0
宁　夏 Ningxia	3689	30	30	0	0
新　疆 Xinjiang	25009	301	104	122	75

数、毕业班学生数(城市)

in Vocational Schools (Urban)

单位:人

生数								
	高中 Senior Sec. Schools						毕业班学生数 Graduates for Next Year	
计 Subtotal	二年制 2-year		三年制 3-year			四年制 4-year	初中 Junior Sec. Schools	高中 Senior Sec. Schools
	一年级 Grade 1	二年级 Grade 2	一年级 Grade 1	二年级 Grade 2	三年级 Grade 3			
1801180	123082	110399	583995	491821	438228	53655	4666	558885
59380	3855	4103	17628	13236	9138	11420	0	15082
39324	162	210	9907	5110	4026	19909	74	7532
63497	3577	5625	19786	17528	16604	377	114	22361
40673	5527	4792	11970	9076	8853	455	979	13945
30457	2905	1946	9324	7872	8410	0	250	10356
131950	2427	2423	46860	43585	35847	808	131	38756
60907	6500	6861	17127	16147	13811	461	131	20717
58407	6368	6802	16032	15690	13358	157	35	20199
54650	3508	1840	15571	15711	13574	4446	60	16039
67419	1229	1319	23850	20296	20725	0	223	22044
84669	14590	12983	21739	17946	16603	808	0	29935
71308	1719	1249	26843	21595	19855	47	749	21313
62056	2368	2367	21103	17165	18550	503	12	21262
37721	6880	4224	10589	8393	7635	0	268	11859
193627	6754	8028	62680	59594	56166	405	150	64418
188861	8780	7969	70139	55148	40713	6112	305	49501
79074	6028	4138	27431	22115	17920	1442	561	22297
90042	3476	1853	32597	26813	23362	1941	82	25312
83766	2820	2068	29342	25835	23103	598	44	25225
45864	779	914	17041	12983	11155	2992	40	13205
2732	9	45	970	897	811	0	37	856
101427	12742	11785	27815	23296	25789	0	105	37574
20217	1430	1282	7553	4514	5438	0	50	6720
29736	6057	5658	6546	5954	5371	150	55	11042
0	0	0	0	0	0	0	0	0
55285	8392	6281	15115	13203	11670	624	0	17922
17201	951	1034	6736	4795	3685	0	0	4807
2563	893	799	343	285	243	0	0	1042
3659	170	122	1301	981	1085	0	136	1207
24708	2186	1679	10057	6058	4728	0	75	6357

职业中学在校学生

Enrolment and Number of Graduates for Next Year

地区 Region	在校学 Enrolment				
	合计 Total	初中 Junior Sec. Schools			
		计 Subtotal	一年级 Grade 1	二年级 Grade 2	三年级 Grade 3
总计 Total	1402735	110263	45935	33747	30581
北京 Beijing	18337	0	0	0	0
天津 Tianjin	6199	36	36	0	0
河北 Hebei	121155	12755	4723	4182	3850
山西 Shanxi	24093	4052	1457	1578	1017
内蒙古 Inner Mongolia	32859	17710	8078	5311	4321
辽宁 Liaoning	33401	65	65	0	0
吉林 Jilin	55040	15148	6887	4581	3680
黑龙江 Heilongjiang	34605	3891	2026	984	881
上海 Shanghai	20377	0	0	0	0
江苏 Jiangsu	141037	542	215	264	63
浙江 Zhejiang	91259	1316	486	409	421
安徽 Anhui	48617	7724	2754	2640	2330
福建 Fujian	82423	5525	1723	2115	1687
江西 Jiangxi	46044	5133	2179	1577	1377
山东 Shandong	57698	100	0	50	50
河南 Henan	135312	4578	978	731	2869
湖北 Hubei	27074	3959	1326	1614	1019
湖南 Hunan	71749	2284	955	696	633
广东 Guangdong	52307	5943	2386	2108	1449
广西 Guangxi	40542	3746	1369	1462	915
海南 Hainan	1065	0	0	0	0
四川 Sichuan	126959	4673	2090	1551	1032
贵州 Guizhou	22063	1896	1031	589	276
云南 Yunnan	41209	4087	3583	210	294
西藏 Tibet	326	85	9	0	76
陕西 Shaanxi	43312	1723	844	483	396
甘肃 Gansu	10680	83	49	17	17
青海 Qinghai	4751	1772	49	94	1629
宁夏 Ningxia	3296	751	326	280	145
新疆 Xinjiang	8946	686	311	221	154

数、毕业班学生数(县镇)

in Vocational Schools (County Seats & Towns)

单位:人

生数 计 Subtotal	高中 Senior Sec. Schools 二年制 2-year 一年级 Grade 1	二年级 Grade 2	三年制 3-year 一年级 Grade 1	二年级 Grade 2	三年级 Grade 3	四年制 4-year	毕业班学生数 Graduates for Next Year 初中 Junior Sec. Schools	高中 Senior Sec. Schools
1292472	194287	151801	386835	299829	252480	7240	33180	407087
18337	2106	1510	6590	4961	3127	43	0	4637
6163	26	417	2440	1910	1296	74	74	1742
108400	12361	13393	31733	28043	22830	40	2746	36475
20041	4841	3939	4486	3038	3678	59	1017	7766
15149	2349	1691	4356	3268	3485	0	4335	5176
33336	1682	1281	10029	11446	8898	0	0	10179
39892	11386	10199	6398	5998	5563	348	6244	15762
30714	5762	5209	6422	6343	6783	195	1554	12053
20377	3059	1319	6054	4742	4006	1197	0	5414
140495	6806	6341	48414	41735	36271	928	0	42812
89943	22440	18096	20798	16324	12093	192	421	30194
40893	1669	1327	16754	11678	9465	0	2330	10747
76898	6854	6449	26048	20409	17034	104	1687	23784
40911	10137	7364	10552	7278	5580	0	1424	12871
57598	5594	4209	16781	15806	15208	0	50	19827
130734	15353	10296	50784	30505	22433	1363	2869	33254
23115	2873	2839	6247	6582	4372	202	1114	7304
69465	5187	2958	27353	17577	15047	1343	670	18388
46364	4804	4269	15826	11294	10171	0	1449	14440
36796	1836	1772	13171	11888	7995	134	999	9823
1065	96	46	379	252	292	0	0	338
122286	31761	26732	25987	18920	18718	168	1032	45450
20167	2821	1909	6430	4780	4227	0	276	6136
37122	11065	7611	7332	5466	5083	565	294	12854
241	149	92	0	0	0	0	85	66
41589	15076	6697	9401	5221	4994	200	272	11691
10597	1757	1207	3103	2638	1892	0	57	3151
2979	940	513	579	303	644	0	1629	1157
2545	721	246	670	561	287	60	398	693
8260	2776	1870	1718	863	1008	25	154	2903

职业中学在校学生

Enrolment and Number of Graduates for Next Year

地区 Region		合计 Total	在校学 Enrolment 初中 Junior Sec. Schools 计 Subtotal	一年级 Grade 1	二年级 Grade 2	三年级 Grade 3
总 计	**Total**	1260663	567994	236081	173861	158052
北 京	Beijing	7647	0	0	0	0
天 津	Tianjin	6844	652	652	0	0
河 北	Hebei	57581	30175	10582	10517	9076
山 西	Shanxi	36373	18870	8043	6015	4812
内蒙古	Inner Mongolia	89320	81607	34568	25368	21671
辽 宁	Liaoning	17321	2383	1110	837	436
吉 林	Jilin	33986	21227	9991	5169	6067
黑龙江	Heilongjiang	28207	13013	7037	3699	2277
上 海	Shanghai	11288	0	0	0	0
江 苏	Jiangsu	53267	643	291	187	165
浙 江	Zhejiang	4042	659	306	243	110
安 徽	Anhui	228959	193916	78405	62903	52608
福 建	Fujian	18758	2283	856	1018	409
江 西	Jiangxi	43506	16926	7291	4965	4670
山 东	Shandong	163127	15944	5021	5830	5093
河 南	Henan	133279	23072	7563	6567	8942
湖 北	Hubei	61924	48161	18527	14803	14831
湖 南	Hunan	37236	10752	4358	3261	3133
广 东	Guangdong	52648	1431	481	515	435
广 西	Guangxi	26848	13549	5538	3908	4103
海 南	Hainan	4621	406	149	131	126
四 川	Sichuan	24227	6277	2581	2000	1696
贵 州	Guizhou	29988	26887	11001	8761	7125
云 南	Yunnan	27830	17428	13744	2169	1515
西 藏	Tibet	0	0	0	0	0
陕 西	Shaanxi	20317	3596	1592	1130	874
甘 肃	Gansu	14390	2422	1224	738	460
青 海	Qinghai	4359	4359	199	149	4011
宁 夏	Ningxia	2603	1593	1121	152	320
新 疆	Xinjiang	20167	9763	3850	2826	3087

数、毕业班学生数(农村)

in Vocational Schools (Rural)

单位:人

生数 计 Subtotal	高中 Senior Sec. Schools 二年制 2-year 一年级 Grade 1	二年级 Grade 2	三年制 3-year 一年级 Grade 1	二年级 Grade 2	三年级 Grade 3	四年制 4-year	毕业班学生数 Graduates for Next Year 初中 Junior Sec. Schools	高中 Senior Sec. Schools
692669	102029	76927	204619	164639	140661	3794	156671	220877
7647	791	265	2969	1845	1411	366	0	1778
6192	378	271	2253	1685	1460	145	268	1731
27406	2909	3653	9932	5954	4913	45	7143	8611
17503	5269	4870	3416	1996	1952	0	4812	6822
7713	754	377	2553	2091	1938	0	20590	2315
14938	2173	2838	3262	3327	3198	140	436	6036
12759	6043	3847	1055	891	923	0	8816	4770
15194	2300	1974	3594	3587	3739	0	3343	5713
11288	1999	668	3319	2505	2354	443	0	3022
52624	5607	5223	17925	13301	10568	0	92	15791
3383	1214	986	455	407	321	0	110	1307
35043	5013	3503	11235	9114	6178	0	53859	9681
16475	2007	1985	4700	3544	3480	759	409	5769
26580	5953	3040	7792	5509	4286	0	5015	7326
147183	10182	11402	41423	42599	41432	145	5093	54338
110207	11365	5156	39550	30955	22489	692	8942	28242
13763	1640	1071	4554	3562	2936	0	10950	4007
26484	2074	1120	11035	6592	5523	140	2187	6907
51217	11947	8926	13103	9360	7692	189	435	16618
13299	953	954	4944	4250	2198	0	4103	3214
4215	759	664	1341	801	650	0	126	1314
17950	4778	4744	3598	2207	2623	0	1516	7367
3101	271	143	743	861	1083	0	7125	1226
10402	4224	3236	1372	853	717	0	1633	3953
0	0	0	0	0	0	0	0	0
16721	7644	3566	1925	1281	1575	730	712	5307
11968	1595	978	3722	3027	2646	0	751	3869
0	0	0	0	0	0	0	4011	0
1010	0	0	395	333	282	0	1107	282
10404	2187	1467	2454	2202	2094	0	3087	3561

职业中学学生

Number of Female Students

地区 Region		合计 Total	在校学 Enrolment 初中 Junior Sec. Schools 计 Subtotal	一年级 Grade 1	二年级 Grade 2	三年级 Grade 3
总计	**Total**	2181703	306143	128101	92340	85702
北京	Beijing	46819	105	105	0	0
天津	Tianjin	30740	620	620	0	0
河北	Hebei	134450	20745	7396	7167	6182
山西	Shanxi	52990	13175	5408	4380	3387
内蒙古	Inner Mongolia	74432	46264	19422	14354	12488
辽宁	Liaoning	101866	1204	563	431	210
吉林	Jilin	74400	17846	7979	4612	5255
黑龙江	Heilongjiang	63469	7913	4339	2210	1364
上海	Shanghai	44638	44	11	15	18
江苏	Jiangsu	122977	694	222	296	176
浙江	Zhejiang	92348	783	311	262	210
安徽	Anhui	152040	84970	34658	27206	23106
福建	Fujian	82553	3969	1438	1544	987
江西	Jiangxi	48964	8851	3767	2623	2461
山东	Shandong	191320	7189	2218	2503	2468
河南	Henan	215929	12941	3938	3381	5622
湖北	Hubei	76338	23257	9231	7134	6892
湖南	Hunan	99513	5907	2386	1795	1726
广东	Guangdong	98391	3639	1446	1311	882
广西	Guangxi	49511	7191	2908	2087	2196
海南	Hainan	3802	263	117	70	76
四川	Sichuan	117748	4915	1937	1738	1240
贵州	Guizhou	31769	10767	4558	3485	2724
云南	Yunnan	48655	10448	8612	1025	811
西藏	Tibet	189	21	0	0	21
陕西	Shaanxi	64819	2307	1122	610	575
甘肃	Gansu	21538	1021	530	297	194
青海	Qinghai	5786	2698	101	136	2461
宁夏	Ningxia	5214	1171	757	197	217
新疆	Xinjiang	28495	5225	2001	1471	1753

总数中女学生数

in Vocational Schools

单位: 人

生数							毕业班学生数 Graduates for Next Year	
	高中 Senior Sec. Schools							
计 Subtotal	二年制 2-year		三年制 3-year			四年制 4-year	初中 Junior Sec. Schools	高中 Senior Sec. Schools
	一年级 Grade 1	二年级 Grade 2	一年级 Grade 1	二年级 Grade 2	三年级 Grade 3			
1875560	191141	157369	585501	485125	420786	35638	84657	585083
46714	3751	3220	14462	10972	7514	6795	0	11883
30120	231	533	8462	5096	4016	11782	259	6431
113705	10761	13398	34534	30430	24277	305	4651	37336
39815	7284	6398	10228	7735	7950	220	3464	14037
28168	3037	2260	8706	6924	7241	0	11689	9501
100662	3121	3155	34288	33151	26435	512	210	29877
56554	10713	9752	12818	12487	10387	397	6902	20183
55556	7164	7023	14042	13864	13282	181	2114	20305
44594	4587	2193	12866	11615	10087	3246	18	12665
122283	5447	5199	41731	36266	33160	480	127	38131
91565	18680	15317	21987	18912	15997	672	210	31567
67070	3087	2297	25555	19814	16297	20	23605	18458
78584	4467	4134	27540	21784	20211	448	932	24748
40113	8149	5078	11074	8675	7137	0	2501	12168
184131	10463	10124	56091	55254	51885	314	2468	63027
202988	15620	11466	75360	54490	41290	4762	5622	53898
53081	4457	3203	17554	14742	12333	792	5002	15565
93606	4602	2738	34761	26806	23117	1582	1254	25936
94752	9578	7868	30397	25095	21431	383	882	29356
42320	1298	1346	16287	12122	9711	1556	2196	11743
3539	391	335	1188	858	767	0	76	1102
112833	20363	17984	28490	22353	23548	95	1144	41420
21002	1913	1451	6817	5182	5639	0	2724	7090
38207	9433	8095	7807	6570	6054	248	811	14242
168	120	48	0	0	0	0	21	50
62512	15680	7995	15205	11763	11066	803	421	19153
20517	2057	1515	7198	5490	4257	0	270	6249
3088	1098	618	521	381	470	0	2461	1088
4043	494	220	1278	1161	859	31	870	1137
23270	3095	2406	8254	5133	4368	14	1753	6737

职业中学教

Number of Teachers, Staff & Workers in

地区 Region		教职工 Teachers, Staff &				
		合计 Total	专任教师 Full-time Teachers			行政人员 Adm. Personnel
			计 Total	初中 Junior Sec. Schools	高中 Senior Sec. Schools	
总计	Total	433963	292075	37217	254858	70531
北京	Beijing	10916	6045	2	6043	3208
天津	Tianjin	5586	3476	57	3419	1530
河北	Hebei	25174	16621	2599	14022	3333
山西	Shanxi	12713	8632	1838	6794	1979
内蒙古	Inner Mongolia	18038	12971	6610	6361	2301
辽宁	Liaoning	22979	13765	326	13439	4627
吉林	Jilin	14755	9809	1736	8073	3200
黑龙江	Heilongjiang	17176	11028	634	10394	3274
上海	Shanghai	5904	3177	20	3157	1734
江苏	Jiangsu	29200	19501	143	19358	4013
浙江	Zhejiang	14609	10193	76	10117	2412
安徽	Anhui	21700	16488	8970	7518	2739
福建	Fujian	13584	9752	371	9381	2297
江西	Jiangxi	12893	8239	1008	7231	1170
山东	Shandong	38224	24875	1264	23611	6840
河南	Henan	31938	22776	1218	21558	4278
湖北	Hubei	17390	12643	3783	8860	1908
湖南	Hunan	20128	13915	846	13069	2792
广东	Guangdong	18579	13900	369	13531	2742
广西	Guangxi	10274	6758	731	6027	1637
海南	Hainan	1350	933	57	876	152
四川	Sichuan	31983	20606	796	19810	5943
贵州	Guizhou	6374	4589	1846	2743	1021
云南	Yunnan	8020	5474	804	4670	1040
西藏	Tibet	12	6	1	5	2
陕西	Shaanxi	11333	6880	380	6500	2598
甘肃	Gansu	6124	4173	202	3971	765
青海	Qinghai	772	566	120	446	119
宁夏	Ningxia	1048	790	135	655	132
新疆	Xinjiang	5187	3494	275	3219	745

职 工 数 （总 计）

Vocational Schools (Regional Aggregates)

单位:人

数 Workers			代课教师 Substitute Teachers	临 时 工 Temporary Workers	兼任教师 Part－time Teachers
工勤人员 Workers	校办工厂、农场职工 Employees in School－run Factories & Farms				
	计 Total	其中:由厂、场收入支付工资的职工 Employees maintained by income of school－run businesses			
52106	19251	11465	14091	17566	27907
1191	472	185	328	818	374
377	203	14	156	126	468
3123	2097	1377	513	2366	753
1541	561	284	895	815	778
2326	440	64	328	321	121
1788	2799	2672	265	1438	600
1300	446	291	311	163	328
2320	554	331	144	159	286
689	304	0	425	319	0
3698	1988	1380	923	1419	1874
1433	571	415	987	1226	4374
2028	445	156	1184	1184	1433
1324	211	101	1180	294	1574
1490	1994	1673	312	386	1054
5174	1335	651	543	1180	1280
3940	944	311	68	399	2362
2192	647	262	389	527	759
2815	606	265	623	678	1417
1793	144	29	394	611	568
1675	204	30	491	283	950
253	12	5	36	39	8
4366	1068	419	1469	801	2784
646	118	47	418	360	377
1369	137	51	404	751	893
4	0	0	0	8	16
1421	434	210	698	450	1686
819	367	183	231	191	206
75	12	0	60	46	58
90	36	25	34	45	16
846	102	34	282	163	510

职业中学教

Number of Teachers, Staff & Workers in

地区 Region		教职工 Teachers, Staff &				
		合计 Total	专任教师 Full-time Teachers			行政人员 Adm. Personnel
			计 Total	初中 Junior Sec. Schools	高中 Senior Sec. Schools	
总计	**Total**	178248	113346	1374	111972	36119
北京	Beijing	8321	4459	2	4457	2582
天津	Tianjin	4023	2457	5	2452	1153
河北	Hebei	8064	5012	46	4966	1320
山西	Shanxi	5725	3607	210	3397	1118
内蒙古	Inner Mongolia	4874	3375	119	3256	973
辽宁	Liaoning	16095	9703	31	9672	3236
吉林	Jilin	7560	4765	60	4705	1889
黑龙江	Heilongjiang	8181	5329	20	5309	1727
上海	Shanghai	4189	2305	20	2285	1260
江苏	Jiangsu	9145	5626	78	5548	1388
浙江	Zhejiang	6661	4246	0	4246	1261
安徽	Anhui	4777	3092	139	2953	1015
福建	Fujian	5256	3574	28	3546	1028
江西	Jiangxi	3664	2682	67	2615	500
山东	Shandong	16313	9871	33	9838	3450
河南	Henan	13075	8754	83	8671	2448
湖北	Hubei	7974	5567	187	5380	1130
湖南	Hunan	8047	5153	40	5113	1442
广东	Guangdong	7677	5777	34	5743	1209
广西	Guangxi	3513	2240	8	2232	729
海南	Hainan	365	294	17	277	40
四川	Sichuan	11203	6779	34	6745	2495
贵州	Guizhou	1296	917	11	906	240
云南	Yunnan	1996	1456	29	1427	292
西藏	Tibet	0	0	0	0	0
陕西	Shaanxi	4777	2678	0	2678	1390
甘肃	Gansu	2434	1604	42	1562	335
青海	Qinghai	303	223	0	223	54
宁夏	Ningxia	395	267	3	264	45
新疆	Xinjiang	2345	1534	28	1506	370

职工数（城市）

Vocational Schools (Urban)

单位:人

数 Workers			代课教师 Substitute Teachers	临时工 Temporary Workers	兼任教师 Part-time Teachers
工勤人员 Workers	校办工厂、农场职工 Employees in School-run Factories & Farms				
	计 Total	其中:由厂、场收入支付工资的职工 Employees maintained by income of school-run businesses			
18568	10215	6580	5036	5437	17165
869	411	165	189	409	221
231	182	10	114	10	367
911	821	534	133	301	280
684	316	200	458	359	271
325	201	4	48	116	71
1228	1928	1826	132	808	567
583	323	250	54	64	109
802	323	198	24	66	127
471	153	0	210	192	0
722	1409	1219	201	257	415
761	393	354	214	424	3348
494	176	74	499	237	838
516	138	93	263	108	872
364	118	62	94	77	533
2129	863	405	380	325	1073
1498	375	110	1	123	1715
882	395	204	300	292	650
1118	334	217	174	239	906
599	92	26	129	242	401
462	82	23	84	68	668
31	0	0	20	11	5
1275	654	317	507	262	1619
118	21	21	88	23	90
225	23	0	81	96	259
0	0	0	0	0	0
538	171	97	328	181	1355
267	228	135	101	33	98
25	1	0	34	12	19
49	34	25	24	10	14
391	50	11	152	92	274

职业中学教

Number of Teachers, Staff & Workers in

教职工

Teachers, Staff &

地区 Region		合计 Total	专任教师 Full-time Teachers 计 Total	初中 Junior Sec. Schools	高中 Senior Sec. Schools	行政人员 Adm. Personnel
总计	**Total**	144592	97908	6216	91692	21316
北京	Beijing	1617	1054	0	1054	330
天津	Tianjin	707	427	0	427	206
河北	Hebei	12105	8104	790	7314	1492
山西	Shanxi	3210	2252	324	1928	419
内蒙古	Inner Mongolia	4930	3267	1160	2107	662
辽宁	Liaoning	4331	2704	1	2703	962
吉林	Jilin	5429	3602	747	2855	1062
黑龙江	Heilongjiang	5937	3913	283	3630	1124
上海	Shanghai	1161	557	0	557	312
江苏	Jiangsu	14805	10053	31	10022	2049
浙江	Zhejiang	7636	5710	56	5654	1103
安徽	Anhui	3752	2613	460	2153	563
福建	Fujian	6961	5078	252	4826	1115
江西	Jiangxi	4520	3000	183	2817	331
山东	Shandong	5675	3670	21	3649	862
河南	Henan	8811	6343	151	6192	840
湖北	Hubei	3461	2384	289	2095	375
湖南	Hunan	7553	5349	135	5214	842
广东	Guangdong	5524	4053	265	3788	798
广西	Guangxi	4598	2993	205	2788	645
海南	Hainan	262	164	0	164	30
四川	Sichuan	17030	11280	328	10952	2845
贵州	Guizhou	2786	1786	159	1627	529
云南	Yunnan	3988	2540	128	2412	523
西藏	Tibet	12	6	1	5	2
陕西	Shaanxi	4102	2489	140	2349	783
甘肃	Gansu	1557	1032	0	1032	178
青海	Qinghai	364	243	23	220	63
宁夏	Ningxia	483	368	71	297	81
新疆	Xinjiang	1285	874	13	861	190

职 工 数（县 镇）

Vocational Schools (County Seats & Towns)

单位: 人

数 Workers			代课教师 Substitute Teachers	临 时 工 Temporary Workers	兼任教师 Part－time Teachers
工勤人员 Workers	校办工厂、农场职工 Employees in School－run Factories & Farms				
	计 Total	其中:由厂、场收入支付工资的职工 Employees maintained by income of school－run businesses			
20298	5070	2340	5051	7248	7939
195	38	13	57	295	89
65	9	4	37	41	45
1620	889	541	157	1599	392
433	106	25	139	290	344
834	167	38	53	62	38
449	216	209	17	122	19
644	121	41	201	76	153
821	79	19	71	53	92
178	114	0	154	41	0
2236	467	142	385	781	1189
647	176	61	715	779	984
457	119	44	130	297	293
708	60	2	789	174	562
617	572	494	94	203	233
847	296	200	44	209	105
1238	390	175	30	80	460
576	126	12	37	117	77
1167	195	28	204	243	447
657	16	0	128	216	65
877	83	6	151	112	139
68	0	0	8	12	0
2543	362	102	822	502	1063
401	70	16	98	160	254
823	102	51	163	404	391
4	0	0	0	8	16
614	216	103	243	194	291
298	49	14	44	66	81
47	11	0	26	34	26
32	2	0	3	24	2
202	19	0	51	54	89

职业中学教

Number of Teachers, Staff & Workers in

地区 Region		教职工 Teachers, Staff &				
		合计 Total	专任教师 Full-time Teachers			行政人员 Adm. Personnel
			计 Total	初中 Junior Sec. Schools	高中 Senior Sec. Schools	
总计	**Total**	111123	80821	29627	51194	13096
北京	Beijing	978	532	0	532	296
天津	Tianjin	856	592	52	540	171
河北	Hebei	5005	3505	1763	1742	521
山西	Shanxi	3778	2773	1304	1469	442
内蒙古	Inner Mongolia	8234	6329	5331	998	666
辽宁	Liaoning	2553	1358	294	1064	429
吉林	Jilin	1766	1442	929	513	249
黑龙江	Heilongjiang	3058	1786	331	1455	423
上海	Shanghai	554	315	0	315	162
江苏	Jiangsu	5250	3822	34	3788	576
浙江	Zhejiang	312	237	20	217	48
安徽	Anhui	13171	10783	8371	2412	1161
福建	Fujian	1367	1100	91	1009	154
江西	Jiangxi	4709	2557	758	1799	339
山东	Shandong	16236	11334	1210	10124	2528
河南	Henan	10052	7679	984	6695	990
湖北	Hubei	5955	4692	3307	1385	403
湖南	Hunan	4528	3413	671	2742	508
广东	Guangdong	5378	4070	70	4000	735
广西	Guangxi	2163	1525	518	1007	263
海南	Hainan	723	475	40	435	82
四川	Sichuan	3750	2547	434	2113	603
贵州	Guizhou	2292	1886	1676	210	252
云南	Yunnan	2036	1478	647	831	225
西藏	Tibet	0	0	0	0	0
陕西	Shaanxi	2454	1713	240	1473	425
甘肃	Gansu	2133	1537	160	1377	252
青海	Qinghai	105	100	97	3	2
宁夏	Ningxia	170	155	61	94	6
新疆	Xinjiang	1557	1086	234	852	185

职 工 数 （ 农 村 ）

Vocational Schools (Rural)

单位:人

数 Workers			代课教师 Substitute Teachers	临 时 工 Temporary Workers	兼任教师 Part－time Teachers
工勤人员 Workers	校办工厂、农场职工 Employees in School－run Factories & Farms				
	计 Total	其中:由厂、场收入支付工资的职工 Employees maintained by income of school－run businesses			
13240	3966	2545	4004	4881	2803
127	23	7	82	114	64
81	12	0	5	75	56
592	387	302	223	466	81
424	139	59	298	166	163
1167	72	22	227	143	12
111	655	637	116	508	14
73	2	0	56	23	66
697	152	114	49	40	67
40	37	0	61	86	0
740	112	19	337	381	270
25	2	0	58	23	42
1077	150	38	555	650	302
100	13	6	128	12	140
509	1304	1117	124	106	288
2198	176	46	119	646	102
1204	179	26	37	196	187
734	126	46	52	118	32
530	77	20	245	196	64
537	36	3	137	153	102
336	39	1	256	103	143
154	12	5	8	16	3
548	52	0	140	37	102
127	27	10	232	177	33
321	12	0	160	251	243
0	0	0	0	0	0
269	47	10	127	75	40
254	90	34	86	92	27
3	0	0	0	0	13
9	0	0	7	11	0
253	33	23	79	17	147

职业中学教职工总

Number of Female Teachers, Staff

教职工

Teachers, Staff &

地区 Region	合计 Total	专任教师 Full-time Teachers			行政人员 Adm. Personnel
		计 Total	初中 Junior Sec. Schools	高中 Senior Sec. Schools	
总计 Total	154576	108153	9560	98593	20193
北京 Beijing	6359	3796	2	3794	1777
天津 Tianjin	2982	2091	17	2074	677
河北 Hebei	10783	8042	1009	7033	785
山西 Shanxi	4887	3746	704	3042	537
内蒙古 Inner Mongolia	6340	4980	2017	2963	571
辽宁 Liaoning	11970	8122	124	7998	1866
吉林 Jilin	6872	5075	714	4361	1148
黑龙江 Heilongjiang	8062	5766	183	5583	1201
上海 Shanghai	2942	1675	14	1661	814
江苏 Jiangsu	9562	6311	50	6261	924
浙江 Zhejiang	5091	3500	18	3482	684
安徽 Anhui	4475	3233	1374	1859	528
福建 Fujian	4475	3258	113	3145	594
江西 Jiangxi	3154	1731	141	1590	182
山东 Shandong	12743	9252	318	8934	1563
河南 Henan	10089	7564	333	7231	1048
湖北 Hubei	4738	3253	741	2512	424
湖南 Hunan	6388	4482	218	4264	641
广东 Guangdong	6258	4643	92	4551	651
广西 Guangxi	3448	2167	208	1959	396
海南 Hainan	393	210	17	193	27
四川 Sichuan	10223	6727	231	6496	1688
贵州 Guizhou	1673	1210	367	843	205
云南 Yunnan	2874	1820	212	1608	288
西藏 Tibet	5	1	0	1	2
陕西 Shaanxi	3327	2234	87	2147	565
甘肃 Gansu	1618	1134	47	1087	120
青海 Qinghai	271	216	28	188	29
宁夏 Ningxia	386	301	52	249	30
新疆 Xinjiang	2188	1613	129	1484	228

数中女教职工数

& Workers in Vocational Schools

单位:人

数 Workers			代课教师 Substitute Teachers	临时工 Temporary Workers	兼任教师 Part-time Teachers
工勤人员 Workers	校办工厂、农场职工 Employees in School-run Factories & Farms				
	计 Total	其中:由厂、场收入支付工资的职工 Employees maintained by income of school-run businesses			
18731	7499	5036	3988	5483	6582
604	182	48	163	337	154
142	72	11	54	41	170
1062	894	412	207	563	140
463	141	88	334	181	145
673	116	12	107	121	26
712	1270	1223	138	561	279
438	211	137	118	46	71
877	218	130	45	40	74
353	100	0	0	0	0
1374	953	793	224	326	299
662	245	217	326	458	1127
571	143	76	272	353	285
564	59	49	189	119	315
398	843	802	65	134	190
1516	412	234	153	269	325
1158	319	120	22	51	629
826	235	127	102	215	157
1055	210	107	174	270	254
917	47	4	96	247	56
786	99	24	169	153	198
150	6	2	11	25	1
1451	357	197	433	204	658
235	23	12	96	161	77
726	40	20	130	400	179
2	0	0	0	4	4
405	123	77	200	92	528
239	125	84	41	30	65
23	3	0	30	20	13
38	17	12	10	24	1
311	36	18	79	38	162

小学校数、班数、招生

Number of Schools, Classes, Graduates & Students

地区 Region	学校数(所) Schools	教学点数(个) Teaching Sites	班 计 Total	一年级 Grade 1	二年级 Grade 2
总计 Total	668685	210895	4038547	780664	728041
北京 Beijing	2867	6	30212	5337	5610
天津 Tianjin	3216	0	25327	4472	4410
河北 Hebei	47133	4826	256508	46480	43872
山西 Shanxi	40795	3412	130482	18848	17540
内蒙古 Inner Mongolia	13645	8809	90559	16319	15288
辽宁 Liaoning	14594	2384	118517	21793	22200
吉林 Jilin	10202	2974	88802	16249	15933
黑龙江 Heilongjiang	16163	5783	128125	23719	22449
上海 Shanghai	1826	10	25725	4202	4449
江苏 Jiangsu	27062	1822	176961	34829	32623
浙江 Zhejiang	22608	581	103187	17300	17010
安徽 Anhui	29343	7481	174903	37117	33093
福建 Fujian	15765	11904	129147	24969	22393
江西 Jiangxi	24862	8010	132088	28736	24447
山东 Shandong	47068	9955	270842	62334	59223
河南 Henan	41698	11781	279784	62689	56616
湖北 Hubei	29422	6576	187407	35811	33287
湖南 Hunan	44105	3770	216064	40706	38446
广东 Guangdong	24628	11534	241234	43433	42539
广西 Guangxi	16005	37830	205153	35809	34361
海南 Hainan	4430	1352	33009	7308	6372
四川 Sichuan	68436	5299	309872	58332	58655
贵州 Guizhou	19702	11710	141306	29056	25884
云南 Yunnan	24612	27936	163317	29987	26950
西藏 Tibet	3943	1360	11893	3956	3086
陕西 Shaanxi	36471	2261	156922	25566	22874
甘肃 Gansu	23718	15344	97389	21253	17573
青海 Qinghai	3437	764	17250	3813	3050
宁夏 Ningxia	3843	920	21759	5057	4136
新疆 Xinjiang	7086	4501	74803	15184	13672

数、毕业生数(总计)

Admitted in Primary Schools (Regional Aggregates)

数 (个) Classes						
三年级 Grade 3	四年级 Grade 4	五年级 Grade 5	六年级 Grade 6	复式班 Multiple-grade Classes	毕业生数(人) Graduates	招生数(人) Students Admitted
684569	633864	581747	341405	288257	19615233	25318201
5243	4726	4417	4643	236	183894	168903
4118	3853	3647	3878	949	156641	148922
40746	38436	34960	28423	23591	1192243	1626040
17654	18265	18920	2746	36509	553648	642867
14957	14909	14940	2074	12072	424759	452161
20142	18227	17138	18089	928	672482	703538
14950	13985	13345	13076	1264	419415	490253
21195	20185	19891	15554	5132	638456	639529
4550	4250	3976	4293	5	211956	172876
30287	27486	25382	16540	9814	990273	1304166
16144	14916	15289	8368	14160	700080	661915
31758	30349	29533	2393	10660	1032358	1199358
21230	20707	19855	10016	9977	625550	684919
23265	22225	21088	810	11517	700501	840797
52643	45203	40391	4648	6400	1540666	2053262
52536	49941	47473	3786	6743	1689568	2325225
32189	30101	26842	19945	9232	907560	1289448
36790	34598	27071	24282	14171	1066707	1376311
40331	38304	36450	34629	5548	1215578	1515530
33827	31207	28185	16603	25161	810533	1074779
5616	5087	4467	3894	265	139244	180493
56917	49950	41095	38236	6687	1415872	1875631
22913	20074	17723	16157	9499	511543	945676
24603	22760	20138	15564	23315	560295	879274
2344	1083	669	507	248	14412	59963
22283	20956	18775	17160	29308	501187	862997
16105	14553	13652	3796	10457	319684	525875
2764	2425	2337	932	1929	59411	83157
3694	3363	3172	867	1470	89490	114619
12775	11740	10926	9496	1010	271227	419717

小学校数、班数、招生

Number of Schools, Classes, Graduates & Students

地区 Region	学校数(所) Schools	教学点数(个) Teaching Sites	班 计 Total	一年级 Grade 1	二年级 Grade 2
总计 Total	32377	5464	384616	71019	70738
北京 Beijing	762	0	12366	2056	2178
天津 Tianjin	515	0	8869	1384	1389
河北 Hebei	1716	164	20085	3750	3792
山西 Shanxi	770	157	10339	1935	1897
内蒙古 Inner Mongolia	624	76	8981	1759	1726
辽宁 Liaoning	1505	121	24365	4378	4530
吉林 Jilin	1208	44	16361	2934	2935
黑龙江 Heilongjiang	1148	71	18288	3365	3412
上海 Shanghai	698	0	14617	2274	2468
江苏 Jiangsu	2385	137	21728	4004	3899
浙江 Zhejiang	1292	8	12126	2270	2255
安徽 Anhui	1057	93	11895	2260	2174
福建 Fujian	537	36	7136	1337	1245
江西 Jiangxi	688	156	7157	1567	1429
山东 Shandong	2314	684	24966	5206	5223
河南 Henan	1752	411	19478	4020	3852
湖北 Hubei	3000	247	28863	5519	5342
湖南 Hunan	1568	127	15192	2814	2747
广东 Guangdong	1924	625	26300	4766	4626
广西 Guangxi	665	192	8720	1525	1575
海南 Hainan	125	9	1375	269	248
四川 Sichuan	2608	155	23439	3935	4243
贵州 Guizhou	568	162	6075	1146	1106
云南 Yunnan	341	47	4199	762	741
西藏 Tibet	32	9	456	82	77
陕西 Shaanxi	1429	247	15025	2688	2640
甘肃 Gansu	493	1339	6058	1111	1127
青海 Qinghai	104	0	1333	238	246
宁夏 Ningxia	108	5	1584	287	289
新疆 Xinjiang	441	142	7240	1378	1327

数、毕业生数(城市)

Admitted in Primary Schools (Urban)

班数 (个) Classes					毕业生数(人) Graduates	招生数(人) Students Admitted
三年级 Grade 3	四年级 Grade 4	五年级 Grade 5	六年级 Grade 6	复式班 Multiple-grade Classes		
67398	62510	60051	51003	1897	2878428	3204685
2088	1957	1954	2133	0	94475	71472
1407	1429	1546	1714	0	81708	60803
3452	3112	3001	2892	86	154100	165258
1853	1815	1766	1025	48	82154	91325
1592	1549	1556	762	37	71764	82643
4094	3741	3670	3952	0	227759	213748
2797	2606	2521	2568	0	135310	137530
3206	2952	2883	2470	0	159856	162600
2538	2421	2332	2584	0	123255	98751
3664	3317	3082	3182	580	151938	172545
2049	1887	1896	1525	244	96461	102532
2067	1939	1853	1528	74	91073	115303
1185	1159	1216	976	18	56116	58220
1378	1312	1278	101	92	55182	70467
4764	4147	4051	1445	130	204135	233679
3508	3181	3081	1818	18	145207	198900
5110	4807	4590	3364	131	193790	256580
2602	2469	2311	2231	18	107698	132183
4505	4318	4112	3951	22	165994	218592
1559	1494	1387	1137	43	54996	61590
232	219	209	198	0	10019	12952
4470	3942	3375	3429	45	163963	151571
1048	973	899	853	50	32767	48942
736	692	659	606	3	28640	34352
77	70	72	78	0	3103	3504
2619	2431	2231	2189	227	85061	113869
1061	971	967	802	19	41943	51762
231	212	201	205	0	9367	12493
262	255	250	238	3	10635	13289
1244	1133	1102	1047	9	39959	57230

小学校数、班数、招生

Number of Schools, Classes, Graduates & Students

地区 Region	学校数(所) Schools	教学点数(个) Teaching Sites	班		
			计 Total	一年级 Grade 1	二年级 Grade 2
总计 Total	77693	11817	559917	106912	102677
北京 Beijing	728	0	7607	1460	1508
天津 Tianjin	436	0	4147	735	737
河北 Hebei	4238	518	30069	5696	5427
山西 Shanxi	2465	415	11921	2117	2036
内蒙古 Inner Mongolia	612	102	7723	1536	1512
辽宁 Liaoning	655	72	8964	1625	1714
吉林 Jilin	1157	245	13917	2492	2485
黑龙江 Heilongjiang	1178	134	15250	2747	2754
上海 Shanghai	303	2	5262	890	902
江苏 Jiangsu	9069	398	58127	11159	10534
浙江 Zhejiang	13157	202	62915	10821	10782
安徽 Anhui	1675	409	12250	2667	2343
福建 Fujian	3818	1607	40215	8216	7883
江西 Jiangxi	5142	1532	32215	7152	6165
山东 Shandong	1712	294	12496	2814	2743
河南 Henan	4274	846	32707	7365	6801
湖北 Hubei	1387	420	11279	2118	1982
湖南 Hunan	6569	559	38800	7172	6820
广东 Guangdong	1717	404	23944	4280	4168
广西 Guangxi	659	458	9649	1715	1728
海南 Hainan	152	5	2272	413	389
四川 Sichuan	8107	495	53061	9624	9913
贵州 Guizhou	1014	372	9226	1787	1688
云南 Yunnan	1688	910	14280	2729	2527
西藏 Tibet	146	75	1073	206	198
陕西 Shaanxi	4082	193	24819	4293	4091
甘肃 Gansu	667	1004	5491	1111	995
青海 Qinghai	293	24	2340	462	415
宁夏 Ningxia	108	12	1537	308	291
新疆 Xinjiang	485	110	6361	1202	1146

数、毕业生数(县镇)

Admitted in Primary Schools (County Seats & Towns)

数 (个) Classes					毕业生数(人) Graduates	招生数(人) Students Admitted
三年级 Grade 3	四年级 Grade 4	五年级 Grade 5	六年级 Grade 6	复式班 Multiple-grade Classes		
97630	90703	85250	52445	24300	3450268	4202992
1358	1173	1049	1059	0	42467	46647
684	640	618	654	79	25696	24029
4975	4598	4386	3440	1547	177504	223546
1983	2011	1962	199	1613	70720	82441
1451	1436	1463	261	64	58938	64193
1545	1366	1275	1430	9	71221	73473
2345	2205	2131	2104	155	82613	92548
2635	2518	2485	2064	47	106480	108073
921	849	809	888	3	48406	39309
9834	8759	7910	5922	4009	336014	438316
10127	9306	9461	4992	7426	433563	412984
2234	2135	2130	257	484	84655	113109
7462	7360	7056	1736	502	246949	278670
5880	5628	5386	219	1785	176722	226383
2455	2170	2021	133	160	89408	127613
6228	5786	5531	614	382	214603	327224
1917	1805	1698	1307	452	64105	92890
6673	6399	5260	5035	1441	220801	270914
4038	3825	3788	3712	133	165538	207887
1737	1664	1567	993	245	59102	73800
368	362	368	372	0	20838	21940
9932	8596	7427	7350	219	336845	385957
1549	1411	1307	1245	239	48053	76128
2360	2164	2143	1587	770	74164	102630
173	173	165	158	0	5609	7714
3990	3749	3319	3076	2301	99781	165168
977	913	871	455	169	33284	44480
405	389	382	245	42	13333	15953
281	266	284	104	3	11400	13901
1113	1047	998	834	21	31456	45072

小学校数、班数、招生

Number of Schools, Classes, Graduates & Students

地区 Region	学校数(所) Schools	教学点数(个) Teaching Sites	班 计 Total	一年级 Grade 1	二年级 Grade 2
总计 Total	558615	193614	3094014	602733	554626
北京 Beijing	1377	6	10239	1821	1924
天津 Tianjin	2265	0	12311	2353	2284
河北 Hebei	41179	4144	206354	37034	34653
山西 Shanxi	37560	2840	108222	14796	13607
内蒙古 Inner Mongolia	12409	8631	73855	13024	12050
辽宁 Liaoning	12434	2191	85188	15790	15956
吉林 Jilin	7837	2685	58524	10823	10513
黑龙江 Heilongjiang	13837	5578	94587	17607	16283
上海 Shanghai	825	8	5846	1038	1079
江苏 Jiangsu	15608	1287	97106	19666	18190
浙江 Zhejiang	8159	371	28146	4209	3973
安徽 Anhui	26611	6979	150758	32190	28576
福建 Fujian	11410	10261	81796	15416	13265
江西 Jiangxi	19032	6322	92716	20017	16853
山东 Shandong	43042	8977	233380	54314	51257
河南 Henan	35672	10524	227599	51304	45963
湖北 Hubei	25035	5909	147265	28174	25963
湖南 Hunan	35968	3084	162072	30720	28879
广东 Guangdong	20987	10505	190990	34387	33745
广西 Guangxi	14681	37180	186784	32569	31058
海南 Hainan	4153	1338	29362	6626	5735
四川 Sichuan	57721	4649	233372	44773	44499
贵州 Guizhou	18120	11176	126005	26123	23090
云南 Yunnan	22583	26979	144838	26496	23682
西藏 Tibet	3765	1276	10364	3668	2811
陕西 Shaanxi	30960	1821	117078	18585	16143
甘肃 Gansu	22558	13001	85840	19031	15451
青海 Qinghai	3040	740	13577	3113	2389
宁夏 Ningxia	3627	903	18638	4462	3556
新疆 Xinjiang	6160	4249	61202	12604	11199

数、毕业生数(农村)

Admitted in Primary Schools (Rural)

数 (个) Classes						
三年级 Grade 3	四年级 Grade 4	五年级 Grade 5	六年级 Grade 6	复式班 Multiple grade Classes	毕业生数(人) Graduates	招生数(人) Students Admitted
519541	480651	436446	237957	262060	13286537	17910524
1797	1596	1414	1451	236	46952	50784
2027	1784	1483	1510	870	49237	64090
32319	30726	27573	22091	21958	860639	1237236
13818	14439	15192	1522	34848	400774	469101
11914	11924	11921	1051	11971	294057	305325
14503	13120	12193	12707	919	373502	416317
9808	9174	8693	8404	1109	201492	260175
15354	14715	14523	11020	5085	372120	368856
1091	980	835	821	2	40295	34816
16789	15410	14390	7436	5225	502321	693305
3968	3723	3932	1851	6490	170056	146399
27457	26275	25550	608	10102	856630	970946
12583	12188	11583	7304	9457	322485	348029
16007	15285	14424	490	9640	468597	543947
45424	38886	34319	3070	6110	1247123	1691970
42800	40974	38861	1354	6343	1329758	1799101
25162	23489	20554	15274	8649	649665	939978
27515	25730	19500	17016	12712	738208	973214
31788	30161	28550	26966	5393	884046	1089051
30531	28049	25231	14473	24873	696435	939389
5016	4506	3890	3324	265	108387	145601
42515	37412	30293	27457	6423	915064	1338103
20316	17690	15517	14059	9210	430723	820606
21507	19904	17336	13371	22542	457491	742292
2094	840	432	271	248	5700	48745
15674	14776	13225	11895	26780	316345	583960
14067	12669	11814	2539	10269	244457	429633
2128	1824	1754	482	1887	36711	54711
3151	2842	2638	525	1464	67455	87429
10418	9560	8826	7615	980	199812	317415

六年制小学校数、班

Number of Schools, Classes, Students Admitted

地区 Region	学校数(所) Schools	教学点数(个) Teaching Sites	班 计 Total	一年级 Grade 1	二年级 Grade 2
总计 Total	400391	120491	2615685	472694	452866
北京 Beijing	2854	0	30022	5297	5568
天津 Tianjin	3137	0	18646	2143	2128
河北 Hebei	37298	2731	219646	39571	37340
山西 Shanxi	3368	624	17611	2695	2566
内蒙古 Inner Mongolia	1417	698	12839	1873	1777
辽宁 Liaoning	14329	2345	115741	21014	21371
吉林 Jilin	9925	2435	87267	15920	15679
黑龙江 Heilongjiang	11235	2039	67829	3949	5694
上海 Shanghai	1599	10	25618	4178	4423
江苏 Jiangsu	19326	1332	133813	26283	24511
浙江 Zhejiang	12297	158	59571	9518	9562
安徽 Anhui	1573	581	17413	3228	2989
福建 Fujian	8075	5707	67186	12175	10411
江西 Jiangxi	1326	6	5233	1063	399
山东 Shandong	5371	1065	32293	6182	6044
河南 Henan	2716	886	26815	5378	5048
湖北 Hubei	25315	6174	160273	29758	27676
湖南 Hunan	40372	3443	201595	34460	36116
广东 Guangdong	24624	11504	241121	43402	42518
广西 Guangxi	12659	26607	161696	30236	29216
海南 Hainan	4294	1275	31806	7006	6088
四川 Sichuan	68007	5236	307946	58102	58441
贵州 Guizhou	19702	11710	141306	29056	25884
云南 Yunnan	23563	27007	153731	28985	26122
西藏 Tibet	3149	610	9906	3278	2376
陕西 Shaanxi	36471	2261	156907	25562	22870
甘肃 Gansu	4362	3896	28667	5523	5012
青海 Qinghai	1378	110	7684	1725	1423
宁夏 Ningxia	649	41	5582	1016	968
新疆 Xinjiang	0	0	69922	14118	12646

数、招生数、毕业生数

& Graduates in 6－year Primary Schools

数 (个) Classes					毕业生数(人) Graduates	招生数(人) Students Admitted
三年级 Grade 3	四年级 Grade 4	五年级 Grade 5	六年级 Grade 6	复式班 Multiple-grade Classes		
430700	395942	355212	341405	166866	11968537	15413062
5203	4692	4383	4643	236	182494	152654
2049	3852	3647	3878	949	155301	82766
34533	32697	29861	28423	17221	1005587	1352124
2514	2076	2464	2746	2550	87786	102058
1736	2024	2137	2074	1218	75216	66048
19394	17984	16961	18089	928	663063	667170
14758	13806	13209	13076	819	409150	471881
10201	14931	14979	15554	2521	497289	120864
4523	4234	3962	4293	5	211559	172125
21591	18652	16813	16540	9423	676292	977467
8902	7671	7566	8368	7984	375846	371888
2865	2543	2446	2393	949	107600	146783
10093	10517	10309	10016	3665	319938	317321
408	769	799	810	985	34191	33748
5328	4892	4330	4648	869	203559	201335
4592	4091	3797	3786	123	144713	216731
26849	24995	21966	19945	9084	709051	993752
34563	32714	25499	24282	13961	988333	1194883
40309	38284	36431	34629	5548	1210062	1513607
28703	21687	18496	16603	16755	497553	882620
5364	4900	4302	3894	252	133467	178523
56718	49315	40477	38236	6657	1394804	1871780
22913	20074	17723	16157	9499	511543	945676
23817	19584	17287	15564	22372	452572	833361
1843	985	669	507	248	14369	57541
22282	20954	18771	17160	29308	491987	859849
4763	4287	3966	3796	1320	114150	169195
1229	1015	960	932	400	25077	39043
874	916	923	867	18	27461	31971
11783	10801	10079	9496	999	248524	388298

小学在校学生数和

Enrolment and Number of Graduates for

地区 Region	在校学生 Enrolment			
	合计 Total	一年级 Grade 1	二年级 Grade 2	三年级 Grade 3
总计 Total	131951477	27138311	26396735	24421489
北京 Beijing	1007301	171977	187626	178792
天津 Tianjin	884476	153401	157748	147733
河北 Hebei	8513146	1700259	1656351	1488818
山西 Shanxi	3270404	681202	665559	630556
内蒙古 Inner Mongolia	2343129	473628	468005	446555
辽宁 Liaoning	3751941	719351	747880	649250
吉林 Jilin	2690280	505290	510170	467915
黑龙江 Heilongjiang	3729337	682984	708920	655572
上海 Shanghai	1109627	175339	189148	200638
江苏 Jiangsu	6447727	1372275	1314470	1199582
浙江 Zhejiang	3629838	679041	744869	673233
安徽 Anhui	6068810	1227812	1277334	1238746
福建 Fujian	3799640	711604	714504	691846
江西 Jiangxi	4305362	934814	917871	866043
山东 Shandong	9403584	2087707	2087691	1871262
河南 Henan	10395639	2531309	2266862	1991845
湖北 Hubei	6741588	1367956	1314545	1231482
湖南 Hunan	7366539	1422115	1364404	1276798
广东 Guangdong	8831914	1545194	1603815	1541952
广西 Guangxi	6399187	1191181	1277578	1250626
海南 Hainan	1117457	229732	204230	193101
四川 Sichuan	9988734	1939510	2020269	1952885
贵州 Guizhou	4753439	1120244	943589	807823
云南 Yunnan	4624119	997002	905671	823151
西藏 Tibet	258651	79885	63188	47122
陕西 Shaanxi	4515750	938037	874750	808428
甘肃 Gansu	2737059	733684	580497	511167
青海 Qinghai	447978	121074	90247	79732
宁夏 Ningxia	617547	160799	123171	111269
新疆 Xinjiang	2201274	483905	415773	387567

毕业班学生数(总计)

Next Year in Primary Schools (Regional Aggregates)

单位:人

生数 四年级 Grade 4	五年级 Grade 5	六年级 Grade 6	毕业班学生数 Graduates for Next Year
22019344	20072886	11902712	19568740
158783	148821	161302	162524
136840	140297	148457	148457
1348667	1259171	1059880	1214801
615991	578985	98111	585210
446657	433250	75034	430708
549381	512976	573103	581486
424969	394770	387166	392830
614772	596115	470974	613001
182933	168773	192796	193277
1031777	927222	602401	919513
598404	595452	338839	639922
1148840	1071576	104502	1072385
689012	663390	329284	648442
816533	739737	30364	741541
1637121	1526102	193701	1547533
1793822	1664572	147229	1666939
1100595	993195	733815	918365
1182602	1105455	1015165	1062500
1461121	1393237	1286595	1287906
1137669	979870	562263	881124
181459	164673	144262	150780
1592705	1262282	1221083	1239938
707050	619796	554937	554937
752568	660301	485426	588080
30538	21561	16357	16357
721555	635068	537912	538052
439936	352728	119047	339157
69685	61692	25548	58788
102429	91205	28674	89411
344930	310614	258485	284776

小学在校学生数和

Enrolment and Number of Graduates for

地区 Region	在校学 Enrolment 合计 Total	一年级 Grade 1	二年级 Grade 2	三年级 Grade 3
总计 Total	17108859	3242895	3238216	3045611
北京 Beijing	457382	72285	79758	78909
天津 Tianjin	401777	61030	61964	63294
河北 Hebei	856572	167043	166262	147616
山西 Shanxi	476635	91917	90062	86079
内蒙古 Inner Mongolia	407149	82443	79703	72075
辽宁 Liaoning	1185328	214230	224836	199263
吉林 Jilin	762306	138736	140870	130933
黑龙江 Heilongjiang	883504	164170	169185	156053
上海 Shanghai	666439	99255	111173	117698
江苏 Jiangsu	892211	175815	171521	158512
浙江 Zhejiang	551094	103634	107574	95419
安徽 Anhui	574997	115799	109378	101431
福建 Fujian	316532	58928	56220	53169
江西 Jiangxi	325538	72137	68255	65740
山东 Shandong	1139125	234347	243872	219458
河南 Henan	893395	201442	184690	160526
湖北 Hubei	1299498	262529	248880	234035
湖南 Hunan	678637	133165	126496	116988
广东 Guangdong	1201385	220267	214529	208089
广西 Guangxi	362424	62370	65680	67078
海南 Hainan	69664	13202	12186	11901
四川 Sichuan	931976	152421	173265	186786
贵州 Guizhou	260921	53056	49562	46032
云南 Yunnan	181861	34887	33185	32576
西藏 Tibet	20416	3796	3594	3448
陕西 Shaanxi	622715	116079	114308	112212
甘肃 Gansu	269984	53572	51928	47728
青海 Qinghai	63822	12714	12389	11302
宁夏 Ningxia	69360	13305	13060	11579
新疆 Xinjiang	286212	58321	53831	49682

毕业班学生数(城市)

Next Year in Primary Schools (Urban)

单位:人

生数			毕业班学生数
四年级 Grade 4	五年级 Grade 5	六年级 Grade 6	Graduates for Next Year
2741138	2610162	2230837	2735663
72530	72548	81352	81672
64932	72118	78439	78439
128753	124937	121961	138063
82238	79236	47103	80587
69255	70326	33347	70442
178403	173789	194807	202447
119433	114261	118073	122163
140300	135605	118191	147240
110803	104525	122985	123124
135966	122364	128033	130662
85952	86470	72045	92719
91793	85949	70647	86446
51447	54001	42767	53810
59292	56878	3236	57833
187530	185826	68092	194575
135956	130942	79839	136576
211873	196990	145191	200265
106141	99984	95863	100050
196988	185123	176389	177666
63243	57481	46572	54770
11183	11067	10125	15189
155966	128615	134923	137495
41533	36959	33779	33779
29531	26782	24900	27391
3222	3140	3216	3216
101474	91094	87548	87626
41633	41184	33939	42505
9734	9088	8595	8924
10493	10775	10148	10455
43541	42105	38732	39534

小学在校学生数和

Enrolment and Number of Graduates for

地区 Region	在校学 Enrolment 合计 Total	一年级 Grade 1	二年级 Grade 2	三年级 Grade 3
总计 Total	21780739	4358899	4315516	4034271
北京 Beijing	256742	47804	50667	46223
天津 Tianjin	142374	24936	26376	23892
河北 Hebei	1139566	229673	226476	200658
山西 Shanxi	416443	85079	85600	81588
内蒙古 Inner Mongolia	327014	65577	64558	60665
辽宁 Liaoning	398133	74120	80392	70272
吉林 Jilin	507886	93383	95440	88962
黑龙江 Heilongjiang	607761	111761	113223	106044
上海 Shanghai	241122	40038	41142	43768
江苏 Jiangsu	2143391	458575	442103	404366
浙江 Zhejiang	2249441	423860	466915	418647
安徽 Anhui	502185	109726	104365	98277
福建 Fujian	1461390	285875	287162	278099
江西 Jiangxi	1146149	251186	244787	231460
山东 Shandong	566219	128726	124776	112477
河南 Henan	1409219	344205	312863	272098
湖北 Hubei	488988	99140	92626	90048
湖南 Hunan	1462457	276506	264850	251823
广东 Guangdong	1190127	209901	212740	204278
广西 Guangxi	428050	75135	80185	81754
海南 Hainan	130255	23905	21328	21258
四川 Sichuan	2116950	393974	412063	411229
贵州 Guizhou	379513	82328	72092	65340
云南 Yunnan	531104	110619	102073	93876
西藏 Tibet	37829	7273	6499	6043
陕西 Shaanxi	874324	173810	165143	156836
甘肃 Gansu	234542	50787	45277	44061
青海 Qinghai	83815	17857	15707	15292
宁夏 Ningxia	68608	15123	13400	12320
新疆 Xinjiang	239142	48017	44688	42617

毕业班学生数(县镇)

Next Year in Primary Schools (County Seats & Towns) 单位: 人

生数 四年级 Grade 4	五年级 Grade 5	六年级 Grade 6	毕业班学生数 Graduates for Next Year
3623953	3366927	2081173	3376067
39507	35488	37053	37955
21468	22198	23504	23504
177116	167711	137932	165906
80249	75717	8210	75110
60878	62738	12598	61996
58248	53508	61593	62025
80019	75833	74249	75593
99691	97320	79722	99427
39408	36334	40432	40709
336725	289930	211692	298085
371920	370940	197159	398389
90555	86200	13062	86191
276520	265860	67874	264883
215982	194194	8540	195173
99988	93411	6841	93352
236951	221918	21184	220877
80971	73429	52774	67300
233229	221032	215017	217756
192944	189469	180795	180773
77503	70165	43308	64229
20610	21364	21790	21790
338056	278197	283431	292471
57895	52488	49370	49370
84864	81929	57743	76953
6251	6083	5680	5680
141516	127369	109650	109712
40876	35161	18380	33207
13910	13015	8034	12335
11634	11994	4137	11452
38469	35932	29419	33864

小学在校学生数和

Enrolment and Number of Graduates for

地区 Region	在校学生 Enrolment 合计 Total	一年级 Grade 1	二年级 Grade 2	三年级 Grade 3
总计 Total	93061879	19536517	18843003	17341607
北京 Beijing	293177	51888	57201	53660
天津 Tianjin	340325	67435	69408	60547
河北 Hebei	6517008	1303543	1263613	1140544
山西 Shanxi	2377326	504206	489897	462889
内蒙古 Inner Mongolia	1608966	325608	323744	313815
辽宁 Liaoning	2168480	431001	442652	379715
吉林 Jilin	1420088	273171	273860	248020
黑龙江 Heilongjiang	2238072	407053	426512	393475
上海 Shanghai	202066	36046	36833	39172
江苏 Jiangsu	3412125	737885	700846	636704
浙江 Zhejiang	829303	151547	170380	159167
安徽 Anhui	4991628	1002287	1063591	1039038
福建 Fujian	2021718	366801	371122	360578
江西 Jiangxi	2833675	611491	604829	568843
山东 Shandong	7698240	1724634	1719043	1539327
河南 Henan	8093025	1985662	1769309	1559221
湖北 Hubei	4953102	1006287	973039	907399
湖南 Hunan	5225445	1012444	973058	907987
广东 Guangdong	6440402	1115026	1176546	1129585
广西 Guangxi	5608713	1053676	1131713	1101794
海南 Hainan	917538	192625	170716	159942
四川 Sichuan	6939808	1393115	1434941	1354870
贵州 Guizhou	4113005	984860	821935	696451
云南 Yunnan	3911154	851496	770413	696699
西藏 Tibet	200406	68816	53095	37631
陕西 Shaanxi	3018711	648148	595299	539380
甘肃 Gansu	2232533	629325	483292	419378
青海 Qinghai	300341	90503	62151	53138
宁夏 Ningxia	479579	132371	96711	87370
新疆 Xinjiang	1675920	377567	317254	295268

毕业班学生数(农村)

Next Year in Primary Schools (Rural)

单位:人

生数 四年级 Grade 4	五年级 Grade 5	六年级 Grade 6	毕业班学生数 Graduates for Next Year
15654253	14095797	7590702	13457010
46746	40785	42897	42897
50440	45981	46514	46514
1042798	966523	799987	910832
453504	424032	42798	429513
316524	300186	29089	298270
312730	285679	316703	317014
225517	204676	194844	195074
374781	363190	273061	366334
32722	27914	29379	29444
559086	514928	262676	490766
140532	138042	69635	148814
966492	899427	20793	899748
361045	343529	218643	329749
541259	488665	18588	488535
1349603	1246865	118768	1259606
1420915	1311712	46206	1309486
807751	722776	535850	650800
843232	784439	704285	744694
1071189	1018645	929411	929467
996923	852224	472383	762125
149666	132242	112347	113801
1098683	855470	802729	809972
607622	530349	471788	471788
638173	551590	402783	483736
21065	12338	7461	7461
478565	416605	340714	340714
357427	276383	66728	263445
46041	39589	8919	37529
80302	68436	14389	67504
262920	232577	190334	211378

六年制小学在校学生

Enrolment and Number of Graduates for

地区 Region	在校学生 Enrolment 合计 Total	一年级 Grade 1	二年级 Grade 2	三年级 Grade 3
总计 Total	86419672	16660635	16423830	15364010
北京 Beijing	1000673	170638	186200	177377
天津 Tianjin	673037	81694	84158	81639
河北 Hebei	7406169	1441522	1396057	1254801
山西 Shanxi	596360	109078	104121	100300
内蒙古 Inner Mongolia	423748	67231	65727	63290
辽宁 Liaoning	3623778	682888	708642	615459
吉林 Jilin	2638150	488584	497343	458590
黑龙江 Heilongjiang	2005958	128028	179978	316176
上海 Shanghai	1105212	174310	188041	199394
江苏 Jiangsu	4839850	1057481	998736	867498
浙江 Zhejiang	2142915	384216	432543	381699
安徽 Anhui	747651	148986	144405	133145
福建 Fujian	1975597	328196	319290	315594
江西 Jiangxi	157352	35025	18779	16307
山东 Shandong	1135679	204588	212274	184872
河南 Henan	1066451	226392	211556	183750
湖北 Hubei	5641220	1111228	1077932	1010950
湖南 Hunan	6974321	1253252	1302764	1219099
广东 Guangdong	8824629	1543381	1602409	1540476
广西 Guangxi	5206970	1025243	1093281	1070126
海南 Hainan	1070841	219093	193557	182811
四川 Sichuan	9939851	1935580	2016332	1949122
贵州 Guizhou	4753439	1120244	943589	807823
云南 Yunnan	4333456	971763	882981	801116
西藏 Tibet	220093	65277	49242	39147
陕西 Shaanxi	4515166	937887	874594	808387
甘肃 Gansu	953270	210019	183451	164530
青海 Qinghai	217630	54930	41672	35802
宁夏 Ningxia	184882	35437	31547	29100
新疆 Xinjiang	2045324	448444	382629	355630

数和毕业班学生数

Next Year in 6－year Primary Schools

单位:人

生 数			
四年级 Grade 4	五年级 Grade 5	六年级 Grade 6	毕业班学生数 Graduates for Next Year
13661627	12406858	11902712	11902712
157557	147599	161302	161302
136792	140297	148457	148457
1149659	1104250	1059880	1059880
92864	91886	98111	98111
74890	77576	75034	75034
539093	504593	573103	573103
417361	389106	387166	387166
456714	454088	470974	470974
182379	168292	192796	192796
703624	610110	602401	602401
311249	294369	338839	338839
112920	103693	104502	104502
339001	344232	329284	329284
28317	28560	30364	30364
167974	172270	193701	193701
152662	144862	147229	147229
898650	808645	733815	733815
1125921	1058120	1015165	1015165
1459842	1391926	1286595	1286595
795048	661009	562263	562263
172963	158155	144262	144262
1574307	1243427	1221083	1221083
707050	619796	554937	554937
634523	557647	485426	485426
28509	21561	16357	16357
721458	634928	537912	537912
143605	132618	119047	119047
31226	28452	25548	25548
29656	30468	28674	28674
315813	284323	258485	258485

小学在校学生数和毕业

Number of Female Students

地区 Region	在校学 Enrolment 合计 Total	一年级 Grade 1	二年级 Grade 2	三年级 Grade 3
总计 Total	62410771	12930774	12545830	11557478
北京 Beijing	486742	82966	90779	87040
天津 Tianjin	428052	74773	76772	71594
河北 Hebei	4116610	832258	800211	718479
山西 Shanxi	1550529	324196	318516	298905
内蒙古 Inner Mongolia	1112960	224866	222239	212690
辽宁 Liaoning	1810401	343169	361874	315095
吉林 Jilin	1300595	242264	246878	227210
黑龙江 Heilongjiang	1804738	331299	343021	318210
上海 Shanghai	534172	84910	91544	96983
江苏 Jiangsu	3062910	654999	628926	570700
浙江 Zhejiang	1721313	320778	354207	320763
安徽 Anhui	2849359	589551	605659	584432
福建 Fujian	1807857	341405	343164	329668
江西 Jiangxi	2036143	446658	437596	410619
山东 Shandong	4470211	999685	996546	890471
河南 Henan	4958862	1210875	1085844	950605
湖北 Hubei	3198435	653682	626166	585817
湖南 Hunan	3519121	684770	655755	608510
广东 Guangdong	4161283	738305	757515	727774
广西 Guangxi	2952884	554390	593469	576836
海南 Hainan	507995	104454	93315	88155
四川 Sichuan	4717791	914466	957128	920751
贵州 Guizhou	2112813	515807	429411	359383
云南 Yunnan	2121588	469135	418427	377018
西藏 Tibet	113667	37835	27115	19968
陕西 Shaanxi	2141116	451195	416539	381446
甘肃 Gansu	1255208	339279	269085	233279
青海 Qinghai	200703	54810	40523	35657
宁夏 Ningxia	280380	74655	55845	49764
新疆 Xinjiang	1076333	233339	201761	189656

班学生总数中女生数

in Primary Schools

单位: 人

生数			
四年级 Grade 4	五年级 Grade 5	六年级 Grade 6	毕业班学生数 Graduates for Next Year
10382242	9415888	5578559	9145771
76857	71978	77122	77440
66054	67224	71635	71635
651736	603782	510144	584027
290933	272600	45379	288921
212306	205119	35740	204334
268134	247802	274327	278440
207046	191135	186062	188661
297447	287315	227446	294272
87934	80668	92133	92375
489460	432884	285941	427156
283229	281238	161098	302607
531689	489553	48475	491792
328391	311953	153276	308715
384438	343014	13818	354545
769583	720416	93510	725976
848485	791930	71123	785706
524425	469007	339338	425548
564779	526715	478592	499934
688473	649083	600133	600143
523717	449479	254993	397810
83696	75725	62650	65765
753364	595439	576643	580307
310319	267699	230194	230194
340572	295221	221215	261246
12768	9109	6872	6872
341232	299065	251639	251676
199401	158740	55424	145098
30894	27273	11546	24285
45504	40755	13857	39164
169376	153967	128234	141127

小学教职

Number of Teachers, Staff & Workers

地区 Region	教职 Teachers, Staff			
	合计 Total	专任教师 Full-time Teachers	行政人员 Adm. Personnel	工勤人员 Workers
总计 Total	6324169	5664057	466495	163997
北京 Beijing	74075	60976	9322	3088
天津 Tianjin	62499	51401	7990	2646
河北 Hebei	293128	270146	17989	4454
山西 Shanxi	188828	171860	12629	4127
内蒙古 Inner Mongolia	172962	153461	11101	7775
辽宁 Liaoning	237981	198815	29242	3894
吉林 Jilin	181873	152534	20672	6783
黑龙江 Heilongjiang	247894	214944	21667	10470
上海 Shanghai	72541	55263	11678	3916
江苏 Jiangsu	313527	273504	25052	8595
浙江 Zhejiang	158391	143379	10872	2963
安徽 Anhui	289335	267271	17718	3747
福建 Fujian	182259	166191	13644	2265
江西 Jiangxi	242467	228043	9526	4479
山东 Shandong	456568	422989	22348	9275
河南 Henan	423030	392345	24375	5666
湖北 Hubei	343246	305852	20732	15021
湖南 Hunan	317871	297964	10827	8431
广东 Guangdong	376759	321434	47959	7049
广西 Guangxi	227021	194780	25761	6066
海南 Hainan	49857	42583	4510	2764
四川 Sichuan	493460	438420	35213	18287
贵州 Guizhou	183123	168358	12498	2190
云南 Yunnan	197478	181384	11556	4467
西藏 Tibet	14090	13349	335	405
陕西 Shaanxi	200359	183152	13827	3215
甘肃 Gansu	136924	130032	4434	2353
青海 Qinghai	28810	26881	1054	734
宁夏 Ningxia	33305	30745	1811	741
新疆 Xinjiang	124508	106001	10153	8131

工数（总计）

in Primary Schools (Regional Aggregates)

单位:人

工数 & Workers: 校办工厂、农场职工 Employees in School-run Factories & Farms: 计 Total	其中:由厂、场收入支付工资的职工 Employees maintained by income of school-run businesses	代课教师 Substitute Teachers	临时工 Temporary Workers	兼任教师 Part-time Teachers
29620	13703	717997	91368	14689
689	261	4472	4430	188
462	97	2102	633	212
539	142	97089	3890	84
212	53	17724	2537	108
625	140	8493	1383	60
6030	5746	9241	5361	828
1884	1556	9040	368	24
813	360	13180	4151	76
1684	0	831	1399	0
6376	2889	17543	2542	86
1177	306	20806	4185	171
599	90	15319	2087	181
159	11	27788	1780	397
419	186	12738	2828	252
1956	437	15434	1750	83
644	93	36722	7683	220
1641	557	11060	3127	185
649	119	33072	2688	146
317	73	57165	6070	91
414	104	118437	3334	54
0	0	8989	801	5
1540	137	39455	10169	9469
77	12	33492	2936	510
71	14	49971	5653	75
1	1	714	1036	84
165	19	32436	3890	173
105	61	5862	1086	25
141	121	560	656	31
8	1	1911	1040	56
223	117	16351	1875	815

小 学 教 职

Number of Teachers, Staff & Workers

地区 Region	教职 Teachers, Staff 合计 Total	专任教师 Full-time Teachers	行政人员 Adm. Personnel	工勤人员 Workers
总计 Total	1004280	849028	100009	40373
北京 Beijing	37436	30015	5160	1719
天津 Tianjin	30233	23858	4363	1739
河北 Hebei	47966	41436	4318	1956
山西 Shanxi	30659	25831	2993	1762
内蒙古 Inner Mongolia	27485	23018	2939	1244
辽宁 Liaoning	69427	54555	8873	2088
吉林 Jilin	49384	38616	6597	2460
黑龙江 Heilongjiang	54355	44018	6612	3271
上海 Shanghai	37614	28911	6303	2058
江苏 Jiangsu	51549	43077	4306	1172
浙江 Zhejiang	26643	23770	1649	745
安徽 Anhui	32277	29150	1963	988
福建 Fujian	16943	15515	1025	370
江西 Jiangxi	19573	17906	1147	480
山东 Shandong	68461	59051	6041	2286
河南 Henan	49870	43075	4602	1799
湖北 Hubei	74533	64191	6317	3405
湖南 Hunan	37782	33726	2394	1426
广东 Guangdong	58454	49615	6969	1707
广西 Guangxi	19326	16934	1621	705
海南 Hainan	3395	2999	197	199
四川 Sichuan	59960	50902	5542	3036
贵州 Guizhou	13944	12472	1011	423
云南 Yunnan	10436	9318	743	362
西藏 Tibet	1373	1233	85	55
陕西 Shaanxi	31767	27218	3342	1124
甘肃 Gansu	16130	14582	880	595
青海 Qinghai	3663	3391	197	68
宁夏 Ningxia	4171	3694	261	209
新疆 Xinjiang	19471	16951	1559	922

工 数（城 市）

in Primary Schools (Urban)

单位:人

工数 & Workers 校办工厂、农场职工 Employees in School-run Factories & Farms 计 Total	其中:由厂、场收入支付工资的职工 Employees maintained by income of school-run businesses	代课教师 Substitute Teachers	临时工 Temporary Workers	兼任教师 Part-time Teachers
14870	9648	28743	14693	2163
542	239	320	2572	172
273	23	133	335	189
256	96	2682	405	48
73	21	1517	689	105
284	59	324	329	28
3911	3794	235	1627	151
1711	1513	614	142	23
454	261	599	332	25
342	0	733	1234	0
2994	2468	1966	486	38
479	207	918	710	94
176	9	850	82	11
33	0	257	44	122
40	14	202	78	27
1083	373	700	202	26
394	81	628	285	88
620	263	1598	718	91
236	73	706	106	56
163	18	6423	1382	23
66	15	2092	311	8
0	0	187	76	0
480	38	1110	1211	498
38	1	700	159	75
13	6	145	46	0
0	0	123	49	0
83	2	2606	673	113
73	60	54	149	6
7	0	27	57	0
7	1	62	59	52
39	13	232	145	94

小学教职

Number of Teachers, Staff & Workers

地区 Region	教职 Teachers, Staff 合计 Total	专任教师 Full-time Teachers	行政人员 Adm. Personnel	工勤人员 Workers
总计 Total	1120637	987878	87499	38307
北京 Beijing	17118	14352	1995	687
天津 Tianjin	11262	9324	1446	419
河北 Hebei	47901	43585	3120	1073
山西 Shanxi	25080	22343	1802	871
内蒙古 Inner Mongolia	23993	20728	1929	1174
辽宁 Liaoning	25434	21619	2734	661
吉林 Jilin	36535	28594	5629	2168
黑龙江 Heilongjiang	43204	35506	4503	2921
上海 Shanghai	20702	14394	4053	1264
江苏 Jiangsu	108593	94091	8738	3752
浙江 Zhejiang	95507	86831	6358	1772
安徽 Anhui	26519	24254	1592	472
福建 Fujian	65620	58275	6419	869
江西 Jiangxi	63156	59776	2160	1084
山东 Shandong	31162	28394	1516	1065
河南 Henan	60200	55363	3334	1374
湖北 Hubei	26164	23271	1481	1188
湖南 Hunan	63867	59609	2118	1982
广东 Guangdong	49891	43280	4944	1562
广西 Guangxi	24401	21047	1820	1484
海南 Hainan	6562	5511	370	681
四川 Sichuan	118558	101240	11069	5597
贵州 Guizhou	20323	18427	1466	403
云南 Yunnan	28208	25326	1939	922
西藏 Tibet	3073	2696	133	243
陕西 Shaanxi	38874	35312	2673	830
甘肃 Gansu	12840	11815	511	502
青海 Qinghai	5893	5412	254	221
宁夏 Ningxia	4411	3991	236	183
新疆 Xinjiang	15586	13512	1157	883

工 数（县 镇）

in Primary Schools (County Seats & Towns)

单位:人

工 数 & Workers		代课教师 Substitute Teachers	临时工 Temporary Workers	兼任教师 Part-time Teachers
校办工厂、农场职工 Employees in School-run Factories & Farms				
计 Total	其中:由厂、场收入支付工资的职工 Employees maintained by income of school-run businesses			
6953	1406	75485	12145	2485
84	0	1731	579	3
73	18	424	148	1
123	10	8954	561	11
64	14	1281	268	0
162	25	239	93	15
420	341	224	197	19
144	41	1402	108	1
274	75	1086	297	12
991	0	37	96	0
2012	365	5903	959	47
546	74	12111	2354	54
201	35	844	225	81
57	6	8584	703	68
136	84	3099	518	50
187	35	246	93	8
129	3	4467	653	7
224	109	570	143	30
158	24	4426	441	14
105	55	4934	555	11
50	0	1934	219	1
0	0	340	121	1
652	58	4561	1012	1905
27	4	814	165	42
21	3	1897	415	9
1	1	98	360	48
59	10	4640	593	23
12	1	217	99	4
6	0	45	53	0
1	0	12	36	2
34	15	365	81	18

教职
Teachers, Staff

地区 Region	合计 Total	专任教师 Full-time Teachers	行政人员 Adm. Personnel	工勤人员 Workers
总计 Total	4199252	3827151	278987	85317
北京 Beijing	19521	16609	2167	682
天津 Tianjin	21004	18219	2181	488
河北 Hebei	197261	185125	10551	1425
山西 Shanxi	133089	123686	7834	1494
内蒙古 Inner Mongolia	121484	109715	6233	5357
辽宁 Liaoning	143120	122641	17635	1145
吉林 Jilin	95954	85324	8446	2155
黑龙江 Heilongjiang	150335	135420	10552	4278
上海 Shanghai	14225	11958	1322	594
江苏 Jiangsu	153385	136336	12008	3671
浙江 Zhejiang	36241	32778	2865	446
安徽 Anhui	230539	213867	14163	2287
福建 Fujian	99696	92401	6200	1026
江西 Jiangxi	159738	150361	6219	2915
山东 Shandong	356945	335544	14791	5924
河南 Henan	312960	293907	16439	2493
湖北 Hubei	242549	218390	12934	10428
湖南 Hunan	216222	204629	6315	5023
广东 Guangdong	268414	228539	36046	3780
广西 Guangxi	183294	156799	22320	3877
海南 Hainan	39900	34073	3943	1884
四川 Sichuan	314942	286278	18602	9654
贵州 Guizhou	148856	137459	10021	1364
云南 Yunnan	158834	146740	8874	3183
西藏 Tibet	9644	9420	117	107
陕西 Shaanxi	129718	120622	7812	1261
甘肃 Gansu	107954	103635	3043	1256
青海 Qinghai	19254	18078	603	445
宁夏 Ningxia	24723	23060	1314	349
新疆 Xinjiang	89451	75538	7437	6326

工 数（农 村）

in Primary Schools (Rural)

单位: 人

工数 & Workers		代课教师 Substitute Teachers	临时工 Temporary Workers	兼任教师 Part-time Teachers
校办工厂、农场职工 Employees in School-run Factories & Farms				
计 Total	其中:由厂、场收入支付工资的职工 Employees maintained by income of school-run businesses			
7797	2649	613769	64530	10041
63	22	2421	1279	13
116	56	1545	150	22
160	36	85453	2924	25
75	18	14926	1580	3
179	56	7930	961	17
1699	1611	8782	3537	658
29	2	7024	118	0
85	24	11495	3522	39
351	0	61	69	0
1370	56	9674	1097	1
152	25	7777	1121	23
222	46	13625	1780	89
69	5	18947	1033	207
243	88	9437	2232	175
686	29	14488	1455	49
121	9	31627	6745	125
797	185	8892	2266	64
255	22	27940	2141	76
49	0	45808	4133	57
298	89	114411	2804	45
0	0	8462	604	4
408	41	33784	7946	7066
12	7	31978	2612	393
37	5	47929	5192	66
0	0	493	627	36
23	7	25190	2624	37
20	0	5591	838	15
128	121	488	546	31
0	0	1837	945	2
150	89	15754	1649	703

小学教职工总数

Number of Primary School Teachers, Staff

地区 Region	教职 Teachers, Staff 合计 Total	专任教师 Full-time Teachers	行政人员 Adm. Personnel	工勤人员 Workers
总计 Total	21040	16146	1152	3696
北京 Beijing	453	282	70	98
天津 Tianjin	260	128	49	83
河北 Hebei	968	676	58	234
山西 Shanxi	445	223	41	181
内蒙古 Inner Mongolia	578	498	11	64
辽宁 Liaoning	193	193	0	0
吉林 Jilin	90	40	13	37
黑龙江 Heilongjiang	899	576	85	238
上海 Shanghai	88	53	26	9
江苏 Jiangsu	116	55	5	56
浙江 Zhejiang	661	279	79	301
安徽 Anhui	1907	1818	45	42
福建 Fujian	334	181	43	110
江西 Jiangxi	67	67	0	0
山东 Shandong	504	346	30	128
河南 Henan	217	128	39	50
湖北 Hubei	667	374	57	235
湖南 Hunan	466	294	20	143
广东 Guangdong	2357	1273	217	867
广西 Guangxi	675	549	52	74
海南 Hainan	626	443	36	147
四川 Sichuan	1570	1311	44	215
贵州 Guizhou	4201	4054	19	104
云南 Yunnan	265	214	9	42
西藏 Tibet	1532	1532	0	0
陕西 Shaanxi	761	445	96	220
甘肃 Gansu	68	46	4	18
青海 Qinghai	29	25	4	0
宁夏 Ningxia	43	43	0	0
新疆 Xinjiang	0	0	0	0

中民办教职工数

& Workers Maintained by the Communities

单位:人

工数 & Workers 校办工厂、农场职工 Employees in School-run Factories & Farms 计 Total	其中:由厂、场收入支付工资的职工 Employees maintained by income of school-run businesses	代课教师 Substitute Teachers	临时工 Temporary Workers	兼任教师 Part-time Teachers
46	8	6592	1216	750
3	3	2	21	31
0	0	0	3	110
0	0	67	3	11
0	0	4	111	4
5	0	62	0	1
0	0	126	349	98
0	0	0	0	0
0	0	12	91	14
0	0	17	22	0
0	0	7	0	21
2	2	122	90	134
2	2	868	119	1
0	0	9	0	148
0	0	1	37	6
0	0	31	0	0
0	0	2317	11	71
1	1	16	0	9
9	0	17	0	21
0	0	12	108	6
0	0	1721	30	4
0	0	4	9	1
0	0	59	9	26
24	0	1062	125	5
0	0	7	5	0
0	0	0	0	0
0	0	49	73	25
0	0	0	0	0
0	0	0	0	3
0	0	0	0	0
0	0	0	0	0

小学教职工总数

Number of Female Teachers, Staff &

地区 Region	教职 Teachers, Staff 合计 Total	专任教师 Full-time Teachers	行政人员 Adm. Personnel	工勤人员 Workers
总计 Total	2819665	2640040	99873	69039
北京 Beijing	53764	46374	5174	1935
天津 Tianjin	42220	36715	3864	1490
河北 Hebei	156239	150932	3706	1431
山西 Shanxi	109179	104402	3001	1707
内蒙古 Inner Mongolia	83492	77330	3243	2710
辽宁 Liaoning	141996	127433	10353	1714
吉林 Jilin	101420	91177	6827	2579
黑龙江 Heilongjiang	141261	127504	8850	4506
上海 Shanghai	50070	40759	6365	2361
江苏 Jiangsu	125806	116360	3728	3494
浙江 Zhejiang	81792	78080	1918	1448
安徽 Anhui	94806	91032	1962	1605
福建 Fujian	80194	77898	1075	1196
江西 Jiangxi	89644	86335	1316	1854
山东 Shandong	179377	172068	4176	2482
河南 Henan	175775	169292	4483	1741
湖北 Hubei	133723	124321	3603	5274
湖南 Hunan	143079	137595	2024	3316
广东 Guangdong	173029	163297	5150	4427
广西 Guangxi	82173	76769	2384	2879
海南 Hainan	16213	13918	342	1953
四川 Sichuan	204484	190201	6917	6943
贵州 Guizhou	58069	55543	1542	939
云南 Yunnan	70507	66168	1631	2690
西藏 Tibet	4667	4460	74	133
陕西 Shaanxi	84257	80837	2309	1067
甘肃 Gansu	42106	40662	572	824
青海 Qinghai	12195	11661	217	292
宁夏 Ningxia	13941	13300	261	376
新疆 Xinjiang	74187	67617	2806	3673

中女教职工数

Workers in Primary Schools

单位:人

工　数 & Workers		代课教师 Substitute Teachers	临时工 Temporary Workers	兼任教师 Part-time Teachers
校办工厂、农场职工 Employees in School-run Factories & Farms				
计 Total	其中:由厂、场收入支付工资的职工 Employees maintained by income of school-run businesses			
10713	6364	393699	45212	4228
281	139	3778	2178	118
151	32	1580	163	152
170	63	72372	2180	42
69	28	13094	1141	87
209	54	4822	718	26
2496	2395	6920	2655	621
837	672	5102	221	5
401	151	7534	2193	30
585	0	0	0	0
2224	1607	10410	1299	10
346	128	15783	2778	103
207	51	7064	1100	16
25	1	18811	1288	84
139	118	5476	1060	88
651	253	8776	595	23
259	53	19855	3943	70
525	285	4718	1210	73
144	52	15356	1229	36
155	44	33923	3553	56
141	49	56396	1789	14
0	0	3807	384	0
423	47	15689	4248	1928
45	8	11365	1425	80
18	4	18644	3276	7
0	0	219	388	16
44	2	19650	2065	68
48	43	2178	462	7
25	21	150	186	1
4	0	777	722	45
91	64	9450	763	422

小学学龄儿童

Net Enrolment Rate of School－age

地区 Region		校内外学龄儿童总数 Total Number of School－age Children	小学在校 Breakdown of		
			合计 Total	不足七周岁 Under 7 years	七周岁 7 years
总计	Total	123753644	121924751	1353661	23564180
北京	Beijing	950508	949820	129740	173402
天津	Tianjin	818444	815693	28266	136641
河北	Hebei	8150894	8088187	5472	1546276
山西	Shanxi	3063821	3042793	4992	611123
内蒙古	Inner Mongolia	2133368	2109265	0	375523
辽宁	Liaoning	3566042	3544419	0	673962
吉林	Jilin	2571189	2564049	0	470740
黑龙江	Heilongjiang	3478976	3439195	0	582702
上海	Shanghai	1042821	1042061	154650	180092
江苏	Jiangsu	6024567	6010385	245644	1217053
浙江	Zhejiang	3465038	3456208	0	652824
安徽	Anhui	5549777	5532758	53558	1184525
福建	Fujian	3534074	3523491	29601	673517
江西	Jiangxi	3890402	3867812	15173	801054
山东	Shandong	8892969	8849602	167289	1920364
河南	Henan	9604504	9524587	25977	2199624
湖北	Hubei	6371230	6323428	405781	1184058
湖南	Hunan	7053032	6914854	0	1311131
广东	Guangdong	8323988	8299853	0	1399928
广西	Guangxi	5915539	5806526	396	978078
海南	Hainan	1001940	992207	0	165587
四川	Sichuan	9745628	9276075	0	1744510
贵州	Guizhou	4242055	4074004	0	756279
云南	Yunnan	4278093	4167871	8252	742263
西藏	Tibet	342041	220780	0	44910
陕西	Shaanxi	4308803	4264560	78870	790732
甘肃	Gansu	2444432	2368963	0	498363
青海	Qinghai	428486	374684	0	73630
宁夏	Ningxia	524442	504501	0	110470
新疆	Xinjiang	2036541	1976120	0	364819

入学率情况

Children in Primary Schools

单位:人

学龄儿童年龄分组 Students by age						学龄儿童入学率(%) Net Enrolment Rate of School-age Children
八周岁 8 years	九周岁 9 years	十周岁 10 years	十一周岁 11 years	十二周岁 12 years	十三周岁及以上 13 years and over	
24571365	22526739	20597036	18873727	10434516	3527	98.52
176268	163165	152579	154666	0	0	99.93
152052	146821	137844	141763	72306	0	99.66
1577474	1431178	1304344	1205942	1017501	0	99.23
637605	596025	587902	540651	64495	0	99.31
431127	406559	408512	398070	88401	1073	98.87
742550	626332	522617	491871	487087	0	99.39
502813	449693	409664	375906	355233	0	99.72
659784	622379	583520	557035	433775	0	98.86
192022	181374	165787	168136	0	0	99.93
1244567	1065335	910891	855734	471161	0	99.76
735903	605366	540297	576118	345700	0	99.75
1194229	1077057	1014239	954196	54954	0	99.69
683378	644798	654852	590540	246805	0	99.70
816886	766373	763659	681527	23140	0	99.42
1983646	1763819	1549217	1323659	141608	0	99.51
2125071	1853104	1671398	1531930	117483	0	99.17
1211212	1116815	1039380	883385	482797	0	99.25
1293870	1218620	1133588	1067477	890168	0	98.04
1472424	1416564	1376172	1338426	1296339	0	99.71
1101336	1104309	1066483	960822	595102	0	98.16
166909	167727	163398	162056	166530	0	99.03
2032807	1867083	1444551	1166480	1020644	0	95.18
764153	723128	679040	608977	542427	0	96.04
777723	728658	682045	648926	580004	0	97.42
45852	42581	35291	28969	23177	0	64.55
799778	760879	699428	630402	504471	0	98.97
488760	453643	410106	377094	140997	0	96.91
76571	71854	65664	59282	25229	2454	87.44
107660	100124	96706	89541	0	0	96.20
376935	355376	327862	304146	246982	0	97.03

小学女学龄儿童

Net Enrolment Rate of Female School－age

地　区 Region		校内外学龄儿童总数 Total Number of School－age Children	小　学　在　校 Breakdown of		
			合　计 Total	不足七周岁 Under 7 years	七周岁 7 years
总　计	**Total**	59147911	58055254	653503	11298355
北　京	Beijing	461070	460734	64015	83898
天　津	Tianjin	398171	396805	14052	66710
河　北	Hebei	3960767	3925085	2664	756989
山　西	Shanxi	1460712	1450623	2435	294112
内蒙古	Inner Mongolia	1021455	1007442	0	179804
辽　宁	Liaoning	1727094	1715629	0	324849
吉　林	Jilin	1246665	1242985	0	228619
黑龙江	Heilongjiang	1694600	1674051	0	284973
上　海	Shanghai	505251	504935	75429	87203
江　苏	Jiangsu	2876653	2866894	117434	580602
浙　江	Zhejiang	1650591	1646069	0	309158
安　徽	Anhui	2618361	2604216	25857	565227
福　建	Fujian	1690786	1684650	13974	322222
江　西	Jiangxi	1852767	1836492	7551	384493
山　东	Shandong	4272113	4223719	80523	926040
河　南	Henan	4619194	4567883	13586	1061888
湖　北	Hubei	3036637	3013897	193638	565732
湖　南	Hunan	3382652	3308249	0	630541
广　东	Guangdong	3941363	3929057	0	666345
广　西	Guangxi	2777731	2707196	201	460064
海　南	Hainan	458702	452621	0	75493
四　川	Sichuan	4646910	4401104	0	832823
贵　州	Guizhou	1999653	1879844	0	357272
云　南	Yunnan	2012856	1942758	4244	350686
西　藏	Tibet	156028	100243	0	21238
陕　西	Shaanxi	2056345	2029184	37900	379583
甘　肃	Gansu	1164377	1104827	0	234625
青　海	Qinghai	204852	171445	0	34860
宁　夏	Ningxia	250481	232172	0	51572
新　疆	Xinjiang	1003074	974445	0	180734

入学率情况

Children in Primary Schools

单位：人

学龄儿童年龄分组 Students by age						学龄儿童入学率(%) Net Enrolment Rate of School－age Children
八周岁 8 years	九周岁 9 years	十周岁 10 years	十一周岁 11 years	十二周岁 12 years	十三周岁及以上 13 years and over	
11750300	10742847	9788804	8920567	4899491	1387	98.15
85847	78342	73769	74863	0	0	99.93
74484	71275	66963	68533	34788	0	99.66
770023	693131	631874	581331	489073	0	99.10
306878	284233	278468	255172	29325	0	99.31
206067	195773	195363	188752	41131	552	98.63
358495	301978	255896	238064	236347	0	99.34
241626	218838	200164	182610	171128	0	99.70
320576	304354	283480	271886	208782	0	98.79
93539	87671	79814	81279	0	0	99.94
595885	510231	436864	403980	221898	0	99.66
350290	288838	256637	274550	166596	0	99.73
565600	506568	472668	441554	26742	0	99.46
328207	309289	313086	281892	115980	0	99.64
388347	365579	361361	318327	10834	0	99.12
953327	836166	732776	628111	66776	0	98.87
1022449	891788	797358	725308	55506	0	98.89
579881	534077	494899	419875	225795	0	99.25
620945	583815	541021	511044	420883	0	97.80
701127	672859	651876	629125	607725	0	99.69
517948	516698	497795	441929	272561	0	97.46
76429	76784	74512	73762	75641	0	98.67
966890	889620	685612	551110	475049	0	94.71
355039	335589	312616	276797	242531	0	94.01
365646	340700	318154	299923	263405	0	96.52
21426	19474	15916	12473	9716	0	64.25
382956	363302	332097	298847	234499	0	98.68
227668	211091	191396	174181	65866	0	94.89
35328	33198	29579	26597	11048	835	83.69
50413	45660	44618	39909	0	0	92.69
186964	175926	162172	148783	119866	0	97.15

特殊教育学校基本情况(包括盲

Basic Statistics of Special Education Schools (Including

地　区 Region	学校数(所) Schools	班　数(个) Classes		毕业生数 Graduates		
		小　学 Primary Schools	初　中 Junior Sec. Schools	计 Total	小　学 Primary Schools	初　中 Junior Sec. Schools
总　计　Total	1379	13491	571	19036	17031	2005
北　京　Beijing	32	386	28	1083	833	250
天　津　Tianjin	24	152	13	641	587	54
河　北　Hebei	74	763	26	712	645	67
山　西　Shanxi	63	310	11	617	569	48
内蒙古　Inner Mongolia	19	146	5	93	78	15
辽　宁　Liaoning	79	700	31	850	729	121
吉　林　Jilin	56	486	31	784	738	46
黑龙江　Heilongjiang	75	962	25	778	660	118
上　海　Shanghai	39	419	84	363	154	209
江　苏　Jiangsu	132	1637	50	2210	2021	189
浙　江　Zhejiang	56	866	40	1791	1654	137
安　徽　Anhui	44	452	27	674	607	67
福　建　Fujian	63	393	28	1624	1595	29
江　西　Jiangxi	26	201	11	347	274	73
山　东　Shandong	130	911	46	1293	1179	114
河　南　Henan	109	529	15	425	365	60
湖　北　Hubei	59	539	17	532	485	47
湖　南　Hunan	54	234	15	317	271	46
广　东　Guangdong	42	339	11	927	906	21
广　西　Guangxi	38	1075	13	584	556	28
海　南　Hainan	1	13	0	17	14	3
四　川　Sichuan	83	440	17	630	580	50
贵　州　Guizhou	16	827	8	752	585	167
云　南　Yunnan	12	168	5	328	295	33
西　藏　Tibet	0	0	0	4	4	0
陕　西　Shaanxi	28	207	1	342	342	0
甘　肃　Gansu	11	110	5	141	133	8
青　海　Qinghai	2	39	1	58	58	0
宁　夏　Ningxia	6	133	0	62	62	0
新　疆　Xinjiang	6	54	7	57	52	5

聋哑学校及弱智儿童辅读学校)

Schools for the Blind, the Deaf-mute & the Retarded)

单位:人

招生数 Students Admitted			在校学生数 Enrolment			教职工数 Teachers, Staff & Workers	
计 Total	小学 Primary Schools	初中 Junior Sec. Schools	计 Total	小学 Primary Schools	初中 Junior Sec. Schools	计 Total	其中:专任教师 Of which: Full-time Teachers
56332	52903	3429	295599	282261	13338	36818	25192
962	719	243	7440	6494	946	945	660
473	455	18	4105	3944	161	750	538
2042	1901	141	11217	10970	247	2150	1095
1110	1018	92	4905	4709	196	1041	757
409	397	12	2049	2014	35	543	381
1044	908	136	8204	7837	367	2639	1948
1483	1391	92	9667	9203	464	1898	1346
1395	1320	75	8859	8578	281	2954	2080
1140	1030	110	5728	4774	954	1434	841
7086	6843	243	39776	39100	676	3806	2704
2831	2362	469	23690	22168	1522	1433	1130
3985	3809	176	15398	14963	435	914	643
4643	4522	121	23972	23708	264	920	698
859	751	108	4970	4504	466	360	296
4362	4210	152	16387	15756	631	4160	2552
1839	1764	75	8136	7955	181	2160	1615
1672	1557	115	6888	6619	269	1482	1080
2239	2121	118	6819	6303	516	932	642
5143	4884	259	29377	28532	845	956	714
3159	3138	21	14340	14277	63	1061	691
184	179	5	985	918	67	67	38
1693	1615	78	7031	6871	160	1412	1081
3257	2870	387	13047	9953	3094	811	408
1143	1056	87	8907	8613	294	443	326
3	3	0	113	113	0	0	0
1594	1563	31	6988	6905	83	553	383
311	278	33	1529	1475	54	319	224
67	63	4	3789	3785	4	114	76
39	39	0	640	633	7	280	83
165	137	28	643	587	56	281	162

特殊教育学校中盲

Basic Statistics of Schools for

地区 Region	学校数(所) Schools	班数(个) Classes		毕业生数 Graduates		
		小学 Primary Schools	初中 Junior Sec. Schools	计 Total	小学 Primary Schools	初中 Junior Sec. Schools
总计 Total	933	6226	420	6864	5503	1361
北京 Beijing	7	96	25	193	111	82
天津 Tianjin	7	53	11	70	16	54
河北 Hebei	59	284	5	213	201	12
山西 Shanxi	19	167	9	402	354	48
内蒙古 Inner Mongolia	15	103	5	60	45	15
辽宁 Liaoning	50	429	29	522	414	108
吉林 Jilin	26	265	31	301	255	46
黑龙江 Heilongjiang	68	769	25	585	469	116
上海 Shanghai	21	106	53	189	81	108
江苏 Jiangsu	73	559	45	831	644	187
浙江 Zhejiang	42	325	6	409	344	65
安徽 Anhui	36	186	24	298	251	47
福建 Fujian	23	145	2	151	141	10
江西 Jiangxi	20	68	8	183	128	55
山东 Shandong	105	654	46	659	561	98
河南 Henan	90	440	14	332	277	55
湖北 Hubei	54	311	17	256	218	38
湖南 Hunan	43	193	14	279	233	46
广东 Guangdong	17	149	9	73	63	10
广西 Guangxi	14	113	0	22	22	0
海南 Hainan	1	12	0	2	2	0
四川 Sichuan	76	261	17	202	152	50
贵州 Guizhou	12	114	6	207	128	79
云南 Yunnan	10	95	5	93	73	20
西藏 Tibet	0	0	0	0	0	0
陕西 Shaanxi	23	151	1	112	112	0
甘肃 Gansu	9	75	5	81	74	7
青海 Qinghai	2	31	1	55	55	0
宁夏 Ningxia	5	24	0	27	27	0
新疆 Xinjiang	6	48	7	57	52	5

注:本表不包括普校附设的盲聋哑班的学生数

Nomber of students in the blind and deaf-mute classes attached to regular schools are not included.

聋哑学校基本情况

the Blind & the Deaf-mute

单位:人

招生数 Students Admitted			在校学生数 Enrolment			教职工数 Teachers Staff & Workers	
计 Total	小学 Primary Schools	初中 Junior Sec. Schools	计 Total	小学 Primary Schools	初中 Junior Sec. Schools	计 Total	其中:专任教师 Of which: Full-time Teachers
16521	14925	1596	83160	77839	5321	27007	17830
254	129	125	1289	935	354	454	278
98	80	18	684	560	124	394	272
843	808	35	3853	3790	63	1318	802
555	503	52	2522	2371	151	812	544
259	247	12	1110	1075	35	488	331
715	592	123	5050	4712	338	1847	1326
502	410	92	4088	3624	464	1389	911
831	776	55	5607	5356	251	2779	1936
207	143	64	1570	1015	555	905	456
1513	1345	168	8616	8097	519	2568	1561
667	651	16	4580	4498	82	1092	810
1163	1056	107	3984	3734	250	770	514
632	612	20	2516	2491	25	496	359
291	226	65	1013	867	146	250	203
1576	1464	112	8425	7897	528	3408	1993
1338	1263	75	5662	5490	172	1937	1431
933	867	66	3641	3477	164	1240	850
795	766	29	2713	2517	196	871	594
591	524	67	4049	3872	177	581	400
386	386	0	1820	1820	0	334	186
43	43	0	430	387	43	66	37
628	581	47	2426	2305	121	1079	774
627	502	125	2283	1930	353	335	218
354	303	51	1621	1519	102	359	246
0	0	0	0	0	0	0	0
337	326	11	1498	1487	11	492	336
182	153	29	843	806	37	269	182
55	51	4	351	347	4	104	66
26	26	0	358	358	0	104	67
120	92	28	558	502	56	266	147

幼儿园基本

Basic Statistics of Kindergartens

地区 Region	园数(所) Kindergartens	班数(个) Classes		入园人数(人) Children Admitted	
	计 Total	计 Total	其中:小学附设学前班 Of which: Pre-school Classes Attached to Primary Schools	计 Total	其中:小学附设学前班 Of which: Pre-school Classes Attached to Primary Schools
总计 Total	180438	806070	467838	19723544	14166703
北京 Beijing	3024	11576	1701	148272	53251
天津 Tianjin	286	5006	3757	127556	115470
河北 Hebei	2319	45173	39965	1370444	1274943
山西 Shanxi	8477	34890	20739	646173	375406
内蒙古 Inner Mongolia	1576	15157	10141	338820	274756
辽宁 Liaoning	11220	35565	16476	607336	384464
吉林 Jilin	4869	18902	10337	387181	275950
黑龙江 Heilongjiang	3918	24034	15721	511287	389031
上海 Shanghai	1044	11195	3673	137489	45819
江苏 Jiangsu	19716	60760	18918	1210816	457341
浙江 Zhejiang	11794	31530	9649	556669	239149
安徽 Anhui	2243	26094	18332	798921	644573
福建 Fujian	12748	30149	11313	635328	285478
江西 Jiangxi	4600	15104	8531	419190	291725
山东 Shandong	48059	86027	39440	1846854	1136422
河南 Henan	2575	52803	43290	1930427	1718719
湖北 Hubei	3486	29229	20344	833382	677117
湖南 Hunan	2226	42809	37625	1227103	1120608
广东 Guangdong	7923	53643	28225	1419777	1005563
广西 Guangxi	2555	29943	23574	847583	742377
海南 Hainan	477	3277	2032	97648	73144
四川 Sichuan	18531	68404	30091	1566283	871325
贵州 Guizhou	1368	10720	7828	353613	299247
云南 Yunnan	1340	16096	11067	419001	349417
西藏 Tibet	29	130	60	2749	1848
陕西 Shaanxi	1380	25481	21245	686316	611981
甘肃 Gansu	1235	11238	7587	329889	257417
青海 Qinghai	203	2218	1554	62084	48251
宁夏 Ningxia	337	2410	1661	69363	59628
新疆 Xinjiang	880	6507	2962	135990	86283

情 况 （总 计）

(Regional Aggregates)

在园幼儿数（人） Children Enrolled		教职工数（人） Teachers, Staff & Workers			
			其中: Of which		
计 Total	其中:小学附设学前班 Of which: Pre-school Classes Attached to Primary Schools	计 Total	园长 Kindergarten Heads	教师 Teachers	保健员 Health Nurses
27112328	16066048	1160285	70267	875063	55702
315277	53945	38549	2752	16084	1076
157990	115470	8007	491	4370	214
1553019	1369776	55437	1553	47278	2058
1026401	555375	45760	2289	37483	1775
436379	290604	22192	1223	15546	1316
1021123	506498	69346	6349	44598	3225
583584	334311	31795	2944	21567	2751
651655	422129	42219	3109	28890	2062
311229	93153	31384	1803	20109	1111
2147018	709337	97317	6653	81437	3591
994277	320232	49377	2995	40220	2133
1034758	745241	26137	1892	22148	813
1032391	361763	46263	2578	40640	1282
525330	310141	22284	1244	18976	1181
2629275	1280823	128395	7498	108173	4840
2305861	1892075	30886	1840	18924	875
1081822	763852	47833	2891	35264	2636
1315962	1152098	53360	1655	45239	4009
2000082	1096412	90904	7000	59344	6859
1000686	805849	30102	1654	22956	1414
130780	78900	5678	416	3674	726
2354890	1011190	92074	4132	75368	3548
408519	306800	13894	861	11506	1205
517436	349417	22178	1188	16330	1167
4087	2022	347	30	201	52
789110	648482	23198	1191	17708	1432
409893	282310	13186	817	8959	862
72030	50473	2694	174	1719	267
83444	61170	3849	207	2369	361
218020	96200	15640	838	7983	861

成人高等学校基本情况(总计)(不包

Basic Statistics of Adult Higher Educational
(Evening Schools & Divisions of Correspondence run by Regular

地区 Region	学校数(所) Schools		本专科学生数 Undergraduate Students				校 Teachers,		
	计 Total	其中:中央部委所属学校数 Inst. Under Central Ministries & Agencies	毕业生数 Graduates	招生数 Students Admitted	在校学生数 Enrolment	合计 Total	计 Subtotal	专任 Full-time	
								小计 Subtotal	教授 Prof.
总计 Total	1156	281	381680	446401	1231359	213431	202592	98207	1433
北京 Beijing	85	43	16084	24285	73578	20104	19197	8408	358
天津 Tianjin	44	5	12286	12441	37326	8654	8407	4282	56
河北 Hebei	42	14	16673	17578	47875	8841	8294	3535	44
山西 Shanxi	36	6	7629	9815	25106	6189	5971	2723	25
内蒙古 Inner Mongolia	23	3	6011	8326	19840	4022	3987	1868	6
辽宁 Liaoning	63	27	18467	23675	74031	13106	12686	5951	88
吉林 Jilin	44	10	10484	15105	38001	7498	7247	3589	65
黑龙江 Heilongjiang	71	18	15044	19340	54652	13176	12513	6463	51
上海 Shanghai	66	11	6202	7159	25363	11859	11322	5208	77
江苏 Jiangsu	63	12	16941	20943	52238	11508	10940	5602	54
浙江 Zhejiang	36	4	10485	16037	41520	4428	4326	2230	19
安徽 Anhui	27	6	9858	13404	37011	4629	4405	2084	12
福建 Fujian	20	1	5953	10802	24768	2532	2385	1216	11
江西 Jiangxi	24	5	7734	11702	31242	4108	3894	1967	22
山东 Shandong	54	15	33829	31592	94347	13159	12025	6037	84
河南 Henan	53	15	18779	22485	53309	9265	8601	4415	38
湖北 Hubei	60	16	30641	22441	63092	12830	12067	5809	73
湖南 Hunan	40	8	25835	27034	72522	6603	6058	2771	40
广东 Guangdong	62	6	25796	29021	86757	11035	10749	5398	128
广西 Guangxi	23	0	13245	12295	32797	5083	4670	2545	19
海南 Hainan	4	0	801	1200	3160	314	314	160	0
四川 Sichuan	80	21	34292	37451	102885	12918	12335	5938	54
贵州 Guizhou	17	3	6064	9686	24214	2950	2877	1463	13
云南 Yunnan	18	4	4981	6036	14220	2981	2837	1357	15
西藏 Tibet	0	0	0	0	0	0	0	0	0
陕西 Shaanxi	41	16	10006	13009	41031	7551	6892	3353	45
甘肃 Gansu	21	9	5065	6149	13889	2392	2297	1244	12
青海 Qinghai	3	0	1245	1306	3227	642	636	312	5
宁夏 Ningxia	6	0	1680	2613	6816	587	571	312	13
新疆 Xinjiang	30	3	9570	13471	36542	4467	4089	1967	6

括普通高等学校函授部、夜大学)

Institutions (Regional Aggregates)

Institutions of Higher Education are not included in Aggregates)

单位: 人

教职工数 Teachers, Staff & Workers										兼任教师 Part-time Teachers
本部教职工 Staff & Workers in the School Proper							科研机构人员 Personnel in Affiliated Research Org.	校办厂、场职工 Employees in School-run Factories, Farms	附设机构人员 Personnel in Other Subsidiary Units	
教师 Teachers				教辅人员 Supporting Staff	行政人员 Adm. Personnel	工勤人员 Workers				
副教授 Asso. Prof.	讲师 Lecturers	助教 Assistants	教员 Instructors							
21209	47275	22740	5550	23274	50325	30786	1854	5635	3350	31125
1790	3678	1612	970	2767	5429	2593	168	453	286	2810
1097	1950	1084	95	892	2051	1182	69	156	22	2511
791	1555	895	250	973	2190	1596	59	403	85	435
477	1137	962	122	656	1473	1119	31	131	56	346
355	884	539	84	565	979	575	8	22	5	123
1323	3044	1343	153	1389	3088	2258	70	233	117	918
900	1652	848	124	900	1792	966	32	60	159	650
1602	3382	1182	246	1306	2609	2135	190	194	279	1746
1294	3042	655	140	1428	2517	2169	133	337	67	577
981	2849	1327	391	1082	2710	1546	24	380	164	1455
414	1141	540	116	532	1001	563	0	87	15	1256
502	1064	381	125	426	1206	689	11	71	142	1064
251	595	305	54	208	728	233	4	77	66	968
391	873	564	117	389	909	629	27	63	124	943
1207	2584	1748	414	1227	2813	1948	63	864	207	1179
866	2133	1142	236	931	2125	1130	16	387	261	1367
1264	2592	1465	415	1652	2952	1654	208	346	209	1194
693	1345	556	137	623	1652	1012	372	116	57	1950
1108	2582	1289	291	1063	2870	1418	88	67	131	3238
496	1246	630	154	436	982	707	76	244	93	1296
25	76	51	8	25	82	47	0	0	0	50
1482	3030	1090	282	1287	3297	1813	66	228	289	2563
242	746	403	59	308	743	363	16	29	28	511
225	682	328	107	339	670	471	47	40	57	173
0	0	0	0	0	0	0	0	0	0	0
758	1633	734	183	962	1699	878	13	505	141	1118
244	614	305	69	225	489	339	4	56	35	92
53	161	72	21	85	144	95	0	6	0	173
60	143	67	29	65	122	72	1	10	5	127
318	862	623	158	533	1003	586	58	70	250	292

成人高等学校本、专科学生数(总计)

Number of Students in Adult Higher Educational
(Evening Schools & Divisions of Correspondence run by

地区 Region	毕业生数 Graduates			招生数 Students Admitted		
	计 Total	本科 Normal Courses	专科 Short-cycle Courses	计 Total	本科 Normal Courses	专科 Short-cycle Courses
总计 Total	381680	14145	367535	446401	16313	430088
北京 Beijing	16084	486	15598	24285	1056	23229
天津 Tianjin	12286	334	11952	12441	487	11954
河北 Hebei	16673	622	16051	17578	759	16819
山西 Shanxi	7629	454	7175	9815	315	9500
内蒙古 Inner Mongolia	6011	1	6010	8326	21	8305
辽宁 Liaoning	18467	1045	17422	23675	840	22835
吉林 Jilin	10484	139	10345	15105	668	14437
黑龙江 Heilongjiang	15044	86	14958	19340	203	19137
上海 Shanghai	6202	452	5750	7159	291	6868
江苏 Jiangsu	16941	1469	15472	20943	1091	19852
浙江 Zhejiang	10485	597	9888	16037	351	15686
安徽 Anhui	9858	853	9005	13404	813	12591
福建 Fujian	5953	155	5798	10802	382	10420
江西 Jiangxi	7734	344	7390	11702	548	11154
山东 Shandong	33829	787	33042	31592	1027	30565
河南 Henan	18779	1088	17691	22485	726	21759
湖北 Hubei	30641	729	29912	22441	561	21880
湖南 Hunan	25835	1310	24525	27034	2078	24956
广东 Guangdong	25796	927	24869	29021	1276	27745
广西 Guangxi	13245	214	13031	12295	104	12191
海南 Hainan	801	30	771	1200	78	1122
四川 Sichuan	34292	1022	33270	37451	806	36645
贵州 Guizhou	6064	271	5793	9686	412	9274
云南 Yunnan	4981	154	4827	6036	197	5839
西藏 Tibet	0					
陕西 Shaanxi	10006	309	9697	13009	571	12438
甘肃 Gansu	5065	156	4909	6149	240	5909
青海 Qinghai	1245	20	1225	1306	50	1256
宁夏 Ningxia	1680	18	1662	2613	250	2363
新疆 Xinjiang	9570	73	9497	13471	112	13359

(不包括普通高等学校函授部、夜大学)

Institutions by Type of Courses (Regional Aggregates)

Institutions of Higher Education are not included in Aggregates)

单位:人

在校学生数 Enrolment			毕业班学生数 Graduates for Next Year		
计 Total	本科 Normal Courses	专科 Short-cycle Courses	计 Total	本科 Normal Courses	专科 Short-cycle Courses
1231359	50535	1180824	461530	20592	440938
73578	2442	71136	18440	484	17956
37326	932	36394	12281	185	12096
47875	1703	46172	16649	418	16231
25106	778	24328	9175	463	8712
19840	21	19819	7049	0	7049
74031	3974	70057	28414	1674	26740
38001	1740	36261	12903	482	12421
54652	767	53885	18542	401	18141
25363	1079	24284	8825	312	8513
52238	1717	50521	17655	292	17363
41520	1638	39882	11559	535	11024
37011	2536	34475	12895	1052	11843
24768	736	24032	9154	183	8971
31242	1273	29969	10708	361	10347
94347	9099	85248	38373	6415	31958
53309	1955	51354	20532	846	19686
63092	1839	61253	25771	752	25019
72522	4923	67599	34960	1459	33501
86757	4480	82277	35122	1789	33333
32797	389	32408	13399	203	13196
3160	78	3082	1213	0	1213
102885	2143	100742	39515	867	38648
24214	1343	22871	11071	543	10528
14220	376	13844	5738	172	5566
0	0	0	0	0	0
41031	1243	39788	17532	288	17244
13889	347	13542	5775	107	5668
3227	50	3177	1132	0	1132
6816	450	6366	2407	132	2275
36542	484	36058	14741	177	14564

广播电视大

Basic Statistics of

地区 Region	学校数(所) Schools 计 Total	其中:中央部委所属学校数 Inst. under Central Ministries & Agencies	本专科学生数 Undergraduate Students 毕业生数 Graduates	招生数 Students Admitted	在校学生数 Enrolment	合计 Total	校 Teachers, 计 Subtotal	专任 Full-time 小计 Subtotal	教授 Prof.
总计 Total	46	1	156848	193519	541587	44984	43566	20412	120
北京 Beijing	2	1	2481	2325	6565	1029	958	404	4
天津 Tianjin	1	0	4186	4095	12557	2247	2153	997	5
河北 Hebei	1	0	7192	6669	22212	1098	1094	397	4
山西 Shanxi	1	0	1917	2533	6011	687	684	222	0
内蒙古 Inner Mongolia	1	0	1775	3215	7712	990	984	398	0
辽宁 Liaoning	3	0	7316	9194	30017	2356	2337	1127	11
吉林 Jilin	2	0	4645	7786	16949	1604	1604	828	10
黑龙江 Heilongjiang	2	0	5569	8971	24551	3487	3387	1576	6
上海 Shanghai	1	0	776	1180	4509	354	308	74	3
江苏 Jiangsu	2	0	8747	11624	30161	4577	4317	2163	8
浙江 Zhejiang	2	0	6768	12743	32050	1716	1672	854	4
安徽 Anhui	1	0	3304	5717	14089	765	765	233	1
福建 Fujian	2	0	2838	7581	17176	803	754	294	0
江西 Jiangxi	1	0	3550	6005	17799	841	841	411	1
山东 Shandong	3	0	14702	12142	35307	4792	4597	2551	5
河南 Henan	1	0	8258	9963	25390	1841	1789	815	2
湖北 Hubei	2	0	12890	11016	31097	3836	3742	2001	8
湖南 Hunan	1	0	14149	14039	37511	1194	1194	413	3
广东 Guangdong	3	0	8434	10047	38822	2981	2937	1426	19
广西 Guangxi	1	0	4228	3994	12142	710	708	293	2
海南 Hainan	1	0	322	463	1139	95	95	55	0
四川 Sichuan	3	0	14555	17300	53689	1462	1377	469	4
贵州 Guizhou	1	0	3475	4850	11107	841	816	354	2
云南 Yunnan	1	0	3335	4069	10004	817	757	338	1
西藏 Tibet	0	0	0	0	0	0	0	0	0
陕西 Shaanxi	2	0	4054	5993	16767	2272	2211	1101	15
甘肃 Gansu	1	0	2077	2420	5685	176	176	69	2
青海 Qinghai	1	0	509	385	985	179	179	86	0
宁夏 Ningxia	1	0	887	958	2815	163	163	52	0
新疆 Xinjiang	2	0	3909	6242	16769	1071	967	411	0

…学基本情况

…adio/TV Universities

单位:人

教职工数 Teachers, Staff & Workers: …部教职工 …aff & Workers in the School Proper: …师 …achers: …教授 …so. …of.	讲师 Lecturers	助教 Assistants	教员 Instructors	教辅人员 Supporting Staff	行政人员 Adm. Personnel	工勤人员 Workers	科研机构人员 Personnel in Affiliated Research Org.	校办厂、场职工 Employees in School-run Factories, Farms	附设机构人员 Personnel in Other Subsidiary Units	兼任教师 Part-time Teachers
302	9398	6199	1393	5625	12579	4950	136	631	651	14823
97	218	58	27	79	421	54	10	49	12	293
39	445	287	21	255	639	262	25	60	9	887
76	189	98	30	187	374	136	0	1	3	247
31	96	86	9	68	292	102	0	3	0	26
58	174	147	19	146	295	145	0	6	0	41
91	548	320	57	307	666	237	6	9	4	265
60	374	245	39	254	431	91	0	0	0	395
50	789	416	115	458	822	531	0	18	82	776
17	47	5	2	125	90	19	0	46	0	0
65	1017	675	198	435	1176	543	5	116	139	832
96	415	278	61	268	412	138	0	41	3	764
45	133	50	4	87	383	62	0	0	0	714
37	140	97	20	83	320	57	0	4	45	540
63	187	146	14	117	222	91	0	0	0	743
96	998	936	216	463	1007	576	19	68	108	839
16	402	253	42	235	561	178	11	16	25	878
41	780	665	207	473	801	467	10	81	3	496
81	211	90	28	178	448	155	0	0	0	1148
96	621	493	97	278	865	368	14	26	4	1674
55	173	49	14	83	261	71	0	2	0	663
8	24	18	5	7	23	10	0	0	0	0
32	257	95	31	237	503	168	0	21	64	1249
53	186	110	3	81	320	61	0	12	13	253
41	180	93	23	93	221	105	30	25	5	42
0	0	0	0	0	0	0	0	0	0	0
30	507	292	57	359	573	178	6	24	31	789
19	36	12	0	37	56	14	0	0	0	0
12	43	23	8	31	40	22	0	0	0	147
6	37	9	0	24	75	12	0	0	0	0
41	171	153	46	177	282	97	0	3	101	122

Number of Students in Radio/TV

地区 Region	毕业生数 Graduates			招生数 Students Admitted		
	计 Total	本科 Normal Courses	专科 Short-cycle Courses	计 Total	本科 Normal Courses	专科 Short-cycle Courses
总计 Total	156848	0	156848	193519	0	193519
北京 Beijing	2481	0	2481	2325	0	2325
天津 Tianjin	4186	0	4186	4095	0	4095
河北 Hebei	7192	0	7192	6669	0	6669
山西 Shanxi	1917	0	1917	2533	0	2533
内蒙古 Inner Mongolia	1775	0	1775	3215	0	3215
辽宁 Liaoning	7316	0	7316	9194	0	9194
吉林 Jilin	4645	0	4645	7786	0	7786
黑龙江 Heilongjiang	5569	0	5569	8971	0	8971
上海 Shanghai	776	0	776	1180	0	1180
江苏 Jiangsu	8747	0	8747	11624	0	11624
浙江 Zhejiang	6768	0	6768	12743	0	12743
安徽 Anhui	3304	0	3304	5717	0	5717
福建 Fujian	2838	0	2838	7581	0	7581
江西 Jiangxi	3550	0	3550	6005	0	6005
山东 Shandong	14702	0	14702	12142	0	12142
河南 Henan	8258	0	8258	9963	0	9963
湖北 Hubei	12890	0	12890	11016	0	11016
湖南 Hunan	14149	0	14149	14039	0	14039
广东 Guangdong	8434	0	8434	10047	0	10047
广西 Guangxi	4228	0	4228	3994	0	3994
海南 Hainan	322	0	322	463	0	463
四川 Sichuan	14555	0	14555	17300	0	17300
贵州 Guizhou	3475	0	3475	4850	0	4850
云南 Yunnan	3335	0	3335	4069	0	4069
西藏 Tibet	0	0	0	0	0	0
陕西 Shaanxi	4054	0	4054	5993	0	5993
甘肃 Gansu	2077	0	2077	2420	0	2420
青海 Qinghai	509	0	509	385	0	385
宁夏 Ningxia	887	0	887	958	0	958
新疆 Xinjiang	3909	0	3909	6242	0	6242

本、专科学生数

Universities by Type of Courses

单位:人

在校学生数 Enrolment			毕业班学生数 Graduates for Next Year		
计 Total	本科 Normal Courses	专科 Short-cycle Courses	计 Total	本科 Normal Courses	专科 Short-cycle Courses
541587	0	541587	208984	0	208984
6565	0	6565	2395	0	2395
12557	0	12557	4286	0	4286
22212	0	22212	8686	0	8686
6011	0	6011	1734	0	1734
7712	0	7712	2608	0	2608
30017	0	30017	10365	0	10365
16949	0	16949	5547	0	5547
24551	0	24551	9087	0	9087
4509	0	4509	2071	0	2071
30161	0	30161	10785	0	10785
32050	0	32050	8425	0	8425
14089	0	14089	4756	0	4756
17176	0	17176	6397	0	6397
17799	0	17799	5707	0	5707
35307	0	35307	15050	0	15050
25390	0	25390	9749	0	9749
31097	0	31097	15132	0	15132
37511	0	37511	20102	0	20102
38822	0	38822	15140	0	15140
12142	0	12142	4799	0	4799
1139	0	1139	574	0	574
53689	0	53689	20590	0	20590
11107	0	11107	5462	0	5462
10004	0	10004	4051	0	4051
0	0	0	0	0	0
16767	0	16767	6030	0	6030
5685	0	5685	2415	0	2415
985	0	985	276	0	276
2815	0	2815	874	0	874
16769	0	16769	5891	0	5891

职工高等学

Basic Statistics of

地区 Region	学校数(所) Schools 计 Total	学校数(所) Schools 其中:中央部委所属学校数 Inst. Under Central Ministries & Agencies	本专科学生数 Undergraduate Students 毕业生数 Graduates	本专科学生数 Undergraduate Students 招生数 Students Admitted	本专科学生数 Undergraduate Students 在校学生数 Enrolment	合计 Total	校 Teachers, 计 Subtotal	专任 Full-time 小计 Subtotal	专任 Full-time 教授 Prof.
总 计 Total	694	211	85911	107450	313861	84776	79200	40057	519
北 京 Beijing	46	11	5861	10099	41642	9436	9076	4458	153
天 津 Tianjin	34	2	5200	5546	17430	4496	4396	2550	41
河 北 Hebei	19	7	3029	4035	9763	3386	3242	1370	16
山 西 Shanxi	18	4	1771	2791	6868	2596	2477	1211	10
内蒙古 Inner Mongolia	9	3	1181	1054	3162	815	803	402	1
辽 宁 Liaoning	51	26	6826	8336	23390	7971	7690	3569	43
吉 林 Jilin	25	7	3476	4228	13621	2497	2334	1133	7
黑龙江 Heilongjiang	43	16	6552	7406	22189	6175	5837	3054	25
上 海 Shanghai	48	11	4248	4436	16449	7900	7575	3387	44
江 苏 Jiangsu	41	9	3887	4000	10869	3171	2979	1678	13
浙 江 Zhejiang	26	3	1186	1001	2941	1185	1154	619	5
安 徽 Anhui	15	6	1773	3125	8663	1820	1782	888	3
福 建 Fujian	9	0	754	665	2182	380	380	240	1
江 西 Jiangxi	15	4	1552	2425	5829	1536	1440	853	1
山 东 Shandong	30	13	7301	8952	24098	4329	3494	1568	8
河 南 Henan	30	11	4366	4940	11374	3053	2835	1578	7
湖 北 Hubei	37	13	2583	4157	11656	4227	3873	1768	24
湖 南 Hunan	28	7	5335	5915	15587	3140	2669	1352	18
广 东 Guangdong	32	5	5381	5370	16445	2907	2745	1527	56
广 西 Guangxi	9	0	1842	2169	5518	1588	1331	813	3
海 南 Hainan	2	0	99	98	256	62	62	34	0
四 川 Sichuan	49	19	5126	5996	16418	5266	4876	2646	13
贵 州 Guizhou	6	3	811	1310	3114	556	544	296	0
云 南 Yunnan	10	4	338	547	1360	781	774	374	1
西 藏 Tibet	0	0	0	0	0	0	0	0	0
陕 西 Shaanxi	28	16	1830	2878	7388	2883	2340	1194	9
甘 肃 Gansu	15	9	1245	1737	4234	1225	1165	704	0
青 海 Qinghai	1	0	256	406	861	117	111	78	2
宁 夏 Ningxia	4	0	408	997	2454	424	408	260	13
新 疆 Xinjiang	14	2	1694	2831	8100	854	808	453	2

校基本情况

Workers' Colleges

单位:人

教职工数 Teachers, Staff & Workers										
本部教职工 Staff & Workers in the School Proper							科研机构人员 Personnel in Affiliated Research Org.	校办厂、场职工 Employees in School-run Factories, Farms	附设机构人员 Personnel in Other Subsidiary Units	兼任教师 Part-time Teachers
教师 Teachers				教辅人员 Supporting Staff	行政人员 Adm. Personnel	工勤人员 Workers				
副教授 Asso. Prof.	讲师 Lecturers	助教 Assistants	教员 Instructors							
8336	19847	9134	2221	8824	17938	12381	866	3154	1556	12155
784	1792	976	753	1444	2332	842	59	204	97	2338
636	1160	658	55	365	913	568	26	74	0	1216
281	591	387	95	385	773	714	38	56	50	141
194	517	434	56	286	489	491	2	66	51	245
68	231	82	20	80	214	107	0	12	0	47
768	1888	804	66	836	1714	1571	34	143	104	434
261	563	269	33	322	522	357	0	14	149	255
773	1612	563	81	541	1145	1097	39	134	165	825
562	2159	509	113	740	1900	1548	90	168	67	525
281	908	367	109	252	676	373	7	174	11	562
149	336	122	7	111	268	156	0	21	10	407
221	440	182	42	177	405	312	2	29	7	252
27	139	67	6	25	94	21	0	0	0	108
162	374	257	59	124	291	172	9	55	32	149
317	766	413	64	437	821	668	35	719	81	271
345	763	378	85	320	535	402	2	77	139	412
387	873	418	66	571	1005	529	67	204	83	273
328	674	271	61	247	638	432	360	58	53	450
366	710	330	65	275	690	253	36	20	106	1138
122	372	258	58	110	223	185	7	214	36	333
5	12	16	1	3	17	8	0	0	0	50
584	1350	578	121	373	1118	739	47	119	224	954
62	156	74	4	58	98	92	0	12	0	136
72	168	100	33	91	177	132	1	0	6	124
0	0	0	0	0	0	0	0	0	0	0
304	574	243	64	348	498	300	0	463	80	186
116	377	180	31	111	194	156	4	56	0	80
18	33	18	7	7	22	4	0	6	0	26
54	106	58	29	41	47	60	1	10	5	127
89	203	122	37	144	119	92	0	46	0	91

职工高等学校

Number of Students in Workers'

地区 Region	毕业生数 Graduates			招生数 Students Admitted		
	计 Total	本科 Normal Courses	专科 Short-cycle Courses	计 Total	本科 Normal Courses	专科 Short-cycle Courses
总计 Total	85911	306	85605	107450	571	106879
北京 Beijing	5861	0	5861	10099	141	9958
天津 Tianjin	5200	0	5200	5546	0	5546
河北 Hebei	3029	38	2991	4035	49	3986
山西 Shanxi	1771	44	1727	2791	32	2759
内蒙古 Inner Mongolia	1181	0	1181	1054	0	1054
辽宁 Liaoning	6826	98	6728	8336	57	8279
吉林 Jilin	3476	0	3476	4228	46	4182
黑龙江 Heilongjiang	6552	31	6521	7406	0	7406
上海 Shanghai	4248	23	4225	4436	77	4359
江苏 Jiangsu	3887	0	3887	4000	19	3981
浙江 Zhejiang	1186	0	1186	1001	0	1001
安徽 Anhui	1773	0	1773	3125	0	3125
福建 Fujian	754	0	754	665	0	665
江西 Jiangxi	1552	0	1552	2425	0	2425
山东 Shandong	7301	0	7301	8952	0	8952
河南 Henan	4366	0	4366	4940	0	4940
湖北 Hubei	2583	26	2557	4157	66	4091
湖南 Hunan	5335	0	5335	5915	0	5915
广东 Guangdong	5381	20	5361	5370	0	5370
广西 Guangxi	1842	0	1842	2169	0	2169
海南 Hainan	99	0	99	98	0	98
四川 Sichuan	5126	26	5100	5996	20	5976
贵州 Guizhou	811	0	811	1310	0	1310
云南 Yunnan	338	0	338	547	0	547
西藏 Tibet	0	0	0	0	0	0
陕西 Shaanxi	1830	0	1830	2878	64	2814
甘肃 Gansu	1245	0	1245	1737	0	1737
青海 Qinghai	256	0	256	406	0	406
宁夏 Ningxia	408	0	408	997	0	997
新疆 Xinjiang	1694	0	1694	2831	0	2831

本、专科学生数

Colleges by Type of Courses

单位: 人

在校学生数 Enrolment			毕业班学生数 Graduates for Next Year		
计 Total	本科 Normal Courses	专科 Short-cycle Courses	计 Total	本科 Normal Courses	专科 Short-cycle Courses
313861	2294	311567	98646	565	98081
41642	392	41250	7344	79	7265
17430	21	17409	5343	0	5343
9763	73	9690	2823	24	2799
6868	84	6784	2036	52	1984
3162	0	3162	1140	0	1140
23390	480	22910	7253	119	7134
13621	129	13492	4255	11	4244
22189	0	22189	7116	0	7116
16449	446	16003	5633	79	5554
10869	37	10832	3811	18	3793
2941	0	2941	1114	0	1114
8663	0	8663	2407	0	2407
2182	0	2182	797	0	797
5829	0	5829	1645	0	1645
24098	0	24098	7712	0	7712
11374	0	11374	3578	0	3578
11656	156	11500	3373	30	3343
15587	0	15587	7131	0	7131
16445	344	16101	6009	153	5856
5518	0	5518	1988	0	1988
256	0	256	62	0	62
16418	20	16398	6493	0	6493
3114	0	3114	1377	0	1377
1360	0	1360	384	0	384
0	0	0	0	0	
7388	112	7276	2371	0	2371
4234	0	4234	1387	0	1387
861	0	861	302	0	302
2454	0	2454	918	0	918
8100	0	8100	2844	0	2844

农民高等学

Basic Statistics

地区 Region	学校数(所) Schools 计 Total	其中:中央部委所属学校数 Inst. Under Central Ministries & Agencies	本专科学生数 Undergraduate Students 毕业生数 Graduates	招生数 Students Admitted	在校学生数 Enrolment	合计 Total	校 Teachers, 计 Subtotal	专任 Full-time 小计 Subtotal	教授 Prof.
总　计 Total	4	0	203	484	966	263	258	146	0
吉　林 Jilin	4	0	203	484	966	263	258	146	0

注:农民高等学校都是专科学校学生数。

Note: All students in Peasants' colleges are enrolled in short-cycle courses.

独立函授学

Basic Statistics of

地区 Region	学校数(所) Schools 计 Total	其中:中央部委所属学校数 Inst. Under Central Ministries & Agencies	本专科学生数 Undergraduate Students 毕业生数 Graduates	招生数 Students Admitted	在校学生数 Enrolment	合计 Total	校 Teachers, 计 Subtotal	专任 Full-time 小计 Subtotal	教授 Prof.
总　计 Total	4	2	4053	4819	13474	1436	1307	713	26
北　京 Beijing	2	2	505	825	2559	888	759	395	21
湖　北 Hubei	1	0	527	790	2417	40	40	36	1
四　川 Sichuan	1	0	3021	3204	8498	508	508	282	4

独立函授学院

Number of Students in Independent

地区 Region	毕业生数 Graduates 计 Total	本科 Normal Courses	专科 Short-cycle Courses	招生数 Students Admitted 计 Total	本科 Normal Courses	专科 Short-cycle Courses
总　计 Total	4053	63	3990	4819	83	4736
北　京 Beijing	505	63	442	825	83	742
湖　北 Hubei	527	0	527	790	0	790
四　川 Sichuan	3021	0	3021	3204	0	3204

校基本情况

of Peasants ' Colleges

单位:人

教职工数 Teachers, Staff & Workers										
本部教职工 Staff & Workers in the School Proper							科研机构人员 Personnel in Affiliated Research Org.	校办厂、场职工 Employees in School-run Factories, Farms	附设机构人员 Personnel in Other Subsidiary Units	兼任教师 Part-time Teachers
教师 Teachers				教辅人员 Supporting Staff	行政人员 Adm. Personnel	工勤人员 Workers				
副教授 Asso. Prof.	讲师 Lecturers	助教 Assistants	教员 Instructors							
12	60	55	19	17	64	31	0	5	0	0
12	60	55	19	17	64	31	0	5	0	0

院基本情况

Independent Correspondence Colleges

单位:人

教职工数 Teachers, Staff & Workers										
本部教职工 Staff & Workers in the School Proper							科研机构人员 Personnel in Affiliated Research Org.	校办厂、场职工 Employees in School-run Factories, Farms	附设机构人员 Personnel in Other Subsidiary Units	兼任教师 Part-time Teachers
教师 Teachers				教辅人员 Supporting Staff	行政人员 Adm. Personnel	工勤人员 Workers				
副教授 Asso. Prof.	讲师 Lecturers	助教 Assistants	教员 Instructors							
175	322	146	44	184	268	142	30	22	77	366
98	164	94	18	82	163	119	30	22	77	43
12	9	11	3	1	3	0	0	0	0	323
65	149	41	23	101	102	23	0	0	0	0

本、专科学生数

Correspondence Colleges by Type of Courses

单位:人

在校学生数 Enrolment			毕业班学生数 Graduates for Next Year		
计 Total	本科 Normal Courses	专科 Short-cycle Courses	计 Total	本科 Normal Courses	专科 Short-cycle Courses
13474	416	13058	3578	109	3469
2559	416	2143	620	109	511
2417	0	2417	525	0	525
8498	0	8498	2433	0	2433

教育学院

Basic Statistics of

地区 Region	学校数(所) Schools 计 Total	其中:中央部委所属学校数 Inst. Under Central Ministries & Agencies	本专科学生数 Undergraduate Students 毕业生数 Graduates	招生数 Students Admitted	在校学生数 Enrolment	合计 Total	校 Teachers, 计 Subtotal	专任 Full-time 小计 Subtotal	教授 Prof.
总计 Total	242	7	88326	77680	213743	44719	42777	22295	343
北京 Beijing	1	0	876	1998	4225	600	555	255	8
天津 Tianjin	1	0	642	908	2392	441	438	191	5
河北 Hebei	14	1	4268	3179	8562	2183	2169	1086	8
山西 Shanxi	11	0	2613	2645	8124	1857	1779	858	10
内蒙古 Inner Mongolia	10	0	2275	2697	6032	1803	1786	897	4
辽宁 Liaoning	2	0	1424	1333	10290	975	954	503	10
吉林 Jilin	7	0	375	701	1841	1333	1309	881	26
黑龙江 Heilongjiang	19	2	1674	1757	5205	2535	2362	1434	12
上海 Shanghai	12	0	725	518	1874	2807	2704	1423	20
江苏 Jiangsu	11	0	2824	3254	6752	2320	2215	1119	17
浙江 Zhejiang	6	0	2145	1941	5767	1021	994	544	8
安徽 Anhui	9	0	3913	3823	11011	1654	1470	804	8
福建 Fujian	5	0	1236	872	1917	726	671	388	5
江西 Jiangxi	5	0	1301	1907	4524	942	847	401	10
山东 Shandong	16	2	8915	6317	22881	2763	2733	1441	53
河南 Henan	18	1	5213	5693	11950	3011	2721	1466	19
湖北 Hubei	12	0	12597	2775	7676	1964	1902	933	19
湖南 Hunan	8	0	3624	4478	10599	1297	1238	565	10
广东 Guangdong	13	0	7373	7671	18148	2731	2696	1368	18
广西 Guangxi	9	0	5493	4343	10995	1847	1741	996	11
海南 Hainan	1	0	380	639	1765	157	157	71	0
四川 Sichuan	16	0	8572	7291	16805	3228	3183	1583	11
贵州 Guizhou	6	0	1244	1592	4449	850	826	503	11
云南 Yunnan	6	0	895	1119	2265	1177	1108	544	12
西藏 Tibet	0	0	0	0	0	0	0	0	0
陕西 Shaanxi	6	0	2660	2666	13218	1374	1330	648	13
甘肃 Gansu	4	0	1153	1132	2190	766	731	351	9
青海 Qinghai	1	0	480	515	1381	346	346	148	3
宁夏 Ningxia	1	0	385	658	1547	0	0	0	0
新疆 Xinjiang	12	1	3051	3258	9358	2011	1812	894	3

基本情况

Educational Colleges

单位:人

教职工数 Teachers, Staff & Workers										兼任教师 Part－time Teachers
本部教职工 Staff & Workers in the School Proper							科研机构人员 Personnel in Affiliated Research Org.	校办厂、场职工 Employees in School－run Factories, Farms	附设机构人员 Personnel in Other Subsidiary Units	
教师 Teachers				教辅人员 Supporting Staff	行政人员 Adm. Personnel	工勤人员 Workers				
副教授 Asso. Prof.	讲师 Lecturers	助教 Assistants	教员 Instructors							
5913	10386	4443	1210	4522	9500	6460	469	865	608	1465
96	99	35	17	78	157	65	7	31	7	0
72	80	29	5	87	108	52	3	0	0	86
253	425	331	69	216	514	353	0	12	2	31
175	343	279	51	190	421	310	11	62	5	22
191	392	276	34	255	367	267	8	4	5	10
199	218	64	12	81	227	143	0	21	0	0
293	379	161	22	107	203	118	24	0	0	0
454	775	154	39	196	450	282	145	3	25	67
650	642	90	21	469	356	456	11	92	0	3
284	592	164	62	222	465	409	10	81	14	33
124	260	112	40	122	180	148	0	25	2	85
202	415	122	57	146	287	233	7	42	135	98
129	194	53	7	48	166	69	0	55	0	253
101	184	71	35	110	150	186	3	0	92	0
375	580	310	123	249	621	422	4	8	18	29
293	645	410	99	203	739	313	3	281	6	12
280	405	151	78	282	459	228	61	1	0	89
166	271	85	33	113	336	224	4	55	0	29
321	714	224	91	261	668	399	10	4	21	56
198	492	241	54	133	329	283	69	8	29	224
12	40	17	2	15	42	29	0	0	0	0
473	767	270	62	305	839	456	17	28	0	224
86	233	146	27	90	148	85	13	5	6	11
97	285	99	51	137	232	195	13	15	41	7
0	0	0	0	0	0	0	0	0	0	0
128	332	138	37	145	341	196	0	18	26	5
87	150	82	23	61	184	135	0	0	35	12
23	85	31	6	47	82	69	0	0	0	0
0	0	0	0	0	0	0	0	0	0	0
151	389	298	53	154	429	335	46	14	139	79

教育学院本、

Number of Students in Educational

地区 Region	毕业生数 Graduates 计 Total	毕业生数 本科 Normal Courses	毕业生数 专科 Short-cycle Courses	招生数 Students Admitted 计 Total	招生数 本科 Normal Courses	招生数 专科 Short-cycle Courses
总计 Total	88326	13349	74977	77680	13912	63768
北京 Beijing	876	406	470	1998	534	1464
天津 Tianjin	642	306	336	908	435	473
河北 Hebei	4268	584	3684	3179	691	2488
山西 Shanxi	2613	410	2203	2645	283	2362
内蒙古 Inner Mongolia	2275	1	2274	2697	21	2676
辽宁 Liaoning	1424	869	555	1333	557	776
吉林 Jilin	375	120	255	701	482	219
黑龙江 Heilongjiang	1674	55	1619	1757	83	1674
上海 Shanghai	725	429	296	518	214	304
江苏 Jiangsu	2824	1469	1355	3254	1064	2190
浙江 Zhejiang	2145	575	1570	1941	351	1590
安徽 Anhui	3913	853	3060	3823	813	3010
福建 Fujian	1236	144	1092	872	292	580
江西 Jiangxi	1301	344	957	1907	548	1359
山东 Shandong	8915	748	8167	6317	988	5329
河南 Henan	5213	1056	4157	5693	580	5113
湖北 Hubei	12597	665	11932	2775	376	2399
湖南 Hunan	3624	1245	2379	4478	1714	2764
广东 Guangdong	7373	907	6466	7671	1256	6415
广西 Guangxi	5493	214	5279	4343	104	4239
海南 Hainan	380	30	350	639	78	561
四川 Sichuan	8572	918	7654	7291	711	6580
贵州 Guizhou	1244	271	973	1592	412	1180
云南 Yunnan	895	154	741	1119	197	922
西藏 Tibet	0	0	0	0	0	0
陕西 Shaanxi	2660	309	2351	2666	476	2190
甘肃 Gansu	1153	156	997	1132	240	892
青海 Qinghai	480	20	460	515	50	465
宁夏 Ningxia	385	18	367	658	250	408
新疆 Xinjiang	3051	73	2978	3258	112	3146

专 科 学 生 数

Colleges by Type of Courses

单位: 人

在校学生数 Enrolment 计 Total	本科 Normal Courses	专科 Short-cycle Courses	毕业班学生数 Graduates for Next Year 计 Total	本科 Normal Courses	专科 Short-cycle Courses
213743	44127	169616	87320	18777	68543
4225	1074	3151	519	193	326
2392	834	1558	523	160	363
8562	1595	6967	2018	378	1640
8124	694	7430	3509	411	3098
6032	21	6011	2064	0	2064
10290	3082	7208	6520	1389	5131
1841	1342	499	531	342	189
5205	529	4676	1252	353	899
1874	633	1241	466	233	233
6752	1630	5122	1593	270	1323
5767	1638	4129	1616	535	1081
11011	2536	8475	4058	1052	3006
1917	639	1278	579	176	403
4524	1273	3251	1871	361	1510
22881	8474	14407	11555	6149	5406
11950	1720	10230	5023	797	4226
7676	1549	6127	2800	692	2108
10599	4150	6449	3122	1228	1894
18148	4096	14052	8404	1616	6788
10995	381	10614	5001	195	4806
1765	78	1687	577	0	577
16805	2009	14796	6572	828	5744
4449	1343	3106	2015	543	1472
2265	376	1889	1063	172	891
0	0	0	0	0	0
13218	1100	12118	6945	288	6657
2190	347	1843	1058	107	951
1381	50	1331	554	0	554
1547	450	1097	615	132	483
9358	484	8874	4897	177	4720

管 理 干 部 学

Basic Statistics of

地 区 Region	学校数(所) Schools 计 Total	其中:中央部委所属学校数 Inst. Under Central Ministries & Agencies	本专科学生数 Undergraduate Students 毕业生数 Graduates	招生数 Students Admitted	在校学生数 Enrolment	合 计 Total	校 Teachers, 计 Subtotal	专 任 Full-time 小 计 Subtotal	教 授 Prof.
总 计 Total	166	60	46339	62449	147728	37253	35484	14584	425
北 京 Beijing	34	29	6361	9038	18587	8151	7849	2896	172
天 津 Tianjin	8	3	2258	1892	4947	1470	1420	544	5
河 北 Hebei	8	6	2184	3695	7338	2174	1789	682	16
山 西 Shanxi	6	2	1328	1846	4103	1049	1031	432	5
内蒙古 Inner Mongolia	3	0	780	1360	2934	414	414	171	1
辽 宁 Liaoning	7	1	2901	4812	10334	1804	1705	752	24
吉 林 Jilin	6	3	1785	1906	4624	1801	1742	601	22
黑龙江 Heilongjiang	7	0	1249	1206	2707	979	927	399	8
上 海 Shanghai	5	0	453	1025	2531	798	735	324	10
江 苏 Jiangsu	9	3	1483	2065	4456	1440	1429	642	16
浙 江 Zhejiang	2	1	386	352	762	506	506	213	2
安 徽 Anhui	2	0	868	739	3248	390	388	159	0
福 建 Fujian	4	1	1125	1684	3493	623	580	294	5
江 西 Jiangxi	3	1	1331	1365	3090	789	766	302	10
山 东 Shandong	5	0	2911	4181	12061	1275	1201	477	18
河 南 Henan	4	3	942	1889	4595	1360	1256	556	10
湖 北 Hubei	8	3	2044	3703	10246	2763	2510	1071	21
湖 南 Hunan	3	1	2727	2602	8825	972	957	441	9
广 东 Guangdong	14	1	4608	5933	13342	2416	2371	1077	35
广 西 Guangxi	4	0	1682	1789	4142	938	890	443	3
海 南 Hainan	0	0	0	0	0	0	0	0	0
四 川 Sichuan	11	2	3018	3660	7475	2454	2391	958	22
贵 州 Guizhou	4	0	534	1934	5544	703	691	310	0
云 南 Yunnan	1	0	413	301	591	206	198	101	1
西 藏 Tibet	0	0	0	0	0	0	0	0	0
陕 西 Shaanxi	5	0	1462	1472	3658	1022	1011	410	8
甘 肃 Gansu	1	0	590	860	1780	225	225	120	1
青 海 Qinghai	0	0	0	0	0	0	0	0	0
宁 夏 Ningxia	0	0	0	0	0	0	0	0	0
新 疆 Xinjiang	2	0	916	1140	2315	531	502	209	1

院基本情况

Institutes for Administration

单位:人

教职工数 Teachers, Staff & Workers										兼任教师 Part-time Teachers
本部教职工 Staff & Workers in the School Proper							科研机构人员 Personnel in Affiliated Research Org.	校办厂、场职工 Employees in School-run Factories, Farms	附设机构人员 Personnel in Other Subsidiary Units	
教师 Teachers				教辅人员 Supporting Staff	行政人员 Adm. Personnel	工勤人员 Workers				
副教授 Asso. Prof.	讲师 Lecturers	助教 Assistants	教员 Instructors							
3471	7262	2763	663	4102	9976	6822	353	958	458	2316
715	1405	449	155	1084	2356	1513	62	147	93	136
150	265	110	14	185	391	300	15	22	13	322
181	350	79	56	185	529	393	21	334	30	16
77	181	163	6	112	271	216	18	0	0	53
38	87	34	11	84	103	56	0	0	0	25
165	390	155	18	165	481	307	30	60	9	219
174	276	118	11	200	572	369	8	41	10	0
125	206	49	11	111	192	225	6	39	7	78
65	194	51	4	94	171	146	32	31	0	49
151	332	121	22	173	393	221	2	9	0	28
45	130	28	8	31	141	121	0	0	0	0
34	76	27	22	16	131	82	2	0	0	0
58	122	88	21	52	148	86	4	18	21	67
65	128	90	9	38	246	180	15	8	0	51
119	240	89	11	78	364	282	5	69	0	40
112	323	101	10	173	290	237	0	13	91	65
244	525	220	61	325	684	430	70	60	123	13
118	189	110	15	85	230	201	8	3	4	323
225	537	242	38	249	647	398	28	17	0	370
121	209	82	28	110	169	168	0	20	28	76
0	0	0	0	0	0	0	0	0	0	0
278	507	106	45	271	735	427	2	60	1	136
41	171	73	25	79	177	125	3	0	9	111
15	49	36	0	18	40	39	3	0	5	0
0	0	0	0	0	0	0	0	0	0	0
96	220	61	25	110	287	204	7	0	4	138
22	51	31	15	16	55	34	0	0	0	0
0	0	0	0	0	0	0	0	0	0	0
0	0	0	0	0	0	0	0	0	0	0
37	99	50	22	58	173	62	12	7	10	0

管理干部学院

Number of Students in Institutes for

地区 Region	毕业生数 Graduates			招生数 Students Admitted		
	计 Total	本科 Normal Courses	专科 Short-cycle Courses	计 Total	本科 Normal Courses	专科 Short-cycle Courses
总计 Total	46339	427	45912	62449	1747	60702
北京 Beijing	6361	17	6344	9038	298	8740
天津 Tianjin	2258	28	2230	1892	52	1840
河北 Hebei	2184	0	2184	3695	19	3676
山西 Shanxi	1328	0	1328	1846	0	1846
内蒙古 Inner Mongolia	780	0	780	1360	0	1360
辽宁 Liaoning	2901	78	2823	4812	226	4586
吉林 Jilin	1785	19	1766	1906	140	1766
黑龙江 Heilongjiang	1249	0	1249	1206	120	1086
上海 Shanghai	453	0	453	1025	0	1025
江苏 Jiangsu	1483	0	1483	2065	8	2057
浙江 Zhejiang	386	22	364	352	0	352
安徽 Anhui	868	0	868	739	0	739
福建 Fujian	1125	11	1114	1684	90	1594
江西 Jiangxi	1331	0	1331	1365	0	1365
山东 Shandong	2911	39	2872	4181	39	4142
河南 Henan	942	32	910	1889	146	1743
湖北 Hubei	2044	38	2006	3703	119	3584
湖南 Hunan	2727	65	2662	2602	364	2238
广东 Guangdong	4608	0	4608	5933	20	5913
广西 Guangxi	1682	0	1682	1789	0	1789
海南 Hainan	0	0	0	0	0	0
四川 Sichuan	3018	78	2940	3660	75	3585
贵州 Guizhou	534	0	534	1934	0	1934
云南 Yunnan	413	0	413	301	0	301
西藏 Tibet	0	0	0	0	0	0
陕西 Shaanxi	1462	0	1462	1472	31	1441
甘肃 Gansu	590	0	590	860	0	860
青海 Qinghai	0	0	0	0	0	0
宁夏 Ningxia	0	0	0	0	0	0
新疆 Xinjiang	916	0	916	1140	0	1140

本、专科学生数

Administration by Type of Courses

单位:人

在校学生数 Enrolment			毕业班学生数 Graduates for Next Year		
计 Total	本科 Normal Courses	专科 Short-cycle Courses	计 Total	本科 Normal Courses	专科 Short-cycle Courses
147728	3698	144030	62557	1141	61416
18587	560	18027	7562	103	7459
4947	77	4870	2129	25	2104
7338	35	7303	3122	16	3106
4103	0	4103	1896	0	1896
2934	0	2934	1237	0	1237
10334	412	9922	4276	166	4110
4624	269	4355	2125	129	1996
2707	238	2469	1087	48	1039
2531	0	2531	655	0	655
4456	50	4406	1466	4	1462
762	0	762	404	0	404
3248	0	3248	1674	0	1674
3493	97	3396	1381	7	1374
3090	0	3090	1485	0	1485
12061	625	11436	4056	266	3790
4595	235	4360	2182	49	2133
10246	134	10112	3941	30	3911
8825	773	8052	4605	231	4374
13342	40	13302	5569	20	5549
4142	8	4134	1611	8	1603
0	0	0	0	0	0
7475	114	7361	3427	39	3388
5544	0	5544	2217	0	2217
591	0	591	240	0	240
0	0	0	0	0	0
3658	31	3627	2186	0	2186
1780	0	1780	915	0	915
0	0	0	0	0	0
0	0	0	0	0	0
2315	0	2315	1109	0	1109

普通高等学校举办函授

Number of Students by Type of Courses in Correspondence Divisions、Evening School

地区 Region	函授部、夜大学 Divisions of Correspondence and Evening Schools								
	毕业生数 Graduates			招生数 Students Admitted			在校学生数 Enrolment		
	计 Total	本科 Normal Courses	专科 Short-cycle Courses	计 Total	本科 Normal Courses	专科 Short-cycle Courses	计 Total	本科 Normal Courses	专科 Short-cycle Courses
总计 Total	213644	39188	174456	373691	56835	316856	1150357	198034	952323
北京 Beijing	22295	3613	18682	36453	4989	31464	107764	16175	91589
天津 Tianjin	4054	602	3452	7820	1844	5976	20127	4734	15393
河北 Hebei	5670	1156	4514	12294	2031	10263	34767	6023	28744
山西 Shanxi	4344	131	4213	8566	876	7690	24208	4226	19982
内蒙古 Inner Mongolia	2186	617	1569	4760	299	4461	14289	2259	12030
辽宁 Liaoning	14544	3179	11365	26699	5963	20736	77734	17398	60336
吉林 Jilin	9493	2874	6619	15792	4182	11610	50513	15655	34858
黑龙江 Heilongjiang	13099	2508	10591	18448	3409	15039	52326	10978	41348
上海 Shanghai	9331	2228	7103	16024	3129	12895	48325	11715	36610
江苏 Jiangsu	8741	964	7777	28926	3495	25431	71966	8650	63316
浙江 Zhejiang	4027	883	3144	10634	2336	8298	32356	6714	25642
安徽 Anhui	5148	992	4156	11161	848	10313	32809	4118	28691
福建 Fujian	1630	614	1016	5996	809	5187	18934	2145	16789
江西 Jiangxi	3206	764	2442	7079	757	6322	19185	2742	16443
山东 Shandong	19807	6064	13743	28080	4914	23166	100261	23733	76528
河南 Henan	12063	1496	10567	23681	1782	21899	84247	7949	76298
湖北 Hubei	17264	4054	13210	25179	4411	20768	89181	17612	71569
湖南 Hunan	11491	486	11005	17665	1323	16342	57416	3699	53717
广东 Guangdong	8000	871	7129	12433	2110	10323	36144	4796	31348
广西 Guangxi	3149	796	2353	4843	822	4021	12982	2532	10450
海南 Hainan	983	0	983	1387	170	1217	4078	351	3727
四川 Sichuan	13622	1275	12347	18328	2109	16219	62987	8724	54263
贵州 Guizhou	1922	430	1492	1191	196	995	8587	1098	7489
云南 Yunnan	3737	422	3315	5996	687	5309	20799	3283	17516
西藏 Tibet	0	0	0	0	0	0	0	0	0
陕西 Shaanxi	8454	1752	6702	15076	2504	12572	43165	7968	35197
甘肃 Gansu	3178	243	2935	5636	779	4857	15531	2402	13129
青海 Qinghai	107	0	107	97	0	97	221	0	221
宁夏 Ningxia	316	0	316	424	0	424	1422	0	1422
新疆 Xinjiang	1783	174	1609	3023	61	2962	8033	355	7678

部、夜大学、成人脱产班分本专科学生数

s & Short-cycle Courses for Adults run by Regular Institutions of Higher Education

单位:人

成人脱产班 Short-cycle courses for Adults								
毕业生数 Graduates			招生数 Students Admitted			在校学生数 Enrolment		
计 Total	本科 Normal Courses	专科 Short-cycle Courses	计 Total	本科 Normal Courses	专科 Short-cycle Courses	计 Total	本科 Normal Courses	专科 Short-cycle Courses
40777	175	40602	93707	1365	92342	188312	2313	185999
1666	0	1666	4946	58	4888	8780	58	8722
842	0	842	1317	0	1317	1996	0	1996
2205	0	2205	2801	0	2801	5550	0	5550
320	0	320	1711	0	1711	2541	0	2541
257	0	257	913	0	913	1555	0	1555
430	0	430	1549	0	1549	2079	0	2079
247	0	247	817	83	734	1526	163	1363
964	93	871	637	85	552	1406	137	1269
1040	0	1040	1105	15	1090	1856	15	1841
1502	5	1497	4383	6	4377	8649	30	8619
943	0	943	4068	0	4068	6287	0	6287
836	3	833	2925	57	2868	9703	194	9509
901	0	901	2278	177	2101	3429	354	3075
45	0	45	627	0	627	1284	0	1284
2128	0	2128	1360	0	1360	4326	0	4326
1680	0	1680	5775	0	5775	10328	0	10328
2558	0	2558	8923	0	8923	18718	0	18718
1451	0	1451	4074	0	4074	8579	0	8579
7791	0	7791	5283	20	5263	12152	20	12132
1775	0	1775	3047	19	3028	6421	19	6402
1028	0	1028	1217	0	1217	2690	0	2690
3774	74	3700	18546	348	18198	35030	636	34394
925	0	925	3171	163	3008	6786	192	6594
541	0	541	1160	0	1160	2483	0	2483
24	0	24	17	0	17	40	0	40
696	0	696	5444	154	5290	10105	276	9829
153	0	153	1199	118	1081	2012	139	1873
106	0	106	147	0	147	262	0	262
69	0	69	127	0	127	386	0	386
3880	0	3880	4140	62	4078	11353	80	11273

成人高等学校其

Number of Other Students in Adult Higher

地区 Region	招生数 Entrants									
	学历教育学生总数中双招班 Total formal students	第二学科学历 Students for secand diplomas	证书教育 Certificate－oriented education		岗位培训 Job－specific training		大学后继续教育 Post－collegiate continuing education	基础学院	成人中专班 Spec. Sec. Classes for Adult	其他 Others
			单科班 Single subject courses	专业证书班 Classes for certificate-oriented trainees	资格性培训 Qualifica-tion－oriented training	适应性培训 Adaptation training				
总计 Total	6057	30342	86453	106831	255021	566076	46041	650	79996	116601
北京 Beijing	284	5144	5790	34298	17237	19407	4179	0	166	4339
天津 Tianjin	648	3418	6040	1388	15211	10647	3441	0	1066	2943
河北 Hebei	254	5093	70	1268	766	7126	0	89	3212	18634
山西 Shanxi	342	128	0	547	2492	2524	1572	0	627	153
内蒙古 Inner Mongolia	114	261	50	651	795	1194	130	221	3514	1763
辽宁 Liaoning	508	852	1345	7767	5863	6207	730	0	7042	2711
吉林 Jilin	132	459	240	6603	3019	1716	1945	0	0	0
黑龙江 Heilongjiang	80	308	905	3919	14909	22093	1793	175	3491	9165
上海 Shanghai	403	1898	16180	1595	87447	395060	11379	0	2044	13951
江苏 Jiangsu	206	1347	7705	6370	17950	25477	3143	0	4302	3025
浙江 Zhejiang	0	1568	8730	3506	5480	16542	1171	0	0	6668
安徽 Anhui	253	1075	0	547	1233	640	40	0	3029	1377
福建 Fujian	0	575	862	1438	11053	4676	640	0	213	546
江西 Jiangxi	38	212	51	0	4707	2507	808	0	2925	1741
山东 Shandong	773	593	402	7349	1915	9893	297	0	0	0
河南 Henan	110	333	4225	2143	1893	594	1038	0	7493	8546
湖北 Hubei	64	1187	6351	2119	6894	5366	7175	0	8730	9230
湖南 Hunan	231	299	2842	2083	8747	6174	521	0	6558	2159
广东 Guangdong	185	1552	3294	15600	32123	9748	692	0	5444	18252
广西 Guangxi	275	283	64	94	4470	1787	1272	0	4202	3094
海南 Hainan	0	5	0	1203	957	40	0	0	1088	0
四川 Sichuan	389	2028	11841	1792	3732	6656	2161	165	4115	3776
贵州 Guizhou	30	299	50	206	1097	500	0	0	2093	2535
云南 Yunnan	239	235	988	35	615	1226	259	0	4043	706
西藏 Tibet	0	0	0	0	0	0	0	0	0	0
陕西 Shaanxi	305	204	1812	841	3914	4000	1655	0	2938	1055
甘肃 Gansu	39	228	2000	27	391	4256	0	0	37	52
青海 Qinghai	0	21	0	0	0	20	0	0	520	0
宁夏 Ningxia	155	63	4396	0	0	0	0	0	681	0
新疆 Xinjiang	0	674	220	3442	111	0	0	0	423	180

他学生数(总计)

Educational Institutions (Regional Aggregates)

单位:人

在校学生数 Enrolment									
学历教育学生总数中双招班 Total formal students	第二学科学历 Students for secand diploms	证书教育 Certificate-oriented education		岗位培训 Job-specific training		大学后继续教育 Post-collegiate continuing education	基础学院	成人中专班 Spec. Sec. Classes for Adult	其他 Others
		单科班 Single subject courses	专业证书班 Classes for certificate-oriented trainees	资格性培训 Qualification-oriented training	适应性培训 Adaptation training				
14443	58078	128404	163462	165028	102431	56928	42228	177456	226949
818	7792	3714	50589	9138	8166	3875	8911	494	1590
1882	5327	2907	2063	5098	6679	3778	1239	1682	4508
471	6357	120	2653	435	761	0	7744	10853	19515
797	157	0	4493	2612	3037	1794	0	985	1998
302	1921	91	1028	668	1162	70	3164	11040	5363
1068	1733	1780	13188	3395	5665	868	1520	18058	32970
432	1160	80	9664	2820	668	2060	0	0	0
185	566	3574	4667	12990	5630	837	175	9672	28177
1126	3200	13034	3501	23202	12146	7193	1521	4322	18940
543	2820	6908	7293	11904	13515	3410	0	12700	4595
106	4963	6177	5683	3807	2785	1136	0	0	5679
745	2240	0	6786	18112	452	0	0	6803	4405
0	1075	697	1508	9001	3790	600	0	472	1155
99	549	403	0	2745	1262	1091	0	7424	2829
1702	1378	664	8896	22201	5935	318	0	0	0
201	470	8673	3668	3041	411	3981	6398	10714	11363
135	1675	10973	2321	2960	2466	3154	2298	19124	14005
242	864	10357	2422	1340	2838	10693	0	11712	9656
104	8343	4238	18234	13617	5911	5313	0	8528	32000
800	483	0	2742	4587	2299	1392	0	9971	8217
0	5	101	1203	957	0	0	0	1622	0
979	2622	40397	5921	4461	8297	3371	7519	9303	10911
96	438	84	718	2341	406	80	0	5364	5207
446	282	1808	35	945	1266	415	0	8839	875
0	0	0	0	0	0	0	0	0	0
790	500	3195	907	2233	1745	1128	0	4253	2156
79	485	3562	27	272	5119	0	0	253	52
0	80	0	0	0	20	0	90	886	0
295	123	4396	0	0	0	0	71	1486	160
0	470	471	3252	146	0	371	1578	896	623

成人中等专业学校基本情况

Basic Statistics of Adult Specialized (Limited to State－planned enrolment

地　　区 Region	学校数(所) Schools	毕业生数 Graduates	招　生　数 Students Admitted 合　计 Total	招高中毕业起点 Graduates From Senior Sec. School	招初中毕业起点 Graduates From Junior Sec. School	在校学生数 Enrolment
总　计 Total	4904	750850	1036787	317107	719680	2429381
北　京 Beijing	137	27064	36319	11279	25040	87820
天　津 Tianjin	96	16201	20407	3947	16460	47694
河　北 Hebei	227	43582	38968	25955	13013	100099
山　西 Shanxi	176	13731	15112	5802	9310	43237
内蒙古 Inner Mongolia	117	15372	20156	0	20156	44740
辽　宁 Liaoning	253	25286	30249	2895	27354	86681
吉　林 Jilin	170	13317	23662	7070	16592	53084
黑龙江 Heilongjiang	432	40288	44253	12226	32027	115103
上　海 Shanghai	119	9802	22842	2833	20009	54260
江　苏 Jiangsu	246	42678	69477	20945	48532	180942
浙　江 Zhejiang	146	14378	33062	11999	21063	77739
安　徽 Anhui	140	19363	26399	6875	19524	55071
福　建 Fujian	203	18978	37852	16789	21063	63594
江　西 Jiangxi	127	4083	10622	8941	1681	32214
山　东 Shandong	281	120409	84303	39395	44908	204489
河　南 Henan	247	38096	80304	16488	63816	143977
湖　北 Hubei	304	42955	53262	8529	44733	121277
湖　南 Hunan	267	41428	75552	15578	59974	151263
广　东 Guangdong	294	70619	98813	37740	61073	233255
广　西 Guangxi	154	28358	39353	7636	31717	97616
海　南 Hainan	27	3920	4779	570	4209	10465
四　川 Sichuan	342	48086	92689	23609	69080	202661
贵　州 Guizhou	29	8236	17838	0	17838	62530
云　南 Yunnan	10	0	0	0	0	0
西　藏 Tibet	0	0	0	0	0	0
陕　西 Shaanxi	125	9621	22608	18138	4470	52125
甘　肃 Gansu	95	12474	18737	7256	11481	44859
青　海 Qinghai	19	1871	3721	2369	1352	9892
宁　夏 Ningxia	29	1102	2448	978	1470	5374
新　疆 Xinjiang	92	19552	13000	1265	11735	47320

注：本表未包括普通中等专业学校举办的成人中专学生。

Note: Adult student enroled in specialized secondary schools are not included.

（总计）（列入计划，学制两年以上）

Secondary Schools (Regional Aggregates)
and Courses Lasting 2 Years and Over)

单位：人

毕业班学生数 Graduates for Nert Year	教职工数 Teachers, Staff & Workers 合计 Total	专任教师 Full-time Teachers	教辅人员 Supportin Staff	行政人员 Adm. Personnel	工勤人员 Workers	兼任教师 Part-time Teachers
804533	212922	112681	22487	45253	32501	52426
23150	9185	4130	1011	2613	1431	2374
13640	4779	2393	517	1164	705	968
36481	7737	4601	664	1435	1037	367
23901	4890	2490	562	1034	804	399
14058	6405	3334	760	1415	896	493
31789	13173	7784	943	2742	1704	1195
15766	9751	5451	1293	1864	1143	564
42733	16170	8914	1735	3004	2517	2056
14114	6421	3076	876	1384	1085	1517
56937	12228	6127	935	2803	2363	3761
26002	4430	2298	402	1031	699	2949
17276	4483	2300	423	1020	740	1468
16351	5590	3169	585	1186	650	1460
11331	3285	1894	191	543	657	2038
81037	16138	8701	1575	3562	2300	2319
41473	15568	8556	2087	2770	2155	2311
37319	13672	7633	1496	2322	2221	2104
47266	11148	5941	1049	2173	1985	6771
93672	10787	5861	997	2086	1843	4287
31688	7702	4154	658	1526	1364	1886
4029	1151	574	46	202	329	182
59406	14374	6280	2614	3553	1927	6618
14411	1226	605	123	315	183	605
0	67	27	2	17	21	11
0	0	0	0	0	0	0
10242	4558	2242	254	1622	440	2116
13885	2606	1308	223	655	420	1036
3329	577	256	79	180	62	231
1328	885	499	65	171	150	85
21919	3936	2083	322	861	670	255

广播电视中等专业学校基本

Basic Statistics of Radio/TV

(Limited to State-planned enrolment

地　区 Region	学校数(所) Schools	毕业生数 Graduates	招生数 Students Admitted 合计 Total	招高中毕业起点 Graduates From Senior Sec. School	招初中毕业起点 Graduates From Junior Sec. School	在校学生数 Enrolment
总　计 Total	126	154316	214796	50325	164471	559811
北　京 Beijing	1	7597	4091	1184	2907	15478
天　津 Tianjin	2	2883	2689	50	2639	9342
河　北 Hebei	6	4403	3169	1032	2137	12595
山　西 Shanxi	3	267	247	73	174	506
内蒙古 Inner Mongolia	2	4376	4807	0	4807	11910
辽　宁 Liaoning	14	10635	10566	135	10431	32300
吉　林 Jilin	2	1764	5496	1556	3940	12244
黑龙江 Heilongjiang	6	9212	6172	1389	4783	19630
上　海 Shanghai	2	3353	4221	19	4202	9237
江　苏 Jiangsu	3	12350	23231	2746	20485	61770
浙　江 Zhejiang	16	4858	11261	3264	7997	26515
安　徽 Anhui	4	3786	3376	357	3019	8770
福　建 Fujian	5	2200	2402	907	1495	6129
江　西 Jiangxi	2	1112	5342	5296	46	17431
山　东 Shandong	12	17805	9967	7629	2338	23692
河　南 Henan	4	1820	16238	2400	13838	23847
湖　北 Hubei	6	2218	2779	672	2107	4399
湖　南 Hunan	11	14359	26523	5009	21514	59697
广　东 Guangdong	3	1021	1343	309	1034	2662
广　西 Guangxi	4	1334	6761	177	6584	16078
海　南 Hainan	1	636	0	0	0	785
四　川 Sichuan	6	23032	37101	6588	30513	93977
贵　州 Guizhou	1	2870	2231	0	2231	17269
云　南 Yunnan	0	0	0	0	0	0
西　藏 Tibet	0	0	0	0	0	0
陕　西 Shaanxi	3	2066	8026	6083	1943	18580
甘　肃 Gansu	2	5799	9017	2310	6707	22914
青　海 Qinghai	1	361	1146	922	224	2893
宁　夏 Ningxia	1	154	462	164	298	1278
新　疆 Xinjiang	3	12045	6132	54	6078	27883

情况（列入计划，学制两年以上）
Specialized Secondary Schools and Courses Lasting 2 Years and Over）

单位：人

毕业班学生数 Graduates for Next Year	教职工数 Teachers, Staff & Workers 合计 Total	专任教师 Full-time Teachers	教辅人员 Supportin Staff	行政人员 Adm. Personnel	工勤人员 Workers	兼任教师 Part-time Teachers
187536	15058	7452	2290	3917	1399	21225
5407	1208	636	121	380	71	560
4525	153	93	20	25	15	71
4053	429	221	47	127	34	108
361	68	36	1	19	12	19
4949	283	161	76	44	2	86
12595	683	304	23	266	90	587
3529	0	0	0	0	0	0
8469	1475	753	308	280	134	744
4143	73	42	4	22	5	11
19413	628	334	39	245	10	1507
8223	627	326	81	186	34	1594
2350	241	77	59	91	14	262
2217	95	50	29	9	7	75
5860	251	185	28	22	16	1871
8263	720	420	112	141	47	311
4200	1047	545	187	254	61	1129
2183	380	228	36	55	61	72
20105	1545	586	245	437	277	5975
446	25	15	0	9	1	7
2610	1238	535	163	349	191	617
485	42	11	4	10	17	72
28246	1939	855	516	399	169	3596
10482	289	92	45	111	41	121
0	0	0	0	0	0	0
0	0	0	0	0	0	
3422	565	348	17	195	5	1185
5604	45	29	2	11	3	473
983	141	90	16	14	21	19
183	19	9	2	6	2	0
14230	849	471	109	210	59	153

职工中等专业学校基本情

Basic Statistics of Specialized

(Limited to State－planned enrolment

地　区 Region	学校数(所) Schools	毕业生数 Graduates	招生数 Students Admitted 合计 Total	招高中毕业起点 Graduates From Senior Sec. School	招初中毕业起点 Graduates From Junior Sec. School	在校学生数 Enrolment
总　计 Total	1988	215655	339641	66545	273096	815216
北　京 Beijing	91	11452	18173	2367	15806	41549
天　津 Tianjin	54	7086	10295	2558	7737	23769
河　北 Hebei	45	3864	8236	1271	6965	20594
山　西 Shanxi	48	3097	6048	413	5635	14837
内蒙古 Inner Mongolia	42	4891	7584	0	7584	16333
辽　宁 Liaoning	111	9040	12105	1971	10134	35209
吉　林 Jilin	77	6660	12646	3306	9340	29274
黑龙江 Heilongjiang	235	18263	21555	4069	17486	57762
上　海 Shanghai	104	6202	17745	2106	15639	42524
江　苏 Jiangsu	155	14094	22560	4441	18119	58515
浙　江 Zhejiang	70	4909	17260	5791	11469	39849
安　徽 Anhui	66	3727	7203	791	6412	16405
福　建 Fujian	78	3015	8543	1842	6701	20764
江　西 Jiangxi	30	1619	3255	2069	1186	7371
山　东 Shandong	79	44327	33014	9630	23384	67928
河　南 Henan	67	2729	10622	1396	9226	17929
湖　北 Hubei	172	20288	28782	3008	25774	66713
湖　南 Hunan	78	8651	14293	1085	13208	40064
广　东 Guangdong	137	17042	37480	6878	30602	91322
广　西 Guangxi	26	3602	3623	767	2856	9988
海　南 Hainan	5	528	970	78	892	2461
四　川 Sichuan	80	8555	19308	4918	14390	44960
贵　州 Guizhou	17	1577	1893	0	1893	5788
云　南 Yunnan	0	0	0	0	0	0
西　藏 Tibet	0	0	0	0	0	0
陕　西 Shaanxi	33	1643	4884	2625	2259	11269
甘　肃 Gansu	32	2452	4060	1135	2925	10400
青　海 Qinghai	15	996	1674	966	708	4304
宁　夏 Ningxia	9	355	919	321	598	2316
新　疆 Xinjiang	32	4991	4911	743	4168	15019

况（列入计划，学制两年以上）
Secondary Schools for Staff & Workers and Courses Lasting 2 Years and Over)

单位：人

毕业班学生数 Graduates for Next Year	教职工数 Teachers, Staff & Workers					兼任教师 Part-time Teachers
	合计 Total	专任教师 Full-time Teachers	教辅人员 Supportin Staff	行政人员 Adm. Personnel	工勤人员 Workers	
238645	82007	41737	7303	18928	14039	17542
7765	4792	1915	550	1376	951	1240
5047	2471	1285	252	530	404	706
4569	2103	1129	158	497	319	157
4877	1933	876	246	496	315	136
4607	2565	1273	243	655	394	159
12386	4908	2485	404	1216	803	384
8448	3845	1934	370	858	683	234
21961	9407	4803	765	1985	1854	1000
9074	4867	2313	537	1183	834	1450
18509	6110	3163	451	1353	1143	1449
13124	1788	962	155	417	254	1038
3811	1822	1000	155	411	256	874
4226	1713	945	101	421	246	943
2551	866	492	34	177	163	93
23130	5292	2760	396	1317	819	1358
3681	2389	1253	139	621	376	297
19713	8102	4445	880	1467	1310	881
11825	3373	1684	295	716	678	466
26466	4372	2466	363	876	667	2521
2492	1120	576	50	281	213	265
771	239	128	21	36	54	90
15448	3129	1530	304	808	487	1078
1496	596	346	56	118	76	143
0	0	0	0	0	0	0
0	0	0	0	0	0	
1566	872	403	65	242	162	186
3726	1150	517	112	321	200	200
1414	304	132	45	100	27	105
695	415	216	23	98	78	10
5267	1464	706	133	352	273	79

农民中等专业学校基本情

Basic Statistics of Specialized

(Limited to State－planned enrolment

地　　区 Region	学校数(所) Schools	毕业生数 Graduates	招生数 Students Admitted 合计 Total	招高中毕业起点 Graduates From Senior Sec. School	招初中毕业起点 Graduates From Junior Sec. School	在校学生数 Enrolment
总　计 Total	453	55670	87020	9597	77423	191769
北　京 Beijing	12	4493	4361	648	3713	12368
天　津 Tianjin	10	1226	4053	520	3533	7548
河　北 Hebei	18	1577	1688	191	1497	4263
山　西 Shanxi	0	0	0	0	0	0
内蒙古 Inner Mongolia	3	118	0	0	0	60
辽　宁 Liaoning	32	4052	5949	190	5759	12093
吉　林 Jilin	15	2462	2739	281	2458	5418
黑龙江 Heilongjiang	63	9087	9736	2151	7585	22455
上　海 Shanghai	2	103	183	15	168	462
江　苏 Jiangsu	0	0	0	0	0	0
浙　江 Zhejiang	2	115	395	0	395	1056
安　徽 Anhui	2	0	261	14	247	261
福　建 Fujian	12	435	479	14	465	1296
江　西 Jiangxi	3	29	0	0	0	0
山　东 Shandong	40	11530	11055	2639	8416	29304
河　南 Henan	42	4219	10493	351	10142	23826
湖　北 Hubei	62	3842	5301	141	5160	12207
湖　南 Hunan	42	4811	11674	478	11196	16734
广　东 Guangdong	41	5358	10723	1351	9372	25039
广　西 Guangxi	19	1038	3664	353	3311	8830
海　南 Hainan	3	122	146	56	90	420
四　川 Sichuan	27	1010	4114	204	3910	8106
贵　州 Guizhou	0	0	0	0	0	0
云　南 Yunnan	0	0	0	0	0	0
西　藏 Tibet	0	0	0	0	0	0
陕　西 Shaanxi	0	0	0	0	0	0
甘　肃 Gansu	2	0	0	0	0	8
青　海 Qinghai	0	0	0	0	0	0
宁　夏 Ningxia	1	43	6	0	6	15
新　疆 Xinjiang	0	0	0	0	0	0

况（列入计划，学制两年以上）
Secondary Schools for Peasants
and Courses Lasting 2 Years and Over)

单位：人

毕业班学生数 Graduates for Next Year	教职工数 Teachers, Staff & Workers					兼任教师 Part-time Teachers
	合计 Total	专任教师 Full-time Teachers	教辅人员 Supportin Staff	行政人员 Adm. Personnel	工勤人员 Workers	
65849	16638	10055	1329	2521	2733	1983
4393	635	306	73	169	87	342
1849	444	226	47	131	40	96
1562	538	357	24	74	83	67
0	0	0	0	0	0	0
60	51	36	0	9	6	0
4228	1141	662	47	219	213	116
2204	670	393	77	149	51	26
7668	1922	1255	114	307	246	198
194	122	50	7	12	53	52
0	0	0	0	0	0	0
185	52	38	1	9	4	8
0	27	22	1	1	3	3
429	261	156	22	49	34	70
0	0	0	0	0	0	0
10444	2000	1233	131	356	280	183
8258	1912	1142	127	252	391	91
4535	1437	926	177	161	173	108
4402	1829	1163	120	221	325	59
10521	1936	1113	246	187	390	361
2364	759	473	50	80	156	74
130	105	55	7	7	36	2
2406	743	426	55	114	148	127
0	0	0	0	0	0	0
0	0	0	0	0	0	0
0	0	0	0	0	0	0
0	0	0	0	0	0	0
8	25	14	0	3	8	0
0	0	0	0	0	0	0
9	29	9	3	11	6	0
0	0	0	0	0	0	0

教师进修学校基本情况

Basic Statistics of In－service

(Limited to State－planned enrolment

地区 Region	学校数(所) Schools	毕业生数 Graduates	招生数 Students Admitted			在校学生数 Enrolment
			合计 Total	招高中毕业起点 Graduates From Senior Sec. School	招初中毕业起点 Graduates From Junior Sec. School	
总计 Total	2031	214688	241519	128032	113487	516316
北京 Beijing	23	0	30	0	30	30
天津 Tianjin	16	1829	274	163	111	564
河北 Hebei	150	33214	23798	22985	813	57930
山西 Shanxi	118	7304	6821	4892	1929	20594
内蒙古 Inner Mongolia	64	2854	4366	0	4366	9614
辽宁 Liaoning	93	1285	1605	599	1006	6063
吉林 Jilin	69	0	405	405	0	976
黑龙江 Heilongjiang	128	3726	6790	4617	2173	15256
上海 Shanghai	11	144	693	693	0	2037
江苏 Jiangsu	80	8391	12322	6661	5661	31714
浙江 Zhejiang	51	2782	140	65	75	3552
安徽 Anhui	49	9815	12073	5176	6897	22660
福建 Fujian	73	9596	17689	9742	7947	19775
江西 Jiangxi	87	1099	406	49	357	2240
山东 Shandong	123	28494	18830	12993	5837	59378
河南 Henan	130	13590	22876	5476	17400	38318
湖北 Hubei	46	5703	9334	3301	6033	20667
湖南 Hunan	105	11217	18744	8320	10424	28430
广东 Guangdong	101	40692	39050	23657	15393	91578
广西 Guangxi	77	15532	12260	3670	8590	31414
海南 Hainan	18	2634	3663	436	3227	6799
四川 Sichuan	196	9561	20231	8510	11721	29683
贵州 Guizhou	4	135	139	0	139	476
云南 Yunnan	10	0	0	0	0	0
西藏 Tibet	0	0	0	0	0	0
陕西 Shaanxi	85	1536	4414	4183	231	7706
甘肃 Gansu	53	889	2435	932	1503	4079
青海 Qinghai	0	25	12	0	12	77
宁夏 Ningxia	14	125	162	39	123	288
新疆 Xinjiang	57	2516	1957	468	1489	4418

(列入计划，学制两年以上)
Teacher Training Schools and Courses Lasting 2 Years and Over)

单位：人

毕业班学生数 Graduates for Next Year	教职工数 Teachers, Staff & Workers 合计 Total	专任教师 Full-time Teachers	教辅人员 Supportin Staff	行政人员 Adm. Personnel	工勤人员 Workers	兼任教师 Part-time Teachers
217350	73857	42366	7064	12960	11467	2310
0	17	13	0	2	2	17
365	947	510	110	231	96	20
25178	4200	2651	413	645	491	25
16237	2635	1502	272	472	389	56
2821	2807	1649	230	471	457	34
1964	6122	4192	448	960	522	28
105	4577	2830	587	785	375	181
4635	3366	2103	548	432	283	114
703	1359	671	328	167	193	4
11529	4311	2167	412	701	1031	90
3294	1803	894	158	351	400	274
9065	1468	783	117	308	260	214
3939	2793	1663	383	496	251	142
832	2070	1167	128	307	468	74
27212	6247	3191	815	1242	999	178
9401	5356	3176	465	813	902	36
7445	2045	1162	209	216	458	75
9383	3436	2048	323	495	570	90
49558	3537	1920	181	749	687	141
17312	2992	1784	130	424	654	29
2643	765	380	14	149	222	18
6947	5500	2855	424	1322	899	282
89	119	78	9	18	14	0
0	67	27	2	17	21	11
0	0	0	0	0	0	
2745	2236	1173	167	635	261	45
1335	1128	661	79	215	173	109
65	0	0	0	0	0	0
126	331	210	32	38	51	0
2422	1623	906	80	299	338	23

干部中等专业学校基本情

Basic Statistics of Specialized

(Limited to State-planned enrolment

地 区 Region	学校数(所) Schools	毕业生数 Graduates	招生数 Students Admitted			在校学生数 Enrolment
			合 计 Total	招高中毕业起点 Graduates From Senior Sec. School	招初中毕业起点 Graduates From Junior Sec. School	
总 计 Total	238	41955	64939	21360	43579	130769
北 京 Beijing	9	2384	7981	6470	1511	13363
天 津 Tianjin	14	3177	3096	656	2440	6471
河 北 Hebei	7	374	1927	376	1551	4197
山 西 Shanxi	2	121	90	0	90	443
内蒙古 Inner Mongolia	5	609	440	0	440	1088
辽 宁 Liaoning	2	151	0	0	0	387
吉 林 Jilin	5	429	837	185	652	1034
黑龙江 Heilongjiang	0	0	0	0	0	0
上 海 Shanghai	0	0	0	0	0	0
江 苏 Jiangsu	6	2923	1983	1475	508	6098
浙 江 Zhejiang	2	26	576	400	176	576
安 徽 Anhui	14	1192	1745	261	1484	3272
福 建 Fujian	30	1627	4828	1005	3823	7200
江 西 Jiangxi	3	89	124	84	40	256
山 东 Shandong	22	13892	8237	4262	3975	19412
河 南 Henan	2	3958	7575	539	7036	16721
湖 北 Hubei	8	812	1366	100	1266	2776
湖 南 Hunan	29	1234	2811	285	2526	5395
广 东 Guangdong	10	2989	4368	2643	1725	8316
广 西 Guangxi	23	3401	9520	1116	8404	21160
海 南 Hainan	0	0	0	0	0	0
四 川 Sichuan	28	1458	5651	1135	4516	9333
贵 州 Guizhou	6	545	738	0	738	1351
云 南 Yunnan	0	0	0	0	0	0
西 藏 Tibet	0	0	0	0	0	0
陕 西 Shaanxi	2	30	88	88	0	130
甘 肃 Gansu	5	382	487	141	346	1040
青 海 Qinghai	2	104	217	139	78	496
宁 夏 Ningxia	2	48	254	0	254	254
新 疆 Xinjiang	0	0	0	0	0	0

况(列入计划,学制两年以上)
Secondary Schools for Cadres and Courses Lasting 2 Years and Over)

单位:人

毕业班学生数 Graduates for Next Year	教职工数 Teachers, Staff & Workers 合计 Total	专任教师 Full-time Teachers	教辅人员 Supportin Staff	行政人员 Adm. Personnel	工勤人员 Workers	兼任教师 Part-time Teachers
45182	14130	6974	1135	3870	2151	1527
4348	2437	1237	267	634	299	125
1854	764	279	88	247	150	75
1119	467	243	22	92	110	10
110	30	18	2	5	5	0
435	202	89	16	72	25	2
342	298	132	17	75	74	4
320	178	85	13	46	34	0
0	0	0	0	0	0	0
0	0	0	0	0	0	0
2499	456	172	33	159	92	22
0	0	0	0	0	0	4
850	523	239	32	105	147	68
3501	658	333	47	177	101	158
36	74	36	1	28	9	0
9936	1741	1000	115	475	151	200
8046	1890	968	158	492	272	78
1084	365	234	35	69	27	12
1328	934	438	62	299	135	127
2606	305	166	27	68	44	110
3749	919	497	66	218	138	255
0	0	0	0	0	0	0
1868	1328	564	100	443	221	207
446	183	68	13	51	51	29
0	0	0	0	0	0	0
0	0	0	0	0	0	0
42	74	37	5	29	3	1
469	138	53	3	46	36	0
194	83	34	9	26	14	32
0	83	52	4	14	13	8
0	0	0	0	0	0	0

成人中学基

Basic Statistics of General Secondary

地区 Region	学校数(所) Schools	教学班(点)(个) External Teaching Sites (Classes)	毕业生数 Graduates 合计 Total	其中:女生 Of which Female Students	招 Students 合计 Total
总计 Total	6020	18919	639915	283872	611729
北京 Beijing	0	367	4177	2150	6486
天津 Tianjin	30	216	5214	2797	5767
河北 Hebei	305	443	13749	7108	12850
山西 Shanxi	713	890	63025	7232	41143
内蒙古 Inner Mongolia	69	389	3964	1471	4381
辽宁 Liaoning	650	831	40932	18685	51216
吉林 Jilin	121	249	6644	3128	6967
黑龙江 Heilongjiang	369	780	25943	11075	27974
上海 Shanghai	81	416	6616	2965	36034
江苏 Jiangsu	575	1587	50980	25063	50206
浙江 Zhejiang	287	705	18039	8817	20655
安徽 Anhui	236	705	23860	15659	29131
福建 Fujian	316	644	5054	2724	16316
江西 Jiangxi	144	278	4675	2286	10531
山东 Shandong	209	1003	141795	77075	30542
河南 Henan	60	120	35366	11665	35226
湖北 Hubei	79	167	6713	2237	7408
湖南 Hunan	356	708	36118	16453	52759
广东 Guangdong	447	1388	73324	26763	51969
广西 Guangxi	306	4725	9162	5711	36819
海南 Hainan	4	9	216	119	120
四川 Sichuan	479	1336	41395	20259	47406
贵州 Guizhou	4	21	60	27	829
云南 Yunnan	0	3	42	22	36
西藏 Tibet	0	0	0	0	0
陕西 Shaanxi	37	59	2040	1146	2462
甘肃 Gansu	2	12	241	127	380
青海 Qinghai	121	249	6644	3128	6967
宁夏 Ningxia	0	0	0	0	0
新疆 Xinjiang	20	619	13927	7980	19149

本情况（总计）

Schools for Adults (Regional Aggregates)

单位:人

生数 Admitted	在校学生数 Enrolment		教职工数 Teachers, Staff & Workers		兼任教师 Part－time Teachers
其中女生 Of which Female Students	合计 Total	其中女生 Of shich Female Students	合计 Total	其中:专任教师 Of which: Full－time Teachers	
296644	742251	356224	42968	23331	40600
3575	10781	6130	8464	2878	8586
2880	9326	4418	163	75	163
6324	15478	7431	1125	498	976
10572	45418	12511	966	162	1231
1615	4438	1809	430	260	343
24224	42858	22352	4203	2921	2287
3307	8028	3780	458	280	458
11824	22193	10294	4045	2239	1982
17853	34073	17018	1602	980	831
25061	66628	32669	5052	3440	6469
10174	33610	16657	1336	904	1787
17993	36555	20306	797	599	860
9128	22404	12654	602	268	1834
5738	14181	7164	303	183	651
19227	63835	30487	2289	1391	1064
11915	33617	10903	59	45	183
2641	8794	3259	528	209	242
27772	69118	34985	2731	1776	2375
27886	67888	36783	2170	975	2327
18608	41465	20879	1063	417	2388
65	285	159	16	12	15
22955	56063	25963	3491	2170	2250
107	997	155	64	37	9
18	106	60	9	5	8
0	0	0	0	0	
1310	2710	1361	230	179	74
260	536	321	28	0	32
3307	8028	3780	458	280	458
0	0	0	0	0	0
10305	22838	11936	286	148	717

职 工 中 学

Basic Statistics of General Secondary

地 区 Region	学校数(所) Schools	教学班(点)(个) External Teaching Sites (Classes)	毕业生数 Graduates 合计 Total	其中:女生 Of which Female Students	招 Students 合计 Total
总 计 Total	2199	6148	256296	117434	270637
北 京 Beijing	0	335	3861	2046	5883
天 津 Tianjin	30	216	5214	2797	5767
河 北 Hebei	184	276	6500	3743	6961
山 西 Shanxi	70	112	6778	1458	8636
内蒙古 Inner Mongolia	47	360	2317	930	3089
辽 宁 Liaoning	348	510	20557	9532	24971
吉 林 Jilin	40	58	2647	1285	2903
黑龙江 Heilongjiang	286	429	17018	7440	16982
上 海 Shanghai	47	357	5814	2716	34182
江 苏 Jiangsu	251	839	29318	13570	29103
浙 江 Zhejiang	135	422	12381	6325	12463
安 徽 Anhui	68	97	2377	1264	3418
福 建 Fujian	40	116	1886	1032	2265
江 西 Jiangxi	58	130	3606	1818	3221
山 东 Shandong	53	241	53520	24576	5493
河 南 Henan	25	66	31388	9828	31565
湖 北 Hubei	23	47	1622	694	2065
湖 南 Hunan	157	313	17214	8247	27467
广 东 Guangdong	135	569	17166	10192	18968
广 西 Guangxi	29	126	2848	1649	5242
海 南 Hainan	4	9	216	119	120
四 川 Sichuan	83	315	6650	3203	12163
贵 州 Guizhou	4	21	60	27	829
云 南 Yunnan	0	3	42	22	36
西 藏 Tibet	0	0	0	0	0
陕 西 Shaanxi	26	34	1278	787	1700
甘 肃 Gansu	2	12	241	127	380
青 海 Qinghai	40	58	2647	1285	2903
宁 夏 Ningxia	0	0	0	0	0
新 疆 Xinjiang	14	77	1130	722	1862

基本情况

Schools for Staff & Workers

单位:人

生数 Admitted	在校学生数 Enrolment		教职工数 Teachers, Staff & Workers		
其中女生 Of which Female Students	合计 Total	其中女生 Of which Female Students	合计 Total	其中:专任教师 Of which: Full-time Teachers	兼任教师 Part-time Teachers
128466	335303	161227	25343	14503	17396
3365	9983	5845	5249	2504	4037
2880	9326	4418	163	75	163
4034	8496	4729	649	283	659
1862	9211	2186	212	69	169
1053	3183	1286	414	246	95
13108	21135	11880	2917	1923	1402
1363	3802	1728	223	152	128
7115	15389	6757	3207	1676	1428
17351	32601	16487	1464	861	698
14387	37493	18918	3227	2012	2943
6239	22038	11264	753	465	848
1840	8230	2173	670	533	239
1222	3835	2123	209	97	280
1578	5896	2841	265	161	348
2007	11499	5800	895	510	289
10090	31016	9757	56	42	117
937	2266	1031	231	131	95
14526	35380	18511	1315	1009	1190
11145	29668	17165	1254	586	1070
2242	8031	3607	300	183	143
65	285	159	16	12	15
6242	16345	7626	966	486	725
107	997	155	64	37	9
18	106	60	9	5	8
0	0	0	0	0	0
992	1948	1043	171	150	41
260	536	321	28	0	32
1363	3802	1728	223	152	128
0	0	0	0	0	0
1075	2806	1629	193	143	97

农 民 中 学

Basic Statistics of General Secondary

地 区 Region	学校数(所) Schools	教学班(点)(个) External Teaching Sites (Classes)	毕业生数 Graduates 合计 Total	毕业生数 Graduates 其中:女生 Of which Female Student	招 Students 合计 Total
总 计 Total	3821	12771	383619	166438	341092
北 京 Beijing	0	32	316	104	603
天 津 Tianjin	0	0	0	0	0
河 北 Hebei	121	167	7249	3365	5889
山 西 Shanxi	643	778	56247	5774	32507
内蒙古 Inner Mongolia	22	29	1647	541	1292
辽 宁 Liaoning	302	321	20375	9153	26245
吉 林 Jilin	81	191	3997	1843	4064
黑龙江 Heilongjiang	83	351	8925	3635	10992
上 海 Shanghai	34	59	802	249	1852
江 苏 Jiangsu	324	748	21662	11493	21103
浙 江 Zhejiang	152	283	5658	2492	8192
安 徽 Anhui	168	608	21483	14395	25713
福 建 Fujian	276	528	3168	1692	14051
江 西 Jiangxi	86	148	1069	468	7310
山 东 Shandong	156	762	88275	52499	25049
河 南 Henan	35	54	3978	1837	3661
湖 北 Hubei	56	120	5091	1543	5343
湖 南 Hunan	199	395	18904	8206	25292
广 东 Guangdong	312	819	56158	16571	33001
广 西 Guangxi	277	4599	6314	4062	31577
海 南 Hainan	0	0	0	0	0
四 川 Sichuan	396	1021	34745	17056	35243
贵 州 Guizhou	0	0	0	0	0
云 南 Yunnan	0	0	0	0	0
西 藏 Tibet	0	0	0	0	0
陕 西 Shaanxi	11	25	762	359	762
甘 肃 Gansu	0	0	0	0	0
青 海 Qinghai	81	191	3997	1843	4064
宁 夏 Ningxia	0	0	0	0	0
新 疆 Xinjiang	6	542	12797	7258	17287

基本情况

Schools for Peasants

单位:人

生数 Admitted	在校学生数 Enrolment		教职工数 Teachers, Staff & Workers		
其中女生 Of which Female Students	合计 Total	其中女生 Of which Female Students	合计 Total	其中:专任教师 Of which: Full-time Teachers	兼任教师 Part-time Teachers
168178	406948	194997	17625	8828	23204
210	798	285	3215	374	4549
0	0	0	0	0	0
2290	6982	2702	476	215	317
8710	36207	10325	754	93	1062
562	1255	523	16	14	248
11116	21723	10472	1286	998	885
1944	4226	2052	235	128	330
4709	6804	3537	838	563	554
502	1472	531	138	119	133
10674	29135	13751	1825	1428	3526
3935	11572	5393	583	439	939
16153	28325	18133	127	66	621
7906	18569	10531	393	171	1554
4160	8285	4323	38	22	303
17220	52336	24687	1394	881	775
1825	2601	1146	3	3	66
1704	6528	2228	297	78	147
13246	33738	16474	1416	767	1185
16741	38220	19618	916	389	1257
16366	33434	17272	763	234	2245
0	0	0	0	0	0
16713	39718	18337	2525	1684	1525
0	0	0	0	0	0
0	0	0	0	0	0
0	0	0	0	0	0
318	762	318	59	29	33
0	0	0	0	0	0
1944	4226	2052	235	128	330
0	0	0	0	0	0
9230	20032	10307	93	5	620

成人技术培训学

Basic Statistics of Technical Training

地　区 Region	学校数(所) Schools	毕业生数 Graduates			招 Students
		合　计 Total	其中： Of which 长班 A	短班 B	合　计 Total
总　计 Total	398796	76981906	8653405	68328501	61124560
北　京 Beijing	0	2079884	2079884	0	2264223
天　津 Tianjin	2868	532526	118745	413781	584089
河　北 Hebei	36230	5556334	291557	5264777	5027090
山　西 Shanxi	25859	1982756	105376	1877380	1481103
内蒙古 Inner Mongolia	8444	1810000	180000	1630000	1340000
辽　宁 Liaoning	13832	4118839	204007	3914832	3402968
吉　林 Jilin	8906	2093618	212123	1881495	2272066
黑龙江 Heilongjiang	12449	4300000	520000	3780000	3140000
上　海 Shanghai	672	681819	114390	567429	981852
江　苏 Jiangsu	30918	4635705	584505	4051200	4238402
浙　江 Zhejiang	14599	1991888	174859	1817029	1924886
安　徽 Anhui	9222	2497708	125786	2371922	2346143
福　建 Fujian	13838	2381970	180643	2201327	2246101
江　西 Jiangxi	10558	1490663	75672	1414991	1177371
山　东 Shandong	60845	8441761	505703	7936058	3845346
河　南 Henan	22769	5429609	558677	4870932	5459722
湖　北 Hubei	9118	1992889	124153	1868736	1661649
湖　南 Hunan	19966	1853855	94360	1759495	1545866
广　东 Guangdong	2282	17468	7583	9885	18601
广　西 Guangxi	12720	2821123	114872	2706251	2858863
海　南 Hainan	613	84913	5058	79855	156923
四　川 Sichuan	43384	11366171	1792992	9573179	6117738
贵　州 Guizhou	7277	1920390	23685	1896705	1688335
云　南 Yunnan	850	245464	2792	242672	8037
西　藏 Tibet	0	0	0	0	0
陕　西 Shaanxi	16516	2373545	69193	2304352	1092962
甘　肃 Gansu	2617	958128	66012	892116	925116
青　海 Qinghai	8906	2093618	212123	1881495	2272066
宁　夏 Ningxia	1418	219204	14109	205095	283412
新　疆 Xinjiang	1120	1010058	94546	915512	763630

A. Lengthy courses (total teaching time no less than 150h.)
B. Short courses (total leaching time less than 150h.)

校基本情况（总计）

Schools for Adults (Regional Aggregates)

单位：人

生 数 Admitted 其中: Of which 长班 A	短班 B	在校学生数 Enrolment 合计 Total	其中: Of which 长班 A	短班 B	教职工数 Teachers, Staff & Workers 合计 Total	其中: 专任教师 Of which: Full-time Teachers	兼任教师 Part-time Teachers
7691389	53433171	53291510	4915805	48375705	454311	196696	919891
2264223	0	184339	184339	0	8464	2878	8586
185975	398114	86746	36810	49936	2153	1237	5216
227912	4799178	3238999	176331	3062668	32554	11745	67216
92829	1388274	1572393	86120	1486273	33231	5737	39437
160000	1180000	1470000	170000	1300000	13161	3730	22766
230366	3172602	2936427	216757	2719670	30787	10070	41781
127083	2144983	1584677	131517	1453160	13466	4729	19685
450000	2690000	2700000	130000	2570000	40000	40000	50000
168756	813096	460755	114762	345993	10930	5076	14090
565118	3673284	3798464	505105	3293359	26680	13075	74512
172666	1752220	1514813	204715	1310098	8352	3325	35988
146839	2199304	2272214	170345	2101869	5641	2203	31216
201092	2045009	2164275	227441	1936834	5528	2705	28577
33188	1144183	1236278	34076	1202202	4114	921	25708
363558	3481788	5974453	407931	5566522	67839	31276	95754
560469	4899253	3161636	410352	2751284	10626	7634	52902
106094	1555555	1189854	65834	1124020	14145	7346	25628
110171	1435695	1518377	119776	1398601	34125	10721	47653
9401	9200	2337	1833	504	4268	1671	7281
140288	2718575	2621375	88879	2532496	13371	3375	33088
4805	152118	156923	4805	152118	75	73	1728
966477	5151261	6508129	1014124	5494005	28515	13991	88965
18555	1669780	1644027	21231	1622796	8800	1621	23983
1442	6595	8037	1442	6595	38	33	1467
0	0	0	0	0	0	0	
83678	1009284	1764367	80267	1684100	14986	4583	35546
62262	862854	804032	60045	743987	5625	997	9931
127083	2144983	1584677	131517	1453160	13466	4729	19685
27794	255618	283412	27794	255618	1148	308	3239
83265	680365	849494	91657	757837	2223	907	8263

职工技术培训

Basic Statistics of Technical Training

地区 Region	学校数(所) Schools	毕业生数 Graduates 合计 Total	其中: Of which 长班 A	短班 B	招 Students 合计 Total
总计 Total	13299	6628121	2593176	4034945	6751734
北京 Beijing	0	1492613	1492613	0	1660293
天津 Tianjin	106	48785	17845	30940	50736
河北 Hebei	1338	260127	36424	223703	249098
山西 Shanxi	643	89348	4727	84621	90901
内蒙古 Inner Mongolia	482	50000	10000	40000	50000
辽宁 Liaoning	689	400079	61650	338429	366148
吉林 Jilin	321	214094	42638	171456	196255
黑龙江 Heilongjiang	1094	940000	360000	580000	980000
上海 Shanghai	489	386727	71791	314936	533714
江苏 Jiangsu	1431	468592	111398	357194	637859
浙江 Zhejiang	815	167680	41413	126267	206890
安徽 Anhui	149	59286	2711	56575	25410
福建 Fujian	997	292774	18697	274077	303879
江西 Jiangxi	112	36558	7333	29225	14600
山东 Shandong	948	319466	46916	272550	61298
河南 Henan	916	442019	83560	358459	417019
湖北 Hubei	372	123351	39185	84166	150814
湖南 Hunan	679	246278	13518	232760	242497
广东 Guangdong	225	1134	4	1130	425
广西 Guangxi	129	40993	5811	35182	55511
海南 Hainan	27	10770	1145	9625	12027
四川 Sichuan	612	194942	54838	140104	137534
贵州 Guizhou	22	16683	3465	13218	4395
云南 Yunnan	0	0	0	0	0
西藏 Tibet	0	0	0	0	0
陕西 Shaanxi	277	57959	12662	45297	58628
甘肃 Gansu	57	15235	2749	12486	14955
青海 Qinghai	321	214094	42638	171456	196255
宁夏 Ningxia	9	7666	142	7524	222
新疆 Xinjiang	39	30868	7303	23565	34371

学校基本情况

Schools for Staff & Workers

单位:人

生数 Admitted		在校学生数 Enrolment			教职工数 Teachers, Staff & Workers		兼任教师 Part-time Teachers
其中: Of which		合计 Total	其中: Of which		合计 Total	其中:专任教师 Of which: Full-time Teachers	
长班 A	短班 B		长班 A	短班 B			
2774429	3977305	3804482	950829	2853653	103185	60345	107363
1660293	0	167680	167680	0	5249	2504	4037
19488	31248	10761	6526	4235	1172	557	850
34111	214987	208306	36348	171958	5730	3085	7765
5396	85505	92449	6544	85905	1488	387	1230
0	50000	60000	10000	50000	1797	899	1859
73830	292318	371827	70492	301335	14795	4086	12544
23659	172596	156567	48201	108366	2850	1672	2566
370000	610000	280000	50000	230000	20000	20000	20000
108470	425244	289601	80861	208740	9114	3964	10321
136656	501203	580399	131556	448843	7070	3866	7396
52689	154201	146086	42594	103492	2280	970	3511
2914	22496	25157	3309	21848	2232	1432	1548
23111	280768	325686	40642	285044	1103	809	3923
2310	12290	17519	2776	14743	566	271	1221
11561	49737	79917	24426	55491	4071	2627	2030
87756	329263	178652	50003	128649	3506	1880	5810
40210	110604	98892	16709	82183	2734	1899	1088
22650	219847	242105	25063	217042	5093	2526	5115
5	420	427	5	422	1371	866	1422
6493	49018	51326	6700	44626	1303	511	1419
1640	10387	12027	1640	10387	61	61	87
45346	92188	149254	53585	95669	3600	2056	4213
1058	3337	3326	2371	955	233	121	259
0	0	0	0	0	0	0	0
0	0	0	0	0	0	0	
11731	46897	48619	13945	34674	1945	1044	3266
1954	13001	15995	2626	13369	300	208	470
23659	172596	156567	48201	108366	2850	1672	2566
42	180	222	42	180	163	104	139
7397	26974	35115	7984	27131	509	268	708

农民技术培训

Basic Statistics of Technical

地区 Region		学校数(所) Schools	毕业生数 Graduates 合计 Total	其中: Of which 长班 A	短班 B	招 Students 合计 Total
总计	**Total**	385497	70353785	6060229	64293556	54372826
北京	Beijing	0	587271	587271	0	603930
天津	Tianjin	2762	483741	100900	382841	533353
河北	Hebei	34892	5296207	255133	5041074	4777992
山西	Shanxi	25216	1893408	100649	1792759	1390202
内蒙古	Inner Mongolia	7962	1760000	170000	1590000	1290000
辽宁	Liaoning	13143	3718760	142357	3576403	3036820
吉林	Jilin	8585	1879524	169485	1710039	2075811
黑龙江	Heilongjiang	11355	3360000	160000	3200000	2160000
上海	Shanghai	183	295092	42599	252493	448138
江苏	Jiangsu	29487	4167113	473107	3694006	3600543
浙江	Zhejiang	13784	1824208	133446	1690762	1717996
安徽	Anhui	9073	2438422	123075	2315347	2320733
福建	Fujian	12841	2089196	161946	1927250	1942222
江西	Jiangxi	10446	1454105	68339	1385766	1162771
山东	Shandong	59897	8122295	458787	7663508	3784048
河南	Henan	21853	4987590	475117	4512473	5042703
湖北	Hubei	8746	1869538	84968	1784570	1510835
湖南	Hunan	19287	1607577	80842	1526735	1303369
广东	Guangdong	2057	16334	7579	8755	18176
广西	Guangxi	12591	2780130	109061	2671069	2803352
海南	Hainan	586	74143	3913	70230	144896
四川	Sichuan	42772	11171229	1738154	9433075	5980204
贵州	Guizhou	7255	1903707	20220	1883487	1683940
云南	Yunnan	850	245464	2792	242672	8037
西藏	Tibet	0	0	0	0	0
陕西	Shaanxi	16239	2315586	56531	2259055	1034334
甘肃	Gansu	2560	942893	63263	879630	910161
青海	Qinghai	8585	1879524	169485	1710039	2075811
宁夏	Ningxia	1409	211538	13967	197571	283190
新疆	Xinjiang	1081	979190	87243	891947	729259

学校基本情况

Training Schools for Peasants

单位: 人

生　数 Admitted 其中: Of which 长班 A	生　数 Admitted 其中: Of which 短班 B	在校学生数 Enrolment 合　计 Total	在校学生数 Enrolment 其中: Of which 长班 A	在校学生数 Enrolment 其中: Of which 短班 B	教职工数 Teachers, Staff & Workers 合　计 Total	教职工数 Teachers, Staff & Workers 其中: 专任教师 Of which: Full-time Teachers	兼任教师 Part-time Teachers
4916960	49455866	49487028	3964976	45522052	351126	136351	812528
603930	0	16659	16659	0	3215	374	4549
166487	366866	75985	30284	45701	981	680	4366
193801	4584191	3030693	139983	2890710	26824	8660	59451
87433	1302769	1479944	79576	1400368	31743	5350	38207
160000	1130000	1410000	160000	1250000	11364	2831	20907
156536	2880284	2564600	146265	2418335	15992	5984	29237
103424	1972387	1428110	83316	1344794	10616	3057	17119
80000	2080000	2420000	80000	2340000	20000	20000	30000
60286	387852	171154	33901	137253	1816	1112	3769
428462	3172081	3218065	373549	2844516	19610	9209	67116
119977	1598019	1368727	162121	1206606	6072	2355	32477
143925	2176808	2247057	167036	2080021	3409	771	29668
177981	1764241	1838589	186799	1651790	4425	1896	24654
30878	1131893	1218759	31300	1187459	3548	650	24487
351997	3432051	5894536	383505	5511031	63768	28649	93724
472713	4569990	2982984	360349	2622635	7120	5754	47092
65884	1444951	1090962	49125	1041837	11411	5447	24540
87521	1215848	1276272	94713	1181559	29032	8195	42538
9396	8780	1910	1828	82	2897	805	5859
133795	2669557	2570049	82179	2487870	12068	2864	31669
3165	141731	144896	3165	141731	14	12	1641
921131	5059073	6358875	960539	5398336	24915	11935	84752
17497	1666443	1640701	18860	1621841	8567	1500	23724
1442	6595	8037	1442	6595	38	33	1467
0	0	0	0	0	0	0	0
71947	962387	1715748	66322	1649426	13041	3539	32280
60308	849853	788037	57419	730618	5325	789	9461
103424	1972387	1428110	83316	1344794	10616	3057	17119
27752	255438	283190	27752	255438	985	204	3100
75868	653391	814379	83673	730706	1714	639	7555

成人小学

Basic Statistics of

地区 Region	学校数(所) Schools	教学班(点)(个) External Teaching Sites (Classes)	毕业生数 Graduates 合计 Total	其中:女生 Of which Female Students	招 Students 合计 Total
总计 Total	168151	389530	7653315	4519323	6816260
北京 Beijing	0	26	647	452	778
天津 Tianjin	141	289	6298	5284	7563
河北 Hebei	12332	17523	268855	137707	277786
山西 Shanxi	11721	15449	185974	91380	202774
内蒙古 Inner Mongolia	4009	10331	131581	65797	144742
辽宁 Liaoning	3141	5201	282804	97012	184355
吉林 Jilin	3080	7325	113014	53375	115426
黑龙江 Heilongjiang	9152	17969	152134	92368	137721
上海 Shanghai	0	8	205	153	32
江苏 Jiangsu	3950	15399	454637	321324	330149
浙江 Zhejiang	2326	5180	90623	56519	112427
安徽 Anhui	9900	25822	917899	606157	700555
福建 Fujian	10251	13350	256820	223840	195385
江西 Jiangxi	10324	17287	300516	217870	225115
山东 Shandong	22132	30830	755621	406838	557690
河南 Henan	10511	26288	578936	327953	629412
湖北 Hubei	6535	10618	172353	86711	136226
湖南 Hunan	9391	26167	335540	207363	380825
广东 Guangdong	2399	7064	397118	205421	381577
广西 Guangxi	4256	8358	105567	61486	141197
海南 Hainan	307	763	22155	16498	37227
四川 Sichuan	9250	35318	682238	394486	827470
贵州 Guizhou	3726	15054	153262	98250	263141
云南 Yunnan	664	25763	451555	270316	14293
西藏 Tibet	0	0	0	0	0
陕西 Shaanxi	11465	20308	238227	148641	232009
甘肃 Gansu	3189	13830	276528	168205	332160
青海 Qinghai	3080	7325	113014	53375	115426
宁夏 Ningxia	581	2057	30495	15836	39667
新疆 Xinjiang	338	8628	178699	88706	93132

基本情况

Adults Primary Schools

单位:人

生数 Admitted	在校学生数 Enrolment		教职工数 Teachers, Staff & Workers		兼任教师 Part－time Teachers
其中女生 Of which Female Students	合计 Total	其中女生 Of which Female Students	合计 Total	其中:专任教师 Of which: Full－time Teachers	
3875811	7782518	4483759	177680	57521	481948
500	282	103	0	0	0
6191	1752	1217	156	126	348
144083	199823	103118	9681	2330	22396
90838	212299	94232	10953	1497	15906
58879	126410	63498	5067	2125	11081
78617	146350	59479	2189	1367	11266
58973	67505	36568	5919	2203	9216
83060	180619	91632	18641	7943	25052
15	268	200	2	2	7
217583	363011	248560	3918	1834	13354
71888	118581	77149	1873	813	8500
475407	1151946	568733	4871	1596	28930
168949	219930	190387	2403	585	15794
160530	300011	215774	5315	1617	35395
144259	680421	394535	21063	9060	33389
373875	506704	303281	1881	1526	26786
88966	150660	99032	5451	3329	11635
236420	384862	242771	19640	5381	31929
188654	342318	165803	4692	982	8215
85565	159579	97298	4372	650	14445
28568	39007	28433	151	48	1165
464789	800017	440606	11761	5009	40211
168584	266475	168561	6789	901	21951
8892	482519	291937	1156	199	27280
0	0	0	0	0	
140206	250696	151560	12145	2231	26423
196802	329447	192873	10320	1662	21757
58973	67505	36568	5919	2203	9216
26186	45023	22172	616	78	2956
49559	188498	97679	736	224	7345

职 工 小 学

Basic Statistics of

地 区 Region	学校数(所) Schools	教学班(点)(个) External Teaching Sites (Classes)	毕业生数 Graduates 合计 Total	毕业生数 Graduates 其中:女生 Of which Female Students	招 Students 合计 Total
总 计 Total	1078	2638	112925	57743	122281
北 京 Beijing	0	26	647	452	778
天 津 Tianjin	0	0	0	0	0
河 北 Hebei	119	173	10138	4587	6431
山 西 Shanxi	71	84	5721	2972	6451
内蒙古 Inner Mongolia	26	48	724	291	1843
辽 宁 Liaoning	42	115	3508	1617	4788
吉 林 Jilin	21	43	1481	637	1437
黑龙江 Heilongjiang	34	118	1267	666	1599
上 海 Shanghai	0	0	0	0	0
江 苏 Jiangsu	372	1076	49497	25539	53964
浙 江 Zhejiang	84	126	4565	1825	3958
安 徽 Anhui	1	4	154	94	30
福 建 Fujian	30	64	2023	1357	1216
江 西 Jiangxi	1	1	40	16	24
山 东 Shandong	0	0	0	0	0
河 南 Henan	19	53	1934	950	2648
湖 北 Hubei	52	88	2396	1566	3792
湖 南 Hunan	33	73	3168	713	4608
广 东 Guangdong	69	363	17733	10806	18810
广 西 Guangxi	22	48	4025	1850	5348
海 南 Hainan	0	0	0	0	0
四 川 Sichuan	35	65	964	591	2058
贵 州 Guizhou	2	0	0	0	0
云 南 Yunnan	0	0	811	280	0
西 藏 Tibet	0	0	0	0	0
陕 西 Shaanxi	11	13	315	158	675
甘 肃 Gansu	9	2	62	40	70
青 海 Qinghai	21	43	1481	637	1437
宁 夏 Ningxia	0	0	0	0	0
新 疆 Xinjiang	4	12	271	99	316

基本情况

Worker Primary Schools

单位:人

生数 Admitted	在校学生数 Enrolment		教职工数 Teachers, Staff & Workers		兼任教师 Part－time Teachers
其中女生 Of which Female Students	合计 Total	其中女生 Of which Female Students	合计 Total	其中:专任教师 Of which: Full－time Teachers	
60319	145233	72676	3119	1639	3309
500	282	103	0	0	0
0	0	0	0	0	0
2862	6961	3123	249	106	231
3133	6890	3334	127	6	139
554	1243	304	146	146	29
2498	4419	1036	278	164	209
716	1693	839	94	54	121
1086	1941	819	182	82	193
0	0	0	0	0	0
27632	73819	39340	818	406	774
2001	6374	3189	118	26	218
25	30	25	0	0	5
564	1696	952	2	2	77
16	24	16	2	1	2
0	0	0	0	0	0
1295	1993	921	0	0	68
1955	4376	2210	166	93	190
1140	2464	939	99	57	146
9363	20522	10389	438	223	457
2852	5244	2760	32	15	78
0	0	0	0	0	0
1031	2507	1158	189	140	225
0	0	0	0	0	0
0	0	0	0	0	0
0	0	0	0	0	0
208	675	208	30	13	13
40	70	40	41	41	0
716	1693	839	94	54	121
0	0	0	0	0	0
132	317	132	14	10	13

农民小学

Basic Statistics of

地区 Region	学校数(所) Schools	教学班(点)(个) External Teaching Sites (Classes)	毕业生数 Graduates 合计 Total	其中:女生 Of which Female Students	招 Students 合计 Total
总计 Total	167073	386892	7540390	4461580	6693979
北京 Beijing	0	0	0	0	0
天津 Tianjin	141	289	6298	5284	7563
河北 Hebei	12213	17350	258717	133120	271355
山西 Shanxi	11650	15365	180253	88408	196323
内蒙古 Inner Mongolia	3983	10283	130857	65506	142899
辽宁 Liaoning	3099	5086	279296	95395	179567
吉林 Jilin	3059	7282	111533	52738	113989
黑龙江 Heilongjiang	9118	17851	150867	91702	136122
上海 Shanghai	0	8	205	153	32
江苏 Jiangsu	3578	14323	405140	295785	276185
浙江 Zhejiang	2242	5054	86058	54694	108469
安徽 Anhui	9899	25818	917745	606063	700525
福建 Fujian	10221	13286	254797	222483	194169
江西 Jiangxi	10323	17286	300476	217854	225091
山东 Shandong	22132	30830	755621	406838	557690
河南 Henan	10492	26235	577002	327003	626764
湖北 Hubei	6483	10530	169957	85145	132434
湖南 Hunan	9358	26094	332372	206650	376217
广东 Guangdong	2330	6701	379385	194615	362767
广西 Guangxi	4234	8310	101542	59636	135849
海南 Hainan	307	763	22155	16498	37227
四川 Sichuan	9215	35253	681274	393895	825412
贵州 Guizhou	3724	15054	153262	98250	263141
云南 Yunnan	664	25763	450744	270036	14293
西藏 Tibet	0	0	0	0	0
陕西 Shaanxi	11454	20295	237912	148483	231334
甘肃 Gansu	3180	13828	276466	168165	332090
青海 Qinghai	3059	7282	111533	52738	113989
宁夏 Ningxia	581	2057	30495	15836	39667
新疆 Xinjiang	334	8616	178428	88607	92816

基本情况

Peasant Primary Schools

单位:人

生数 Admitted	在校学生数 Enrolment		教职工数 Teachers, Staff & Workers		兼任教师 Part-time Teachers
其中女生 Of which Female Students	合计 Total	其中女生 Of which Female Students	合计 Total	其中:专任教师 Of which: Full-time Teachers	
3815492	7637285	4411083	174561	55882	478639
0	0	0	0	0	0
6191	1752	1217	156	126	348
141221	192862	99995	9432	2224	22165
87705	205409	90898	10826	1491	15767
58325	125167	63194	4921	1979	11052
76119	141931	58443	1911	1203	11057
58257	65812	35729	5825	2149	9095
81974	178678	90813	18459	7861	24859
15	268	200	2	2	7
189951	289192	209220	3100	1428	12580
69887	112207	73960	1755	787	8282
475382	1151916	568708	4871	1596	28925
168385	218234	189435	2401	583	15717
160514	299987	215758	5313	1616	35393
144259	680421	394535	21063	9060	33389
372580	504711	302360	1881	1526	26718
87011	146284	96822	5285	3236	11445
235280	382398	241832	19541	5324	31783
179291	321796	155414	4254	759	7758
82713	154335	94538	4340	635	14367
28568	39007	28433	151	48	1165
463758	797510	439448	11572	4869	39986
168584	266475	168561	6789	901	21951
8892	482519	291937	1156	199	27280
0	0	0	0	0	
139998	250021	151352	12115	2218	26410
196762	329377	192833	10279	1621	21757
58257	65812	35729	5825	2149	9095
26186	45023	22172	616	78	2956
49427	188181	97547	722	214	7332

农民小学中扫

Basic Statistics of Literacy Classes

地区 Region	学校数(所) Schools	教学班(点)(个) External Teaching Sites (Classes)	毕业生数 Graduates 合计 Total	毕业生数 Graduates 其中:女生 Of which Female Students	招 Students 合计 Total
总计 Total	117031	285504	4761264	2980444	3934709
北京 Beijing	0	0	0	0	0
天津 Tianjin	9	14	520	384	520
河北 Hebei	9415	12111	126983	73364	130533
山西 Shanxi	6342	9515	69721	31069	65621
内蒙古 Inner Mongolia	2608	7585	74661	42003	61567
辽宁 Liaoning	1292	3025	60051	31988	54783
吉林 Jilin	2031	5124	24874	15409	26875
黑龙江 Heilongjiang	6120	12842	72033	44891	73531
上海 Shanghai	0	4	67	57	32
江苏 Jiangsu	1655	7671	210936	152962	81769
浙江 Zhejiang	1769	3835	57619	41257	77218
安徽 Anhui	8399	23472	842745	560207	615244
福建 Fujian	5655	7297	147329	130853	87815
江西 Jiangxi	7979	13670	252560	183625	183532
山东 Shandong	16353	22036	476684	272022	283798
河南 Henan	7708	18300	333982	198186	380845
湖北 Hubei	5417	8347	136172	67870	100858
湖南 Hunan	6704	18575	231226	156142	259646
广东 Guangdong	192	784	83901	48034	105423
广西 Guangxi	2275	4602	36588	26371	42702
海南 Hainan	193	652	20989	15590	35393
四川 Sichuan	4745	21807	271585	147010	377163
贵州 Guizhou	3669	14858	148027	95984	250298
云南 Yunnan	616	24855	432832	260367	0
西藏 Tibet	0	0	0	0	0
陕西 Shaanxi	10519	18686	230152	143884	221047
甘肃 Gansu	2598	13234	264261	160833	308989
青海 Qinghai	2031	5124	24874	15409	26875
宁夏 Ningxia	507	1983	28262	14276	37374
新疆 Xinjiang	230	5496	101630	50397	45258

盲班基本情况

in Peasant Primary Schools

单位:人

生　数 Admitted	在校学生数 Enrolment		教职工数 Teachers, Staff & Workers		兼任教师 Part-time Teachers
其中女生 Of which Female Students	合计 Total	其中女生 Of which Female Students	合计 Total	其中:专任教师 Of which: Full-time Teachers	
2407721	4876300	2875329	123362	35682	359912
0	0	0	0	0	0
384	0	0	18	16	24
70318	105768	63124	7094	1404	17636
31397	68349	32648	5592	724	8752
31994	60199	33618	4009	1337	8396
29971	14897	10637	371	230	8093
15230	25967	15978	4012	1388	6328
46243	90382	39091	11964	4426	17687
15	109	90	2	2	3
63521	79812	59703	1403	560	5898
58169	77637	59668	1498	616	6873
422921	1052111	513971	4282	1593	25242
77077	109577	96916	1045	146	8912
130289	238314	170715	4439	1537	26691
89369	329291	187252	13422	5127	21802
227647	274044	166207	1383	1204	19530
72584	111880	80973	4154	2419	10172
174238	264968	178295	15601	3764	25769
58999	31085	17896	399	79	1205
33208	43912	33736	2724	341	7150
27131	36276	26662	98	24	967
202424	402176	215244	6234	2497	25174
162246	259301	165143	6421	833	21539
0	467065	282566	1156	199	26075
0	0	0	0	0	
134559	239070	145397	11344	2054	25435
184079	310008	181971	9486	1571	20853
15230	25967	15978	4012	1388	6328
24623	44963	22137	608	70	2741
23855	113172	59713	591	133	4637

附表：1990－1995年全国教育统计概要

APPENDIX TABLES:
Basic Statistics of Education in China from 1990－95

各级普通学校校数

Number of Regular Schools by Level & Type

单位：所

	1990	1991	1992	1993	1994	1995	1995年比1990年增、减 Increase or Reduce from the Year 1990 to 1995
普通高等学校 Reg. Inst. of Higher Education	1075	1075	1053	1065	1080	1054	-21
普通中等学校 Reg. Secondary Schools	105060	103714	102271	101316	101087	99737	-5323
中等专业学校 Specialized Sec. Schools	3982	3925	3903	3964	3987	4049	67
中等技术学校 Sec. Technical Schools	2956	2977	2984	3046	3093	3152	196
中等师范学校 Teachers Training Schools	1026	948	919	918	894	897	-129
技工学校 Skilled Worker Schools	4184	4269	4392	4477	4430	4507	323
普通中学 General Sec. Schools	87631	85851	84021	82795	82358	81020	-6611
高中 Senior	15678	15243	14850	14380	14242	13991	-1687
初中 Junior	71953	70608	69171	68415	68116	67029	-4924
职业中学 Vocational Schools	9164	9572	9860	9985	10217	10147	983
高中 Senior	7655	8016	8267	8403	8679	8612	957
初中 Junior	1509	1556	1593	1582	1538	1535	26
工读学校 Correctional Work-study Schools	99	97	95	95	95	91	-8
小学 Primary Schools	766072	729158	712973	696681	682588	668685	-97387
特殊教育学校 Special Education Schools	746	886	1027	1123	1241	1379	633
幼儿园 Kindergartens	172322	164465	172506	165197	174657	180438	8116

各级普通学校在校学生数

Enrolment of Regular Schools by Level & Type

单位:万人
in 10 thousand

	1990	1991	1992	1993	1994	1995	1995年比1990年递增(%) Average Increase Rate from the Year 1990 to 1995
研究生 Graduate Education	9.31	8.81	9.42	10.68	12.79	14.54	9.33
普通高等学校 Reg. Inst. of Higher Education Undergraduates	206.27	204.37	218.44	253.55	279.86	290.64	7.10
本科 Normal Courses	132.01	132.00	132.94	141.73	151.69	163.82	4.41
专科 Short－cycle Course	74.26	72.37	85.50	111.82	128.17	126.82	11.30
普通中等学校 Reg. Secondary Schools	5239.19	5369.56	5510.49	5558.14	5894.70	6379.18	4.02
中等专业学校 Specialized Sec. Schools	224.44	227.74	240.84	282.03	319.79	372.15	10.64
中等技术学校 Sec. Technical Schools	156.71	161.60	174.28	209.83	241.40	287.36	12.89
中等师范学校 Teacher Training Schools	67.73	66.14	66.56	72.20	78.39	84.8	4.60
技工学校 Skilled Worker Schools	133.17	142.21	155.60	173.90	187.09	188.59	7.20
普通中学 General Sec. Schools	4585.96	4683.50	4770.80	4739.11	4981.66	5370.98	3.21
高中 Senior	717.31	722.85	704.89	656.91	664.80	713.16	－0.12
初中 Junior	3868.65	3960.65	4065.91	4082.20	4316.86	4657.82	3.78
职业中学 Vocational Schools	295.01	315.55	342.76	362.59	405.61	448.32	8.73
高中 Senior	247.13	263.22	286.38	306.35	342.56	378.63	8.91
初中 Junior	47.88	52.33	56.38	56.24	63.05	69.69	7.80
工读学校 Correctional Work－study Schools	0.61	0.56	0.49	0.51	0.55	0.64	0.96
小学 Primary Schools	12241.38	12164.15	12201.28	12421.24	12822.62	13195.15	1.51
特殊教育学校 Special Education Schools	7.2	8.50	12.95	16.86	21.14	29.56	32.64
幼儿园 Kindergartens	1972.23	2209.29	2428.21	2552.54	2630.27	2711.23	6.57

各级普通学校毕业生数

Graduate of Regular Schools by Level & Type

单位：万人
in 10 thousand

	1990	1991	1992	1993	1994	1995	1995年比1990年递增(%) Average Increase Rate from the Year 1990 to 1995
研究生 Graduate Education	3.54	3.25	2.57	2.82	2.80	3.19	-2.06
普通高等学校 Reg. Inst. of Higher Education Undergraduates	61.36	61.43	60.42	57.07	63.74	80.54	5.59
本科 Normal Courses	30.79	32.35	33.21	29.90	31.03	32.55	1.12
专科 Short-cycle Course	30.57	29.08	27.21	27.17	32.71	47.99	9.44
普通中等学校 Reg. Secondary Schools	1539.10	1522.64	1545.31	1591.89	1598.30	1692.91	1.92
中等专业学校 Specialized Sec. Schools	66.13	74.03	74.30	73.55	72.91	83.92	4.88
中等技术学校 Sec. Technical Schools	42.76	49.64	50.73	50.73	50.35	59.44	6.81
中等师范学校 Teacher Training Schools	23.37	24.39	23.57	22.82	22.56	24.48	0.93
技工学校 Skilled Worker Schools	41.43	45.42	45.70	49.74	55.68	68.15	10.47
普通中学 General Sec. Schools	1342.06	1308.46	1328.38	1365.88	1361.90	1429.02	1.26
高中 Senior	232.96	222.95	226.13	231.71	209.30	201.64	-2.85
初中 Junior	1109.10	1085.51	1102.25	1134.17	1152.60	1227.38	2.05
职业中学 Vocational Schools	89.25	94.54	96.72	102.51	107.62	123.98	6.79
高中 Senior	75.34	80.86	82.62	87.99	93.82	107.02	7.27
初中 Junior	13.91	13.68	14.10	14.52	13.80	16.96	4.04
工读学校 Correctional Work-study Schools	0.23	0.19	0.21	0.21	0.19	0.31	6.15
小学 Primary Schools	1863.11	1846.74	1872.35	1841.51	1899.59	1961.52	1.03
特殊教育学校 Special Education Schools	0.51	0.58	0.89	1.17	1.43	1.90	30.09

各级普通学校招生数

Entrants of Regular Schools by Level & Type

单位:万人
in 10 thousand

	1990	1991	1992	1993	1994	1995	1995年比1990年递增(%) Average Increase Rate from the Year 1990 to 1995
研究生 Graduate Education	2.97	2.97	3.34	4.21	5.09	5.11	11.46
普通高等学校 Reg. Inst. of Higher Education Undergraduates	60.89	61.99	75.42	92.40	89.98	92.59	8.74
本科 Normal Courses	31.72	32.95	34.99	38.65	40.96	44.78	7.14
专科 Short-cycle Course	29.17	29.04	40.43	53.75	49.02	47.81	10.39
普通中等学校 Reg. Secondary Schools	1866.51	1925.64	2000.19	2050.28	2229.2	2425.84	5.38
中等专业学校 Specialized Sec. Schools	73.01	78.00	87.92	114.89	122.54	138.09	13.59
中等技术学校 Sec. Technical Schools	50.28	55.07	63.84	86.54	93.47	107.26	16.36
中等师范学校 Teacher Training Schools	22.73	22.93	24.08	28.35	29.07	30.83	6.29
技工学校 Skilled Worker Schools	50.43	54.45	60.18	66.35	71.44	74.05	6.67
普通中学 General Sec. Schools	1619.62	1655.15	1699.74	1707.28	1859.75	2025.93	4.58
高中 Senior	249.76	243.82	234.73	228.34	243.39	273.65	1.84
初中 Junior	1369.86	1411.33	1465.01	1478.94	1616.36	1752.28	5.05
职业中学 Vocational Schools	123.19	137.82	152.14	161.53	175.28	190.04	9.06
高中 Senior	103.83	114.00	125.46	134.88	146.77	161.20	9.20
初中 Junior	19.36	23.82	26.68	26.65	28.51	28.84	8.30
工读学校 Correctional Work-study Schools	0.26	0.22	0.21	0.23	0.26	0.34	5.51
小学 Primary Schools	2063.97	2072.74	2183.20	2353.48	2537.03	2531.82	4.17
特殊教育学校 Special Education Schools	1.60	1.98	2.95	3.35	3.98	5.63	28.61

各级普通学校教职工数

Number of Regular School Teachers, Staff & Workers by Level & Type

单位:万人 in 10 thousand

	1990	1991	1992	1993	1994	1995	1995年比1990年递增(%) Average Increase Rate from the Year 1990 to 1995
普通高等学校 Reg. Inst. of Higher Education Undergraduates	100.47	100.89	101.36	102.13	104.03	104.06	0.70
普通中等学校 Reg. Secondary Schools	513.71	523.55	533.20	537.96	546.58	560.21	1.75
中等专业学校 Specialized Sec. Schools	49.22	49.39	50.30	51.13	51.65	53.00	1.49
中等技术学校 Sec. Technical Schools	38.48	38.81	39.66	40.29	40.65	41.80	1.67
中等师范学校 Teacher Training Schools	10.74	10.58	10.64	10.84	11.00	11.19	0.82
技工学校 Skilled Worker Schools	30.77	32.52	33.65	33.52	34.01	33.67	1.82
普通中学 General Sec. Schools	399.10	405.45	411.26	413.32	419.07	429.48	1.48
职业中学 Vocational Schools	34.27	35.84	37.63	39.66	41.53	43.40	4.84
工读学校 Correctional Work-study Schools	0.35	0.35	0.36	0.33	0.32	0.32	-1.78
小学 Primary Schools	624.00	619.35	619.90	621.84	627.14	632.42	0.27
特殊教育学校 Special Education Schools	2.03	2.33	2.70	2.96	3.32	3.68	12.63
幼儿园 Kindergartens	105.21	106.24	112.14	112.63	114.92	116.03	1.98

各级普通学校专任教师数

Number of Regular School Full-time Teachers by Level & Type

单位:万人 in 10 thousand

	1990	1991	1992	1993	1994	1995	1995年比1990年递增(%) Average Increase Rate from the Year 1990 to 1995
普通高等学校 Reg. Inst. of Higher Education Undergraduates	39.46	39.08	38.76	38.78	39.64	40.07	0.31
普通中等学校 Reg. Secondary Schools	362.83	370.22	377.47	381.97	391.18	403.76	2.16
中等专业学校 Specialized Sec. Schools	23.45	23.23	23.51	23.93	24.70	25.68	1.83
中等技术学校 Sec. Technical Schools	17.6	17.51	17.81	18.12	18.70	19.51	2.08
中等师范学校 Teacher Training Schools	5.85	5.72	5.70	5.81	6.00	6.17	1.07
技工学校 Skilled Worker Schools	13.55	14.36	14.89	15.03	15.29	11.54	1.82
普通中学 General Sec. Schools	303.26	309.00	314.11	316.68	323.37	333.42	1.91
高中 Senior	56.23	57.33	57.61	55.90	54.68	55.05	-0.42
初中 Junior	247.03	251.67	256.50	260.78	268.69	278.37	2.42
职业中学 Vocational Schools	22.4	23.47	24.80	26.17	27.66	29.21	5.45
高中 Senior	19.53	20.46	21.60	22.86	24.12	25.49	5.47
初中 Junior	2.87	3.01	3.20	3.31	3.54	3.72	5.33
工读学校 Correctional Work-study Schools	0.17	0.16	0.16	0.16	0.16	0.16	-1.21
小学 Primary Schools	558.18	553.22	552.65	555.16	561.13	566.41	0.29
特殊教育学校 Special Education Schools	1.38	1.60	1.85	2.04	2.27	2.52	12.80
幼儿园 Kindergartens	74.96	76.89	81.50	83.60	86.18	87.51	3.14

各级普通学校女学生数

Number of Female Students of Regular Schools by Level & Type

单位:万人
in 10 thousand

	1990	1991	1992	1993	1994	1995	1995年比1990年递增(%) Average Increase Rate from the Year 1990 to 1995
研究生 Graduate Education		2.04	2.34	2.75	3.40	4.01	
普通高等学校 Reg. Inst. of Higher Education Undergraduates	69.51	68.25	73.6	85.2	96.4	102.90	8.16
中等专业学校 Specialized Sec. Schools	101.99	103.82	111.1	133.7	156.2	187.10	12.90
中等技术学校 Sec. Technical Schools	66.48	68.63	74.5	92.3	109.5	135.20	15.25
中等师范学校 Teacher Training Schools	35.51	35.19	36.6	41.4	46.7	51.90	7.89
普通中学 General Sec. Schools	1920.11	1997.64	2056.5	2071.7	2207.0	2407.50	4.63
职业中学 Vocational Schools	133.65	143.63	158.2	169.4	193.8	218.20	10.30
工读学校 Correctional Work-study Schools	0.05	0.045	0.05	0.06	0.06	0.06	3.71
小学 Primary Schools	5655.52	5654.64	5685.6	5815.9	6035.3	6241.10	1.99
特殊教育学校 Special Education Schools	2.76	3.28	5.0	6.4	7.8	10.85	31.49
幼儿园 Kindergartens	936.92	1038.36	1140.9	1197.6	1230.1	1267.60	6.23

各级普通学校女教师数

Female Teachers of Regular Schools by Level & Type

单位:万人
in 10 thousand

	1990	1991	1992	1993	1994	1995	1995年比1990年递增(%) Average Increase Rate from the Year 1990 to 1995
普通高等学校 Reg. Inst. of Higher Education Undergraduates	11.48	11.58	11.6	12.0	12.7	13.20	2.83
中等专业学校 Specialized Sec. Schools	8.87	9.00	9.3	9.7	10.2	10.70	3.82
中等技术学校 Sec. Technical Schools	6.85	6.98	7.2	7.5	7.9	8.30	3.91
中等师范学校 Teacher Training Schools	2.02	2.02	2.1	2.2	2.3	2.40	3.51
普通中学 General Sec. Schools	95.57	99.99	104.5	107.8	112.1	119.20	4.52
职业中学 Vocational Schools	7.05	7.70	8.3	9.0	9.9	10.80	8.90
工读学校 Correctional Work-study Schools	0.04	0.04	0.04	0.04	0.04	0.04	0.00
小学 Primary Schools	240.88	242.27	245.9	250.7	257.0	264.00	1.85
特殊教育学校 Special Education Schools	1.00	1.15	1.3	1.4	1.6	1.73	11.59
幼儿园 Kindergartens	72.17	72.62	77.0	78.7	81.6	82.70	2.76

各级普通学校少数民族学生数

Number of Students from Minor ities Enrolled of Regular Schools by Level & Type

单位:万人

in 10 thousand

	1990	1991	1992	1993	1994	1995	1995年比1990年递增(%) Average Increase Rate from the Year 1990 to 1995
普通高等学校 Reg. Inst. of Higher Education Undergraduates	13.67	14.18	15.3	16.3	17.8	18.60	6.35
中等专业学校 Specialized Sec. Schools	18.18	18.63	19.8	22.0	23.2	27.26	8.44
中等技术学校 Sec. Technical Schools	11.41	11.93	12.7	14.3	15.7	18.43	10.06
中等师范学校 Teacher Training Schools	6.77	6.70	7.10	7.70	7.50	8.83	5.46
普通中学 General Sec. Schools	293.03	308.59	320.9	313.69	324.2	346.60	3.41
职业中学 Vocational Schools	15.06	16.51	18.4	18.62	19.0	23.80	9.58
小学 Primary Schools	1069.52	980.65	1122.3	1140.17	1149.2	1196.00	2.26
特殊教育学校 Special Education Schools	0.14	0.18	0.3	0.28	0.5	4.92	103.78
幼儿园 Kindergartens	75.33	63.08	79.4	72.30	83.0	100.20	5.87

各级普通学校少数民族教师数

Number of Minority Teachers of Regular Schools by Level & Type

单位:万人

in 10 thousand

	1990	1991	1992	1993	1994	1995	1995年比1990年递增(%) Average Increase Rate from the Year 1990 to 1995
普通高等学校 Reg. Inst. of Higher Education Undergraduates	1.75	1.89	1.9	1.9	2.1	2.20	4.68
中等专业学校 Specialized Sec. Schools	1.48	1.54	1.6	1.5	1.6	1.80	3.99
中等技术学校 Sec. Technical Schools	0.97	1.01	1.1	1.0	1.1	1.20	4.35
中等师范学校 Teacher Training Schools	0.51	0.53	0.5	0.5	0.5	0.60	3.30
普通中学 General Sec. Schools	18.20	19.21	20.0	20.21	20.8	22.30	4.15
职业中学 Vocational Schools	1.09	1.19	1.3	1.39	1.4	1.50	6.59
小学 Primary Schools	45.87	46.41	47.6	47.72	47.9	50.10	1.78
特殊教育学校 Special Education Schools	0.04	0.06	0.06	0.06	0.1	0.20	37.97
幼儿园 Kindergartens	6.53	2.44	2.5	2.42	3.1	3.00	−14.41

成人学校校数

Number of Adult Schools

单位:所

	1990	1991	1992	1993	1994	1995	1995年比1990年增、减 Increase or Reduce from the Year 1990 to 1995
成人高等学校 Higher Educational Institutions for Adults	1321	1256	1198	1183	1172	1156	-165
广播电视大学 Radio/TV Universities	40	42	44	45	46	46	6
职工高等学校 Workers'Colleges	835	776	726	714	703	694	-141
农民高等学校 Peasants'Colleges	5	5	5	5	4	4	-1
管理干部学院 Institutes for Administration	172	175	168	166	170	166	-6
教育学院 Educational Colleges	265	254	251	249	245	242	-23
独立函授学院 Independent Correspondence Colleges	4	4	4	4	4	4	0
成人中等学校 Sec. Education for Adults	58501	240076	294959	308957	354396	409720	351219
成人中等专业学校 Specialized Sec.	4942	4721	4776	4783	4811	4904	-38
成人中学 General Sec. Schools for Adults	6968	6731	6071	5879	4756	6020	-948
成人技术培训学校 Technical Schools for Adult	46591	228624	284112	298295	344829	398796	352205
成人初等学校 Adult Primary Schools	258134	155461	157038	159435	163423	168151	-89983
职工初等学校 Worker Primary Schools	3744	2171	1385	1959	1115	1078	-2666
农民初等学校 Peasant Primary Schools	254390	153290	155653	157476	162308	167073	-87317

成人学校在校学生数

Enrolment of Adult Schools

单位: 万人
in 10 thousand

	1990	1991	1992	1993	1994	1995	1995年比1990年递增(%) Average Increase Rate from the Year 1990 to 1995
成人高等学校 Higher Educational Institutions for Adults	166.64	147.60	147.87	186.29	235.20	257.01	9.05
成人中等专业学校 Specialized Sec.	158.79	168.04	174.43	206.76	263.81	290.79	12.86
成人中学 General Sec. Schools for Adults	88.47	89.87	68.82	68.64	60.62	74.23	-3.45
成人技术培训学校 Technical Schools for Adult	1282.18	3165.69	3691.20	4172.51	4757.83	5329.15	32.97
成人小学 Adult Primary Schools	2282.09	853.60	828.89	787.69	761.34	778.25	-19.36
其中:扫盲班 of which: Literacy Classes	559.81	562.90	552.71	507.42	463.36	487.63	-2.72

成人学校毕业生数

Graduate of Adult Schools

单位：万人
in 10 thousand

	1990	1991	1992	1993	1994	1995	1995年比1990年递增(%) Average Increase Rate from the Year 1990 to 1995
成人高等学校 Higher Educational Institutions for Adults	48.88	62.08	51.77	44.12	45.53	63.61	5.41
成人中等专业学校 Specialized Sec.	57.68	61.83	48.66	54.03	70.11	89.34	9.15
成人中学 General Sec. Schools for Adults	53.94	71.01	48.55	52.79	56.16	63.99	3.48
成人技术培训学校 Technical Schools for Adult	1545.38	4260.67	4958.51	5706.80	6625.38	7698.19	37.87
成人小学 Adult Primary Schools	2051.49	800.62	755.35	774.00	789.59	765.33	-17.90
其中：扫盲班 of which: Literacy Classes	399	530.34	523.31	548.17	486.18	476.13	3.60

成人学校招生数

Entrants of Adult Schools

单位：万人
in 10 thousand

	1990	1991	1992	1993	1994	1995	1995年比1990年递增(%) Average Increase Rate from the Year 1990 to 1995
成人高等学校 Higher Educational Institutions for Adults	49.24	46.55	59.17	86.27	101.72	91.38	13.16
成人中等专业学校 Specialized Sec.	58.79	65.20	71.31	85.67	115.21	125.24	16.33
成人中学 General Sec. Schools for Adults	69.67	76.17	54.00	60.30	50.52	61.17	-2.57
成人技术培训学校 Technical Schools for Adult	1331.48	3467.63	4541.84	5006.14	5583.03	6112.46	35.64
成人小学 Adult Primary Schools	2120.52	710.91	727.78	737.11	710.97	681.63	-20.31

毛入学率、毕业生升学率(%)

Gross Entrance & Promotion Rate

		1990	1991	1992	1993	1994	1995	1995年比1990年增、减 Increase or Reduce from the Year 1990 to 1995
毛入学率 Gross Entrance Rate	小学(净) Primary Schools (Net)	96.3	96.8	97.2	97.7	98.4	98.5	2.20
	小学 Primary Schools	106.4	105.7	109.4	107.3	108.7	106.6	0.20
	初中 Junior Sec. Schools	66.73	69.7	71.8	73.1	73.8	78.4	11.67
	高中阶段 Senior Sec. Schoos	21.94	23.93	26	28.4	30.7	33.6	11.66
	大学 College & University	3.42	3.5	3.7	4.7	5.7	6.5	3.08
升学率 Promotion Rate	小学 Primary Schools	74.6	77.7	79.7	81.8	86.6	90.8	16.20
	初中 Junior Sec. Schools	40.6	42.9	43.6	44.1	47.8	48.3	7.7

在校生留级率、辍学率(%)
Repeat & Drop-Out Rate

		1990	1991	1992	1993	1994	1995	1995年比1990年增、减 Increase or Reduce from the Year 1990 to 1995
留级率 Repeat Rate	普通小学 Primary Schools	6.1	5.1	4.6	3.8	2.9	2.2	-3.9
	普通初中 Junior Sec. Schools	2.2	1.9	1.6	1	0.7	0.5	-1.7
辍学率 Drop-out Rate	普通小学 Primary Schools	2.4	2.35	2.19	2.27	1.85	1.49	-0.91
	普通初中 Junior Sec. Schools	4.8	5.38	5.78	7.08	5.11	3.98	-0.82

初中、小学生保留率(%)
Retain Rate of Student

	1990	1991	1992	1993	1994	1995	1995年比1990年增、减 Increase or Reduce from the Year 1990 to 1995
小学五年级 Primary Schools (5 year)	71.42	74.11	76.74	78.83	81.08	82.78	11.36
初中三年级 Junior Sec. Schools (3 year)	82.72	85.76	85.5	82.68	84.23	87.46	4.74

专任教师学历合格率(%)
Quelification Rate of Full-time Teachers

	1990	1991	1992	1993	1994	1995	1995年比1990年增、减 Increase or Reduce from the Year 1990 to 1995
普通小学 Primary Schools	73.9	80.7	82.7	84.7	86.6	88.9	15.0
普通初中 Junior Sec. Schools	46.5	51.8	55.6	59.5	63.8	69.1	22.6
普通高中 Senior Sec. Schools	45.5	47.2	49.1	51.1	53.4	55.2	9.7

生师比
Pupil / Teacher Ratio

	1990	1991	1992	1993	1994	1995	1995年比1990年增、减 Increase or Reduce from the Year 1990 to 1995
普通小学 Primary Schools	21.93	21.99	22.08	22.37	22.85	23.3	1.37
普通中学 Secondary Schools	15.12	15.16	15.19	14.97	15.41	16.11	0.99
职业中学 Vocational Schools	13.17	13.44	13.82	13.86	14.66	15.35	2.18
普通中专 Specialized Sec. Schools	9.57	9.8	10.24	11.78	12.95	14.49	4.92
普通高校(1) Reg. Inst. of Education Undergraduates (1)	5.23	5.23	5.64	6.54	7.06	7.25	2.02
普通高校(2) Reg. Inst. of Education Undergraduates (2)	6.30	6.63	6.82	8.02	8.79	8.90	2.60

(1) 仅为本专科学生　(2) 全部学生折合为本专科学生

普通高等学校分职称的专任教师数

Full-time teachers of Regular Higher Educational Institutions by Professional

单位：万人
in 10 thousand

		1990	1991	1992	1993	1994	1995	1995年比1990年递增(%) Average Increase Rate from the Year 1990 to 1995
教授	Prof.	1.51	1.57	1.86	2.44	2.83	3.11	15.55
副教授	Asso. Prof.	8.42	8.38	8.55	9.54	10.21	10.65	4.81
讲师	Lecturers	14.84	15.05	15.73	16.25	16.87	16.65	2.33
教员	Instructors	1.22	2.37	2.25	2.17	2.07	2.17	43.76
助教	Assistants	13.47	11.71	10.37	8.38	7.66	7.49	−30.59

理科教学仪器配备达标学校比重(%)

Proportion's of the Schools which Meet the Criteria for Science Teaching Instrument

	1991	1992	1993	1994	1995	1995年比1990年增、减 Increase or Reduce from the Year 1990 to 1995
普通小学 Primary Schools	9.00	12.80	15.00	19.80	26.02	17.02
职业中学 Vocational Schools	15.00	17.00	19.00	21.40	24.72	9.72
普通中学 Secondary Schools	25.00	29.50	33.00	38.80	46.41	21.41

图书设备达标学校比重(%)

Proportion's of the Schools which Meet the Criteria Books and Reading Material

	1991	1992	1993	1994	1995	1995年比1990年增、减 Increase or Reduce from the Year 1990 to 1995
普通小学 Primary Schools	13.2	17.4	20.9	25.9	34.2	21.00
职业中学 Vocational Schools	20.2	21.5	24.7	26.5	31.43	11.23
普通中学 Secondary Schools	20.1	24.4	28.8	34.2	42.57	22.47

教学分组实验达标学校比重(%)

Proportion's of the Schools which Meet the Criteria Group Experiment to Teaching

	1991	1992	1993	1994	1995	1995年比1990年增、减 Increase or Reduce from the Year 1990 to 1995
普通小学 Primary Schools	6	8	10	14.2	20.28	14.28
职业中学 Vocational Schools	15	17	18	20.6	24.18	9.18
普通中学 Secondary Schools	23	27	30	35.4	42.93	19.93

学校校舍情况

Condition of School Buildings

单位: 万平方米
in 10000 m^2

		1990	1991	1992	1993	1994	1995	1995年比1990年递增(%) Average Increase Rate from the Year 1990 to 1995
普通高校 Reg. Inst. of Education Undergraduates	校舍建筑总面积 Floor Space	9718.69	10291.03	10815.45	11445.67	12356.94	13052.63	6.08
	危险房屋面积 Floor space of dilapidated buildings	355.40	402.24	399.95	398.76	384.97	403.27	2.56
	当年新增面积 New floor space added in current year	423.79	374.40	440.91	412.57	543.71	587.40	6.75
中专学校 Specialized Sec. Schools	校舍建筑总面积 Floor Space	5691.15	6559.21	6661.12	6953.08	7738.17	8276.76	7.78
	危险房屋面积 Floor space of dilapidated buildings	184.27	194.60	175.98	171.45	156.45	153.12	−3.64
	当年新增面积 New floor space added in current year	223.53	232.48	232.30	269.48	360.25	384.22	11.44
普通中学 Secondary Schools	校舍建筑总面积 Floor Space	25933.71	26954.73	28502.90	29664.84	31038.57	33397.81	5.19
	危险房屋面积 Floor space of dilapidated buildings	818.61	741.15	593.95	602.97	627.33	576.20	−6.78
	当年新增面积 New floor space added in current year	1343.67	1246.13	1248.29	1112.93	1355.01	1939.36	7.62
职业中学 Vocational Schools	校舍建筑总面积 Floor Space	2532.52	2760.66	3058.01	3394.24	3646.46	4143.10	10.35
	危险房屋面积 Floor space of dilapidated buildings	69.38	69.60	56.02	60.63	61.24	54.87	−4.58
	当年新增面积 New floor space added in current year	162.24	164.78	182.29	169.15	238.06	329.50	15.22
小学 Primary Schools	校舍建筑总面积 Floor Space	43221.30	42760.52	44284.18	45502.13	46733.62	49341.29	2.68
	危险房屋面积 Floor space of dilapidated buildings	1311.74	1184.22	836.26	866.18	976.30	887.87	−7.51
	当年新增面积 New floor space added in current year	1541.26	1473.66	1401.26	1167.18	1347.63	2008.55	5.44

TRANSLATOR'S NOTES

Considering that many foreign readers might not be familiar with the educational system of China, it is appropriate to give some explanations to part of the English terms used in this book.

1. "Secondary school" is used throughout instead of the conventional "middle school" to indicate zhongxue (中学), in view of the fact that in the United States and the United Kingdom, "middle school" means quite different things from Zhongxue in China, the upper stage of which leads to higher education directly.

2. "Putong gaodeng xuexiao" (普通高等学校) is rendered into "regular higher educational institutions" so as to distinguish them from institutions for adult. But "putong zhongxue" (普通中学) is rendered into "general secondary schools" so as to distinguish them from schools for adults as well as from vocational-technical schools.

3. "Duanqi zhiye daxue" (短期职业大学) is rendered into "short-cycle vocational colleges".

4. "Zhuanke xuexiao" (专科学校) is rendered into "short-cycle colleges".

5. "Guangbo dianshi daxue" (广播电视大学), "zhigong gaodeng xuexiao" (职工高等学校), "nongmin gaodeng xuexiao" (农民高等学校), "guanli ganbu xueyuan" (管理干部学院), and "jiaoyu xueyuan" (教育学院) are rendered into radio/TV universities, workers' colleges, peasants' colleges, institutes for administration, and educational colleges respectively.

6. In summary tables showing the number of schools and enrolments and the number of staff and workers, the number of schools is always given in an absolute number, while the other figures are given in 10 thousand.

7. In the statistical tables the translator has freely used the device of English letters to indicate the more clumsy terms or phrases, with the full translations given at the bottom of the table.